KB097433

금융에 속지마

금융을 잘 아는 것은 경제 너머의 세상을 보는 것

금융에 속지마

김명수 지음

모아북스
MOABOOKS

금융회사는 사실 내 편이 아니다

"은행, 보험사, 증권사, 자산운용사는 고객의 이익을 최우선으로 생각하는 금융기관이므로, 그곳에서 일하는 금융전문가들은 합리적인 금융정책으로 우리의 재산을 불려줄 것이고, 우리가 믿고 돈을 맡길 수 있는 고마운 존재다."

어떤가? 이 말이 맞는 말이라고 생각하는가?

정답은 '아니오' 다. 위의 말은 두 가지 큰 오해에서 비롯된다.

우선 은행, 보험사, 증권사, 자산운용사는 금융기관이 아니라 그냥 금융회사다. 공적인 목적으로 고객 자금을 운용하고 불려주는 곳이 아니라, 자신들의 이윤을 위해서 어떤 수단과 방법이라도 가리지 않는다. 자신들에게 유리하고 고객에게는 불리한 원칙을 알려주지 않고, 자신들만 알고 있는 정보를 공유하지 않으며, 심지어 고객을 속이기까지 한다.

다음으로, 그곳에서 일하는 전문가들은 고객의 재산을 불리는 데 관심이 없다. 그들은 자신들의 이익에만 관심이 있으며 고객이 손해를 보든 재산 상황이 어떻게 되든 신경 쓰지 않는다. 따라서 우리가 믿고 돈을 맡길 수 없는 이들이며, 경계해야 할 조직이다.

몰라서 당하는 일은 이제 그만

사람들은 근로소득을 바탕으로 자산을 형성해가며, 돈이 돈을 버는 선순환 시스템을 만들기 위해 이자수익을 목적으로 예금하고, 시세차익을 얻기 위해 주식이나 부동산에 투자하며, 안정적인 투자수익과 노후 보장을 위해 펀드에 가입하고 연금을 든다.

자신의 능력과 시간과 에너지를 투입하여 만들어낸 자산을 소중히 여기고 조금이라도 불려줄 기관과 전문가를 찾아다니지만 정작 그들은 그리 믿을 만한 파트너가 되지 못한다.

이 책은 우리가 지금껏 재산 증식의 훌륭한 조언자이자 전문가 집단이라고 생각했던 은행, 보험사, 증권사, 자산운용사의 검은 민낯을 드러내는 내용을 담고 있다. 여러 금융회사는 철저하게 자사의 이익에 따라 움직인다. 금융회사에서 출시한 금융상품 즉, 적금, 펀드, 보험 등은 대부분 통계학이나 수학을 전공한 전문가들이 복잡하고 교묘한 수익 구조를 지니도록 그들의 능력을 총동원하여 개발한 것이다. 다시 말해 그들은 자신이 손해볼 상품을 고객에게 판매하지 않는다. 정보가 부족하고 전문지식과 통찰이 부족한 일반인은 그저 친절함으로 가장된 사탕발림에 속아 소중한 돈을 그들에게 바치는 셈이다.

똑똑한 금융소비자가 되는 법은 따로 있다

마이너스 대출, 신용 대출, 담보 대출 등은 쉽게 돈을 빌려 쓰도록 만든 상품이다. 이 계약에서 '갑'은 당연히 금융회사다. 금융회사의 수익 원천인 이자를 사람들이 갚지 못하면 계약은 그 즉시 파기된다. 심지어 펀드 같은 경우 모든 위험은 고객이 감당해야 하고, 금융회사는 수수료까지 떼어간다. 금융회사가 펀드 가입을 그토록 적극적으로 권하는 이유는 수수료를 거저먹을 수 있기 때문이다. 그들은 한 푼도 손해 보지 않으면서 오직 고객의 돈으로 수익을 낸다.

금융회사는 고객의 노후나 장기계획과 같은 개인 사정에는 관심이 없고 오직 세금과 수수료를 떼먹을 방법에만 골몰한다. 금융회사의 교묘함만 탓할 일은 아니다. 금융소비자로서 일반인은 유독 금융상품에 가입할 때 수익 구조나 위험성 유무는 꼼꼼히 살피지도 않고, 금융회사의 달콤한 말만 철석같이 믿고 덥썩 가입해버린다.

'그들은 전문가니까 아무래도 나보다는 낫겠지' 라는 믿음은 위험하다. 국내 산업은행에 근무하며 30여년 금융업무를 담당한 저자는 이런 생각을 버리라고 충고한다. 그리고 금융회사가 고객에게 절대로 말하지 않는 금융상품을 진실을 과감히 전달한하고 금융회사의 운영 내막과 수익 창출 원리, 여러 금융상품에 대한 정확한 이해가 필요하다며, 광고와 친절한 멘트에 속지 말라고 충고한다.

이에 예금, 대출, 보험, 연금, 펀드, 신용카드 등 우리 생활 속에서 가까이 접하는 모든 금융상품을 우리는 비판적인 시선으로 바라보아야 한다. 금융회사가 고객을 대상으로 벌이는 현란한 속임수에 걸려들지 않고, 똑똑하고 주체적인 금융소비자로 거듭날 수 있는 비법을 이 책에서 전하고자 한다.

알아야 지킬 수 있고, 알아야 얻을 수 있다

자본주의 시스템에서 태어나 그 속에서 살아가는 이상, 경제는 실생활에 밀접하게 관련되어 있지만, 사실 경제를 잘 이해하지 못하는 사람이 너무나 많다. 막연히 남들이 하니까, 뉴스에서 떠들어대니까 적금도 가입하고, 보험도 들고, 주식도 하고, 비트코인도 하다가 어느새 마이너스 계좌로 스트레스를 받는다.

'경제는 어렵다'는 선입견 때문에 경제 공부 앞에서 장벽을 느끼는 건 사실이지만, 현실의 조건 속에서 주머니 사정이 조금이라도 나아지길 바란다면 우리는 경제 시스템이 돌아가는 원리와 속성을 잘 알아야 할 필요가 있다. 즉, 손해를 조금이라도 덜 보고, 좀 더 자산을 모으려면 자본시장의 작동법을 직접 체득해야 한다. 경제를 이론적, 학문적으로 파악하기보다는 실생활에서 경험한 소비 생활을 통해 숨은 경제의 흐름에 대해 눈을 뜨고 이해하는 데 목적을 두어야 한다.

어려울 때 더욱 빛나는 경제지식
현명한 금융소비자가 되는 노하우란!

경제지식은 어려울 때 빛이 난다. 호황과 불황이 주기적으로 반복되는 경제 사이클을 이해한다면 지금이 어느 지점일지 예측하고 자산을 불릴 준비를 할 수 있다. 복합적인 경제지표가 세계는 물론 한국 경제에도 경제위기가 오지 않는다고 단언할 수 없는 상태가 되었다. 이럴수록 경제위기에 대비하여 서서히 준비해나가는 현명함이 필요하다.

그런 의미에서 이 책에서는 경제 전반에 대해 쉽게 익힐 수 있도록 경제에 대한 이해도를 높이고 지식을 쌓을 수 있도록 구성했다. 전문가적 수준은 아니더라도 현재 경제 상황에 대해 바로 써먹을 수 있는 지식을 통해 자신감을 느끼게 해줄 것이다. 특히 국내 경제의 흐름과 돈에 관련된 최근의 사회 이슈를 망라하고, 세계경제의 혼란한 틈바구니에서 한 개인이 어떤 태도를 지니고 무엇을 공부해야 할지 중점적으로 다루었다.

일상생활과 밀접한 관련이 있는 금융회사와 금융상품의 속살을 벗겨보는 것도 놓치지 않았다. 피땀 흘려 마련한 소중한 돈을 조금이라도 현명하게 지키기 위해, 금융소비자로서 알아야 할 필수 금융지식을 담기 위해 노력했다.

모두가 위기를 말하는 시대,
우리는 어떻게 대응해야 하는가

이 책은 모두 6장으로 구성되어 있다.

'1장 덫에 걸린 영끌족의 실체'에서는 영혼까지 끌어 모아(영끌) 대출을 받고, 빚까지 내어서 투자(빚투)에 뛰어드는 젊은 세대의 현실을 짚어본다. 높은 학력과 화려한 스펙을 갖추었음에도 취업하기가 어려워 '부모보다 가난한 첫 세대'로 평가받는 영끌족이 어떻게 이 어려운 현실을 돌파할 수 있을지 가능성을 모색한다.

'2장 돈으로 행복을 살 수 있을까'에서는 우리에게 끊임없이 소비를 강요하는 자본주의 체제에서 풍요 속 이면에 숨은 불평등의 현주소를 살펴본다. 빚 없이 살 수 없는 현실의 모습, 돈과 행복의 관계, 부모 세대와 자식 세대 간의 경제적 갈등 등을 통해 풍요로운 현재 뒤에 숨은 불안한 미래의 모습을 해결할 방법을 찾아본다.

'3장 현실로 다가온 금융위기의 서막'에서는 현금이 없어지는 전 세계적인 현상과 기축 통화로서 달러가 가진 힘의 본질을 상세히 살펴보고 눈앞에 닥친 경제위기의 전조증상, 각국의 경제위기 상황, 경제위기설을 부르는 요인들을 분석하고, 심각한 가계부채 시대를 맞은 우리나라의 현실을 진단한다.

'4장 과거의 금융 상식은 이제 그만'에서는 공짜 점심, 유료화되는 무료 서비스, 1+1 행사의 내막, 공짜 좋아하는 심리 등을 통해 돈에 대한 상식과 관념이 새롭게 바뀌고 있음을 살펴본다. 돈을 대하는 사고방식, 돈과 인간의 속성, 물질만능주의 비판을 통해 현대 자본주의 사회에서 돈에 대한 가치관이 급격하게 변화하는 모습을 발견할 수 있다.

'5장 제대로 알려주지 않는 금융상품의 거짓말'에서는 금융회사와 금융상품을 신랄하게 비판한다. 갈수록 고도화되고 교묘해지는 금융회사의 수익 늘리기 전략에 맞서 금융소비자로서 어떤 시각과 태도를 견지해야 할지 고민해본다. 은행, 보험사, 증권사, 자산운용사의 논리에 휘말리지 않는 법, 빚 권하는 사회에서 현명하게 대처하는 법 등을 담았다.

'6장 잘못된 금융의 대안은 무엇인가'에서는 금융위기의 어두운 그늘에서 벗어날 해법을 모색한다. 국가부채와 포퓰리즘의 악순환에서 벗어나는 법, 금리 인상에 따른 위기상황에 대처하는 법, 폭탄이 되어버린 가계부채를 해결할 방안, 우리나라 국가채무의 위기상황을 수습할 방법을 집중적으로 살펴본다. 문제 제기에 대한 대안으로 금융감독 기능과 산업은행 시스템 정비, 세계경제 침체기를 맞아 시도해볼 만한 역발상 투자, 경제민주화 정책 기조의 재정비, 청년 정책의 수정과 개선, 정밀한 부동산 정책 제시와 가계부채 해소 방안 등을 제시했다.

세상을 움직이는 경제 논리를 잘 알아야
위기를 기회로 바꿀 수 있다

코로나 팬데믹 이후 세계경제는 좀처럼 회복하지 못하고 있다. 국가 간 경제시스템이 한 몸처럼 얽혀 있어서 바다 건너 먼 나라의 상황이 실시간으로 국내 상황에 영향을 미친다. 국내경제의 위기가 곧 세계경제의 위기가 되고 세계경기 침체가 국내경기에 곧바로 전달되는 것이다. 모두가 침체를 말하고 위기를 말한다. 너도 나도 힘들다고 하고 확실한 돌파구를 내놓는 경제주체는 없다. 어두운 터널로 들어왔지만 언제 어떤 식으로 출구에 도달할지 아무도 예측하기 힘든 상황이다.

그러나 터널에는 반드시 끝이 있다. 좁고 어두운 긴 길을 지나 밝고 확 트인 출구로 나아갈 수 있다는 희망으로 우리는 견디고 있다. 우리나라는 코로나 팬데믹으로 경제적 충격을 크게 받았을 때도 빠르고 강하게 반등한 나라다. 위기를 예측하고 미리 대응하지는 못했지만, 위기를 잘 극복하는 것도 우리만이 가진 역량이다.

저출산과 노령화로 인한 인구절벽, 선택권을 하나둘 포기해야 하는 청년 세대, 사교육비로 허리가 휜 부모 세대 등 우리에게 닥친 미래는 암울하지만, 해결하지 못할 것도 없다. 수익보다 사람을 우선하는 금융회사, 자본과 권력으로 정보까지 독점하여 투기하는 기득권층이 없는 지도층, 경쟁보다 배려와 나눔이 당연되는 사회, 청년에게 공정한 기회가 주어지는 사회를 목표로 삼아야 한다.

위기가 언제 끝날지 알 수 없지만 그때까지 우리는 자본주의를 더 공부해야 할 필요가 있다. 사회구조적인 문제의 해법을 모색하고 돈에 대한 관점과 금융지식을 갈고닦으며, 특히 조금이라도 더 현명한 금융소비자가 되도록 노력해야 한다. 이 책을 통해 경제상식을 풍부하게 다지고 금융의 민낯을 잘 파악하여 위기 상황을 잘 극복해 낼 실마리를 찾기 바란다.

김명수

경제 대위기의 시작

1. 경제는 지금

현재 세계경제는 코로나19 팬데믹이라는 전대미문의 재난을 겪으며 바닥을 치다가 서서히 회복되던 와중에 러시아—우크라이나 전쟁으로 원자재 및 곡물 가격이 급등하였고 이에 따라 물가상승률이 높아져 소비가 줄고 기업활동이 위축되는 악순환이 반복되는 상황이다. 엎친 데 덮친 격으로 급격한 기후변화는 농업 생산량을 급격히 감소시키면서 주요 곡물 수확량도 현저히 줄어들고 있고, 향후 식량대란 우려까지 보인다.

쓰리고 경제 비상

한국개발연구원(KDI)은 올해 한국 경제성장률을 3.1%에서 2.8% 정도로 낮췄다. 현대경제연구원도 올 5월에 2.6%로 더 낮췄다. 이는 국제통화기금(IMF)이 전망한 2.5%와 유사한 수준이다. 현재는 '쓰리고(고물가 · 고금리 · 고환율)'를 외친 만만치 않은 상태로서 앞으로 슬로플레이션(Slowflation은 '느리다'는 뜻의 슬로우(Slow)와 '물가 상승'을 의미하는 인플레이션(Inflation)의 합성어로 경기 회복

속도가 더딘 가운데 물가만 치솟는 현상)으로 가느냐 아니면 마이너스 성장인 스태그플레이션(Stagflation은 경제활동의 침체 중에도 물가가 상승하는 상태가 유지되는 저성장·고물가 상태)까지 갈 거냐 하는 차이만 있다.

각국은 치솟는 인플레이션을 잡기 위해 기준금리의 인상을 예고하고 있다. 인플레이션으로 기준금리가 인상되면 일반적으로 다음과 같은 신호를 보인다.

먼저, 주식 시장이 붕괴하면서 주가가 바닥을 치고 투자자들의 투자심리가 상당히 위축된다. 침체된 주식 시장의 분위기는 주택 시장으로 이어져 대출이자를 감당하지 못한 매물이 증가하고 부동산 가격도 서서히 하락한다. 제조업 등 기업 실적이 악화되기 시작하면서 노동자의 인건비를 감당하지 못해 실업률이 증가하게 된다.

그렇게 되면, 가계부채는 천정부지로 치솟게 되고 대출이자 감당은 커녕 물가상승까지 덮치면서 소비가 위축된다. 가계 소비가 줄어들면 경제성장률이 낮아지고 점점 악순환이 계속된다. 이렇게 나비효과를 일으키며 확산되는 경제위기 상황은 1~2년 후 국가에서 기업, 개인까지 영향을 미치며 경제 성장의 걸림돌이 되고 만다.

국내에도 커지는 미국발 인플레 공포

미국발(發) 경기침체 논쟁은 한국에도 영향을 미치고 있다. 수출로 먹고사는 우리나라는 대외의존도가 높은데, 경기침체까지 겹치면 경제에 심각한 타격을 입을 수 있기 때문이다.

미국은 일반적으로 GDP(국내총생산) 성장률이 두 분기를 연속하여 감소세를 보이면 리세션(경기후퇴)의 기준으로 보는데, 미국의 올 1분기 성장률은 전분기 대비 -1.6%를 기록했고, 2분기는 -0.6%를 기록하며 이미 기술적 침체기에 빠진 상태다. 특히, 3분기 연속 역성장은 지극히 드문 사례라고 볼 수 있다. 미국경제는 코로나19 초창기였던 2020년에도 1분기와 2분기에 역성장한 후 3분기에 크게 반등한 바 있기 때문이다.

이와 달리 우리나라의 1분기 경제성장률은 전분기 대비 0.6%였으며, 2분기 성장률은 0.7%로 전년 대비 4.1% 상승했다. 경기침체나 경기 후퇴라면 연속적으로 역성장해야 하지만, 느리지만 조금씩 성장세를 보임에 따라 슬로우 다운, 즉 둔화 상황이라고 진단할 수 있다.

금융투자협회에서는 서울 채권시장에서 7월 1일 3년 만기 국채 금리가 전날 대비 0.111%포인트 내린 연 3.439%로 거래를 마감했다고 밝혔다. 이전 달 대비 연 3.745%까지 올랐던 상승세가 꺾인 것이다. 향후 경기를 보여주는 선행종합지수 순환변동치는 지난해 2월부터 100을 밑돌고 있는데, 100 미만이면 3~6개월 뒤 경기가 악화할 가능성이 크다는 의미다.

점점 커지는 워세션 공포

리세션(Recession, 경기후퇴)은 경제위기로 전이되기 이전, 경기후퇴 초기 국면에 나타나는 침체를 의미한다. 글로벌 전략가 데이비드 로슈(David Roche)는 러시아의 우크라이나 침공이 세계경제를 일반적인 경기침체인 리세션이 아니라 전쟁에 따른 공급 충격이 더해진 이른바 '워세션(war-cession)'으로 몰고 갈 것으로 전망하기도 하였다. 러·우 전쟁은 곡물, 유가, 원자잿값 등 가격 폭등을 불러왔기 때문이다.

세계 최대 곡창지대인 우크라이나는 '유럽의 빵 바구니'로 불리는데, 이

곳이 침공당하면서 밀, 보리, 옥수수 같은 주요 곡물 수급에 비상이 걸렸다. 석유, 천연가스, 석탄 등 에너지 강국인 러시아로부터의 에너지 수입에도 심각한 수급난이 벌어지면서 국제 에너지 가격이 폭등하였다.

코로나19 팬데믹 상황에서 실물경제를 살리기 위해 시행한 저금리, 유동성 확대 정책은 인플레이션을 가속시켰고 부동산은 전례 없이 폭등했다. 극심한 인플레이션을 극복하기 위해 각국 중앙은행은 기준금리 인상, 양적완화 축소 등을 추진하였다. 이에 따라 버블이 터지면서 경기후퇴와 함께 경제위기로 전이되지 않을까, 전 세계가 예의 주시하고 있다. 우리나라도 예외는 아니다.

2022년 세계경제는 지금, 코로나라는 전 지구적인 위협을 극복하고 국가 부양책의 도움 없이 예전처럼 스스로 일어설 수 있을지를 판가름할 중요한 전환기라고 볼 수 있다. 물론, 얼어붙은 경제 상황에서 빠져나와 스스로 일어나 활동할 수 있을 때까지 많은 시행착오가 있을 수 있다. 경제가 활기를 되찾기까지의 과정이 순탄하지는 않을 것이다. 경제위기 외에도 주요 국가들의 갈등과 전쟁 등 경제 외적인 부문에서도 많은 난관이 있어 그 어느 때보다 예측 불가능한 한 해가 될 것이다.

역사를 돌아보면 그 주기와 영향력은 시기마다 달랐지만, 경제는 롤러코스터처럼 상승과 하락을 반복했다. 누구나 올라가는 기쁨과 환희만 생각하지, 다시 내려올 것이라고는 생각하지 못한다. 아니, 하고 싶지 않은 것인지도 모르겠다. 인간의 심리가 내리막을 생각한다는 것을 참지 못하기 때문이다.

톰 피터스는 "올라갈 때 자만하지 마라. 곧 내려갈 때 그들을 만나게 될 테니까"라며 인생을 롤러코스터로 비유했다.

"역사를 돌아보면 그 주기와 영향력은 시기마다 달랐지만, 경제는 롤러코스터처럼 상승과 하락을 반복했다. 누구나 올라가는 기쁨과 환희만 생각하지, 다시 내려올 것이라고는 생각하지 못한다."

2. 우리는 어떻게 대응해야 하는가

코로나를 완전히 극복하지 못한 상태에서 전대미문의 부양대책을 영원히 이어갈 수도 없는 상황이다. 이 와중에 러·우 전쟁은 원자재 가격 급등을 유발하면서 리세션 징후까지 보이며 세계경제의 발목을 붙잡고 있다. 경윳값이 휘발윳값을 앞지르는 말도 안 되는 상황으로 돌입하며 경제에 찬바람이 불고 있다.

경기침체일까, 경제위기일까

천정부지로 치솟던 국제 유가와 원자재 가격이 최근 들어 주춤하기 시작한 원인을 인플레이션으로 인한 소비 위축에서 찾을 수 있다. 또한, 주요 수출국의 작황이 개선되었고, 유가가 하락했으며, 미국의 금리가 인상되는 등 여러 요소가 복합적으로 작용하면서 국제 곡물 가격이 안정세를 되찾는 양상을 보였다. 더불어 대표적 안전자산 중 하나인 채권 금리가 내려가고 있는데, 이는 경기침체에 대한 공포 발현이라고 볼 수 있다.

물론, 경기침체 진입 여부를 판단하려면 더 많은 경제지표를 분석해봐야 하지만, 불안정한 국제 정세를 확실하게 판단할 수 있는 사람은 아무도 없다. 경기침체냐, 경제위기냐 하며 비슷한 어감으로 혼동을 불러일으키는 바람에 리세션의 공포가 과하게 부풀려진 점도 있다. 따라서 경제위기 상황으로 돌입하기 전에 미리 리스크를 관리하며 대응하는 것이 무엇보다 중요하다. 이미 경제위기 상황으로 돌입하고 나서 사후약방문으로 대응하면 훨씬 복잡할 뿐 아니라 비용도 많이 들기 때문이다.

개인과 기업의 경제위기 대응법

경제위기 대응은 개인이든 기업이든 앞으로 발생할 수 있는 리스크를 모두 파악해서 분석하고 평가하며 대책을 빠르게 마련해두어야 한다. 리스크 요인으로 부채 감당 여부, 보유자산 변동성, 소득 감소, 수입과 지출이 균형 있게 유지되는지의 파악, 실업이나 파산 위험 등을 다양한 측면에서 식별하고, 발생할 수 있는 손실률에 대해서 면밀히 따져봐야 한다. 당연히 위험이 큰 쪽부터 대응을 마련하여 큰 손실부터 줄여나가야 한다.

1. 저성장, 고금리 상황에서는 주식과 가상화폐 시장이 붕괴하게 마련이며, 시중에 유통되는 통화가 줄어들면서 물가가 하락하고 화폐 가치가 상승한다. 디플레이션이 발생할 때 대응책이 없다면 물가는 계속 하락하고 이로 인한 기업의 이윤과 자산도 감소하여 경영 상태가 악화되므로 이에 대한 대응이 필요하다.

금리 상승으로 돈의 가치는 올라가기 때문에 위험자산은 빨리 정리하고 부채를 줄여나가면서 금, 은, 달러, 현금과 같은 안전자산의 보유 비중을 늘려가면서 투자하는 것이 유리하다.

2. 기업은 미래를 준비하는 노력과 투자를 아끼지 말아야 한다. 미래 성장 가능성이 높은 분야를 발굴하여 연구하고, 생산성 향상, 효율적인 구조조정, 자기 계발 및 교육부문에 투자해야 한다. 물가가 치솟을 때 실질 가치를 지킬 수 있는 자산 가치를 찾아야 한다. 안전자산의 보유 비중이 늘어나면 추후 경제가 회복될 때 가치가 하락했던 자산을 재구입할 기회가 생긴다. 기회는 준비된 사람이 잡을 수 있는 것처럼 이런 과정을 거쳐야 부자로 재탄생할 수 있다.

따라서 시장을 이기려고 하지 말고 흐름에 올라타야 한다. 경제위기라는 태풍을 맞았다면, 파도를 보지 말고 바람을 읽어야 앞으로 나아갈 힘을 얻을 수 있다. 현재 문제점이 무엇인지 파악하고 바람을 맞으며 새롭게 항해하기 위해 리스크를 식별하는 힘을 키우고 개선하는 노력을 게을리하지 말아야 한다. 부자가 되지 못한 사람은 위기를 위기로만 받아들이고 자리에 주저앉아 절망하지만, 큰 부자는 경제위기 때마다 리스크를 효율적으로 파악해 해결해가며 크게 도약한다는 점을 잊지 말자.

"경제위기 상황으로 돌입하기 전에 미리 리스크를 관리하며 대응하는 것이 무엇보다 중요하다. 이미 경제위기 상황으로 돌입하고 나서 대응하면 훨씬 복잡할 뿐 아니라 비용도 많이 들기 때문이다."

3. 정부의 경제위기 대응과 준비는

한국 경제는 고물가·저성장 바탕의 1997년 외환위기, 2008년 글로벌 금융위기 이후 다시 강력한 '퍼펙트 스톰(perfect storm)'으로 불리는 초대형 복합적 경제위기 앞에 놓여 있다. 현재 국내외 경기 흐름이 심상치 않은데, 미국의 금리 인상과 중국 경제 둔화, 러·우 전쟁 등 대외 악재가 산적해 있다. 한국 경제의 매우 높은 대외의존도를 감안할 때, 우리 경제만 독야청청하기는 어려운 상황이다.

판박이 정책은 이제 그만

2008년 글로벌 금융위기 때처럼 미국 달러화 대비 원화 환율이 1,400원을 돌파하면서 원화 가치는 미국의 금리 인상에 따른 경기둔화 공포에 대응하면서 자꾸 하락 압력을 받고 있다. 모든 경제지표가 유기적이고 인과관계가 얽혀 있다 보니 환율뿐 아니라 인플레이션 경제지표도 2008년과 비슷한 모양새로 흐르고 있다.

일상생활에 밀접한 식품류 가격 상승과 에너지 물가 상승 등과 같은 위기 상황은 스태그플레이션(물가 상승을 동반한 경기침체)의 상황으로 치닫게 한다. 장기적으로 이어지는 복합 경제위기에 대비하기 위해 정부 차원의 리스크 대응 플랜이 필요한 이유다.

현재 한국 경제는 팬데믹에 따른 투자·소비 위축, 러·우 전쟁, 글로벌 공급망 붕괴, 고물가·고금리·고환율로 인한 불안감, 비정상적인 부동산 시장, 고용 불안 및 실업률 증가로 인한 저성장 징후까지 곳곳에 빨간불이 켜진 상태다. 따라서 정부는 경제위기 시마다 내놓았던 판박이 정책을 만병

통치약인 것처럼 꺼내 쓰지 말고 새로운 복합 위기에 맞서 여러 방면에서 효율적인 정책을 마련해서 신속하게 대응해야 한다.

특히, 이번의 경제위기는 복합적 요인이 맞물리면서 민생에 큰 충격을 연달아 던지고 있다. 고공행진을 이어가는 물가로 인해 소득이 줄면서 가계는 허리띠를 졸라매고 지갑을 닫고 있다. 경제위기는 약자에게 더 가혹한 법이다. 당장 오늘 내일의 생계를 걱정해야 하는 이들을 위한 실질적인 대책 마련이 시급하다.

그 핵심에는 국가 경쟁력이 있어야 한다. 경제위기에 대응하기 위한 각국의 잇따른 정책이 실패한 데에는 '보이지 않는 손'의 허점이 있다는 분석이 나오고 있다. 따라서 시장을 자유롭게 내버려 두기보다 일단 위기를 해소해 주길 바라는 '보이는 손'의 개입에 대한 목소리가 커지면서 정부의 적극적인 정책이 필요하게 되었다. 따라서 투명하고 확고한 원칙으로 경쟁력 있는 정책을 발굴하여 시장에서 효율적으로 작동하도록 해야 한다. 위기는 피할 수 없겠지만, 극복하지 못할 위기도 없다.

코로나 위기를 체질 개선의 기회로

한국 경제의 멱살을 잡고 끌어온 수출이 2021년에는 깜짝 성장률을 보였지만, 계속 이어갈 수 있을지 불안하다. 아직도 음식, 숙박, 여행, 도소매 등 내수경기는 완전히 회복될 기미가 보이지 않는다.

줄어들지 않는 고용 불안과 물가 상승으로 가계부채가 늘어나고 있으며, 수년째 저출산의 지속으로 생산인구가 감소하고, 초고령화로 인한 노령층에 대한 부양 부담이 늘어나는 상황에서 정부는 생산인구를 늘릴 방법을 다각도로 고민해야 한다.

합계출산율이 0.82명 수준으로 떨어질 것으로 예상되는 초저출산 사회에 대비하여 전면적인 시스템 개혁이 필요하다. 공적연금 및 건강보험 등 시급한 개혁 정책을 통해 재정 안정화를 도모하고 불안하지 않은 미래의 청사진을 그려가야 한다.

세계경제는 경제활동 정상화가 이어지면서 높은 성장세를 보일 것으로 예상되지만, 공급망 교란, 인플레이션, 중국 성장둔화 등 경제 회복세를 위축시킬 수 있는 리스크 요인이 산적해 있다. 그뿐만 아니라 위드 코로나, 정책 정상화 등에 대한 불확실성도 세계경제를 좌우하는 주요 요인으로 작용할 전망이다.

백신 보급과 이에 따른 치사율 감소 등으로 주요국들이 위드 코로나에 근접했지만 그 성패 여부는 시간이 지나봐야 알 수 있다. 정책 정상화 역시 지금으로서는 영향이 완만할 것으로 예상되지만, 인플레이션이 안정되지 않는다면, 성장 하방 압력을 가중할 수 있다.

또한, 이례적인 대규모 유동성 공급에 따라 소수 성장주 쏠림, 저신용·비유동성 자산 투자 증가 등의 현상이 나타난 금융 시장에서는 자산 가격 조정, 투자 손실 등 그동안의 수익률 추구로부터 반격의 소지가 있다는 점을 명심할 필요가 있다.

우리가 마주한 변곡점들을 원활하게 잘 풀어나가기 위해서는 무엇보다 정책적 측면에서의 올바른 선택이 중요하다. 경제위기에 대응하는 정책은 적극적이고 시의적절해야 한다. 고금리·고물가·고환율의 이른바 '3고(高)'에 가장 취약한 계층에 재정지원을 늘리는 정책을 우선시해야 한다.

아직 전 세계적으로 경제가 회복되는 기세가 완전하지 않으므로 자력으로 성장력을 갖춰나갈 수 있도록 완화 조치를 유지하면서 인플레이션, 스태그플레이션 등에 미리 대비할 수 있어야 한다. 그뿐만 아니라 경제 여건과 함께 바이러스와 관련한 상황을 고려하여 적시적이고 신속한 정책 방향으로 운영할 필요가 있다.

또한, 금번 팬데믹 기간 중 취약점으로 부상한 공급망의 경쟁력을 회복시키는 데 역점을 두고, 급변하는 경제 흐름에도 경제가 버틸 수 있도록 대내외 충격에 대비할 수 있는 건전성과 리스크 관리를 완벽히 하는 등 체질 개선을 위해 노력하는 것도 중요하다.

"정부는 경제위기 시마다 내놓았던 판박이 정책을 만병통치약인 것처럼 꺼내 쓰지 말고 새로운 복합 위기에 맞서 여러 방면에서 효율적인 정책을 마련해서 신속하게 대응해야 한다."

4. 반복되는 경제위기의 해법은

경제위기는 대부분 국내 요인과 국제 요인이 결합해서 발생하곤 한다. 대체로 원인이 한 군데에 집중되었다기보다는 전쟁, 전염병, 재해 등 외부요인과 버블 형성, 재무구조 취약성 및 유동성 부족, 국가의 경제정책 실패 등 여러 복합적인 요소들이 결합하여 발생했다.

경제위기의 사이클

경제는 성장과 침체가 패턴을 이루며 반복하는 역동성을 띤다. 경제가 위기를 맞게 되면 개인 파산에서부터 기업이나 은행의 파산까지 이어지고 고물가, 고환율 등으로 불안정성이 심화하는 등 급격한 변화의 흐름을 탄다. 생산 감소, 가계 지출 감소, 실업률 증가 등으로 상황이 나빠진다. 이러한 극심한 불경기 및 경제적 난국을 경제위기라고 칭하는데, 사실 이러한 현상은 일부에 불과하다.

경제위기의 사이클은 쉽게 말해, 경기가 절정을 맞이하면, 그에 맞춰 가계에서는 대출에 빚까지 끌어들여 투자와 소비를 늘리고, 주식 시장과 부동산에 돈이 몰리면서 시장이 과열되는데, 정부는 이러한 과열을 막기 위해 금리를 인상하고, 이러한 금리 인상은 가계의 부채 부담을 늘리게 되어 경기가 침체되는 순서로 반복하는 방향성을 보인다. 역사적으로도 빚이 과도하게 늘어날수록 경제위기가 찾아왔다.

대체로 이미 경험한 위기였는데 효과적으로 대처하거나 문제점을 개선하지 못해서 반복되어 일어나고 있다. 이번 경제위기는 과거와는 다르다고 생각하는 착각에 빠지기 때문에 위기가 반복된다. 과거의 실수에서 많이 배웠다고 하지만, 거의 10년을 주기로 세대 교체되어 가면서 위기를 감지하지 못하고, 적시에 대응하지도 못하고 있다.

경제위기나 경기침체는 발생 원인과 과정은 다르지만, 경기순환이라는 사이클에 따라 반복해서 일어날 수밖에 없는 경제 현상이다. 2020년의 글로벌 경제위기는 수많은 경제 전문가들이 예고했지만, 뜻밖에도 전혀 예상하지 못한 생명체로부터 왔다. 코로나 이전에 미·중 무역전쟁은 이미 한계에

봉착했고, 무역 갈등이 경제위기의 트리거가 될 것이라는 분석이 분분했다. 그러나 뜬금없이 야생 박쥐 바이러스가 등장해서 경제위기의 트리거가 될 줄은 그 누구도 예상하지 못했다.

그러나 팬데믹도, 경제위기도 모두 각국의 공동 대처가 필요하며 신속한 선제 조치, 변종 발생 가능성에 대한 대비가 필요하다는 점에서는 해결 대처 방안은 비슷하다.

경제위기설을 잠재우는 방법

악재는 예상하지 못한 변수가 아니었는데도 어떠한 전조 증상 없이 나타나며, 경제위기설이 돌면 막상 위기는 찾아오지 않는 등 오히려 위기 '설'로 인해 내수경기가 얼어붙는 일이 벌어지기도 했다. 여기에는 주식 시장과 부동산 시장에서의 단기 시세차익을 노리는 투기 세력이 의도적으로 위기설을 유포하여 자산 가격이 폭락하면 쌀 때 재빨리 사들였다가 위기설이 걷혔을 때 최고점을 찍으면 되팔아 큰 수익을 챙기고 발을 뺀다는 의혹설도 있다. 특히, 한국 경제는 무역의존도가 너무 높아서 상대적으로 외부 요인에 취약할 수밖에 없다. 미국과 중국이 기침 한 번 하면 우리나라는 독감에 걸리는 식이다.

따라서 반복되는 위기설을 잠재우는 방법은 선제 대응밖에 없다. 각 경제 주체가 적극적으로 리스크 대응에 나서면서 경제 체력을 키워 감기에도 걸리지 않는 튼튼한 경제 체질로 만들어야 한다. 사실 경제위기는 많은 어려움과 고통을 수반하기 때문에 부정적인 시각으로 봐야 하지만, 현 경제의 취약점과 문제점이 수면 위로 드러난다는 점에서 큰 의의를 둬야 한다.

정부의 역할이 위기관리에만 그치지 않고, 사전 예방을 통해 경제적 불확실성을 제거하여 더 역동적이고 안정적인 경제 시스템을 구축하는 데 힘을 기울여야 한다.

　"반복되는 위기설을 잠재우는 방법은 선제 대응밖에 없다. 각 경제주체가 적극적으로 리스크 대응에 나서면서 경제 체력을 키워 감기에도 걸리지 않는 튼튼한 경제 체질로 만들어야 한다."

금융투자협회 나재철 회장을 만나 금융에 대한 자문을 받고 의견을 나눔.

| 차 례 |

3장   현실로 다가온 금융위기의 서막

4장   과거의 금융 상식은 이제 그만!

5장 제대로 알려주지 않는 금융상품의 거짓말

6장　잘못된 금융의 대안은 무엇인가?

1장

덫에 걸린 영끌족의 실체

영끌족, 그들은 누구인가

밀레니얼 세대(1980년대 초반~2000년대 초반 출생한 세대)의 M, Z세대(1990년대 중반에서 2000년대 초반에 걸쳐 태어난 젊은 세대)의 Z를 합친 이른바 'MZ 세대(15~40세)'는 부모 세대가 사회에 진출할 때와 같은 고도성장이 사라진 사회에서 경쟁하는 세대로, 높은 학력과 화려한 스펙에도 취업이 어려워 '부모보다 가난한 첫 세대'로 평가되고 있다.

부모보다 가난한 첫 세대

대졸인 청년층의 취업률은 75.2%로 OECD 37개 나라 중 31번째에 속한다. 이들은 임장 데이트(청년들이 데이트 삼아 아파트 등 부동산을 보러 다니는 것)를 즐기고, '선(先)집장만 후(後)결혼'이 트렌드다. 서울에서 혼자 사는 청년 3명 중 1명은 비싼 보증금과 월세 때문에 '지옥고(반지하 · 옥탑방 · 고시원)'에 거주한다. 자산 격차는 부모의 학력과 자산에 비례하여 점차 벌어져 사회가 양극단으로 치닫고 있다.

개천에서 용이 나는 일은 일어날 가능성이 희박하고, 부가 대물림되듯 가난도 대물림된다는 사실을 청년은 익히 알고 있다. 가난까지 대물림받은 청년은 사회생활을 하면서 학자금을 갚는 것부터 시작하다 보니 자산 격차는 점점 극복하기 어려울 정도로 벌어진다. 그냥 숨만 쉬어도 월세에 관리비에 통신비에 학자금 대출까지 빠져나가는 지출 내역 탓에 '자취살이'가 아니라 '자취살인'과 다름없는 삶을 살아간다.

부유한 가정에서 태어난 일명 금수저는 경제적 도움을 받으며 여유로운 삶을 살지만, 도움을 받지 못하는 청년의 경우 출발선부터가 다르다. 그들은 '영끌(영혼까지 끌어모아 대출)', '빚투(빚내서 투자)' 등 할 수 있는 모든 수단을 동원해 자산을 불리려고 노력한다.

그러나 집값이 하루가 다르게 상승하는 만큼 근로소득만으로 내 집을 마련하기는 너무나 힘겨운 현실의 무게감이 그들의 어깨를 짓누른다. 착실하게 돈을 모아 내 집 마련의 꿈을 이룰 수 있던 시절은 이제 과거의 전유물이 되었다. 서울지역 25평 아파트가 10억 정도라 치면, 월급 200만 원을 받는 평범한 회사원이 10억짜리 아파트를 마련하려면, 단 한 푼도 쓰지 않고 매달 40년 넘게 저축해야 집을 살 수 있다. 이것도 그 기간 동안 집값이 오르지 않는다는 전제였을 때의 얘기다.

청년에게 내 집 장만은 시작하기도 전에 포기해야 하는 꿈 중의 하나가 되었다. 취업과 내 집 장만, 연애, 결혼, 출산까지 포기해야 할 것이 너무 많아 일명 'N포세대'라고 불리는 청년들은 좁아지지 않는 간극 사이에서 여전히 고통받고 있다. 그래서 그들은 스스로를 '벼락 거지', '이생망(이번 생은 망했어)'이라고 자조한다.

영끌과 빚투로 쌓은 빚잔치

2019년 12월 '코로나 바이러스'가 전 세계로 퍼지면서 노동의 가치는 바닥으로 떨어졌고, 자본 시장은 일확천금을 노리는 거대한 투기 도박장으로 변했다. 금리 인상과 대출 규제가 잇따르자 주식, 가상화폐, 부동산이 모두 바닥을 향해 곤두박질쳤다. 그러자 저가에 매입하려는 투자 열풍이 불면서 영끌에 빚투 붐이 일었고 이에 따라 빚더미를 짊어진 2030세대는 원금 손실에 늘어난 이자 부담까지 떠안게 되었다.

빚투까지 하다가 오히려 큰 빚을 지게 되면서 양극단으로 치닫는 자산 불평등의 현상에 대해 우려가 쏟아지고 있다. 시대가 주는 기회인데, 크게 한 방 먹고 싶은 그들의 입장을 이해하지 못하는 바는 아니다. 그들도 모든 것을 잃을 수도, 빚더미에 앉을 수도 있다는 것을 알았을 것이다. 그런데도 수십 년을 일해도 목돈이 생길 가능성이 없기에 희망이라도 가져보고자 크게 한 방을 노린 것이다.

MZ 세대는 디지털 환경에서 자라 스마트폰을 포함한 다양한 디지털 기기에 능숙하고, 최신 트렌드에 민감하다. 경제위기가 닥치면 서점에는 관련 경제 책들이 쏟아지고, 각종 커뮤니티와 유튜브 채널을 통해 쉽게 투자 정보를 얻을 수 있다. 투자 정보의 홍수 속에서 청년들이 투자에 뛰어드는 것은 어쩌면 당연한 결과일지도 모른다.

신문 기사를 보면 최저시급 월급쟁이였던 청년이 20억 이상을 몇 개월 만에 벌었다는 이야기가 심심치 않게 나오니 영끌, 빚투가 위험하다는 것을 알면서도 솔깃하게 된다. 너도나도 투자에 달려들어 떼돈을 번다는데, 나만 안 하면 바보가 되는 것 같아 주식의 '주' 자도 모르지만 일단 뛰어들고 본다. 이렇게 무리한 투자에 대해 우려의 목소리가 터지는 것은 어찌 보면 당연한 수순이다.

그러나 문제의 본질은 무리한 투자에 있는 것이 아니다. 코로나 전에는 욜로, 플렉스, 소확행을 즐기던 그들에게 '빛'이 아닌 '빚'은 어색하기만 하다. 이들은 부모 세대의 외환위기와 글로벌 금융위기라는 경제위기를 간접적으로 경험한 세대다. 흙수저니, 금수저니 하는 수저계급론이 등장하면서 불평등한 출발점과 자산 격차로 인해 그들은 평생 일만 돈을 모으기만 했는데도, 내 집 한 채 장만하기가 힘든 현실을 물려받았다.

이때 누군가는 바닥을 치는 부동산 시장에서 헐값으로 아파트를 매매하여 부자가 되었고, 누군가는 주식 시장에 뛰어들어 대박을 터트렸으며, 누군가는 가상화폐로 떼돈을 벌었다. 이러한 분위기 속에서 그들이 배운 것은 '위기는 기회'라는 것, '주가는 우상향한다'는 것이었으며, 이러한 교훈은 몇 년 전 부동산값 폭등을 통해 다시 한 번 깨달았을 것이다.

하고 싶은 것 다 하며 살고 싶은 욜로족의 이면에는 '막막한 현실에서 행복만은 포기하지 말자'는 젊은 세대의 간절한 바람이 깃들어 있다. 금융투자에 관심을 가진 목적이 궁극적으로 내 집 마련, 노후 자산을 꿈는 데서 영끌족의 투자 열풍은 결국 불안정한 경제위기 속에서 안정적인 삶을 위한 자기 의지의 표출이라고 볼 수 있다.

열심히 일해도 안정적인 무지갯빛 미래를 보장받을 수 없는 시대 상황에서 가진 사람은 일하지 않고도 돈이 돈을 벌고, 없는 사람은 아무리 발버둥 쳐도 평생 일만 하다 죽어야 한다는 사실에 상실감과 박탈감을 느끼게 된다. 언제 올지 모를 대박의 기회를 놓치지 않기 위해 영혼까지 긁어모으는 세대의 모습에서 불안한 미래에 대한 절박함이 보인다.

2030 세대의 '영끌'과 '빚투'에 대한 우려를 통해 우리 사회의 한계와 뿌리 박힌 모순을 바로잡아야 한다. 정치인들의 공략 속에만 존재하는 청년 일자리 창출에서 벗어나 높은 소득이 보장되는 양질의 일자리를 가질 수 있도록 교육 기회를 제공하고, 안정적인 주거를 지원받을 수 있도록 공정한 주거 안정 정책이 마련되어야 할 것이다. 그들이 이 사회에서 포기부터 먼저 겪는 N포세대에서 벗어나 현실 가능한 꿈을 꿈 수 있도록 희망찬 정책을 모색해야 할 때다.

요약하자면

"첫발을 내딛는 청년이 학자금에 자취방 월세까지 내면서 사회생활을 시작하게 되면 그 격차는 현실적으로 극복하기가 불가능해진다. 그냥 숨만 쉬어도 월세에 관리비에 통신비에 학자금 대출까지 빠져나가는 지출 내역 탓에 '자취살이'가 아니라 '자취살인'과 다름없게 된다."

서서히 다가오는 변화들

외환위기 이후 최고치에 달한 물가상승률은 한국은행 연간 전망치 기준에 따르면 5.2%까지 치솟을 것으로 보인다. 물가를 자극하며 영향을 미치는 변수는 여전히 많으며 차츰 추가되는 중이다. 러·우 전쟁의 양상과 러시아발 에너지 공급 차질 문제, 중국·대만과의 갈등, 미국·중국의 무역전쟁 등 국제 금융 시장에서의 불안감은 확대되고 있다. 무엇보다 수출에 의존하는 비율이 높은 한국은 국제 시장의 변동성에 따라 국내 물가 상승의 압력을 받는다.

각국 중앙은행이 기준금리를 인상하며 양적완화 축소를 추진하면, 버블이 터지면서 경기침체 현상이 발생할 수 있다. 향후 한국 경제에도 적잖은 영향을 미치게 되는데, 3가지 위기 신호에 따라서 미리 감지해보며 이에 대응할 수 있도록 전략을 준비해 놓아야 한다.

경제위기 신호 ① 인플레이션이 안정되면서 경기가 회복될 가능성

기준금리 인상과 긴축 재정으로 인플레이션이 안정되면서 경기가 서서히 회복될 수 있다는 긍정적인 신호다. 인플레이션이 잡히면서 서서히 경제가 회복되길 바라지만, 실제로 가능성은 제일 낮다. 미국은 현재 역대급

인플레이션에 시달리고 있는데, 1981년 이후 가장 큰 물가상승폭을 보이고 있다.

기준금리는 기축통화국인 미국의 연방준비제도(FED,이하 연준)가 정한다. 미국은 경제위기의 바람이 불 때마다 돈을 찍어내 위기에서 탈출하곤 했다. 팬데믹 위기 때는 과거 100년간 풀었던 돈보다 더 많은 달러를 시장에 풀었다. 그러자 역대급 인플레이션 폭풍을 불러와 역풍을 맞으면서 유동성 축소를 위해 기준금리를 올려 인플레이션을 도리어 잡아야 하는 상황을 맞고 말았다.

미 연준의 금리 인상 수준에 따라 가장 높은 수준의 인상은 자이언트 스텝(기준금리 0.75% 인상), 그보다 적은 대규모 금리 인상은 빅스텝(기준금리 0.5% 인상), 일반적으로 올리는 수준은 베이비 스텝(기준금리 0.25% 인상)이다. 지나치게 많은 달러가 유통되면 물가상승폭이 커지면서 인플레이션이 발생하는데, 자이언트 스텝이나 빅스텝을 단행하여 기준금리를 올려 물가상승을 잡고자 한다. 연준은 2022년 9월까지 이례적으로 3분기 연속 자인언트 스텝을 단행했다. 이에 따라 기준금리는 3.00~3.25%로 인상되었다. 이러한 미 연준의 정책금리는 연말과 내년까지 긴축기조를 이어갈 것으로 예측되므로 한국은행도 스스로 방어할 수 있는 물가정책이 필요하다.

2008년 글로벌 금융위기 때 5.25%까지 급격히 올리자 주택시장이 붕괴되면서 금융위기가 찾아왔다. 따라서 향후 2~3년간은 경기침체에 발목이 잡힐 것이다. 고금리는 투자 시장을 위축시키고 통화량을 줄이면서 경제 활성도를 떨어트린다. 기업의 고용률이 축소되기 때문에 소비자 입장에서는 이자 부담은 커지고, 물가는 높고, 고용은 불안정한 위험한 생활로 내몰리게 된다.

그나마 연준은 역사적으로 기준금리 인상에 대한 경험이 많다. 러·우 전쟁이 끝나고, 중국의 경제 봉쇄가 풀려 공급망이 해소되면 인플레이션이 조기에 안정될 가능성이 생긴다. 과거에 비해 미국 시장은 매우 건전하며, 한국 시장도 부채가 높긴 하지만 은행과 기업이 건실한 편이다. 긴축 정책에 따른 빅쇼크는 없을 것으로 예상되므로 원자재 가격이 하락하면 수출도 서서히 증가하면서 경기가 회복될 수도 있다.

대응 플랜

자본주의 사회에서 쉽게 투자할 수 있는 수단 중의 하나는 주식이다. 기업은 경제 성장에서 많은 부분을 차지한다. 개인이 기업의 성장과 동행할 유일한 방법은 주식을 소유하여 주주가 되는 것이다. 따라서 경제성장률이 회복되는 추세에 따라 주식 투자를 늘려간다. 경제성장률이 높다는 것은 기업의 실적이 좋아진다는 것을 뜻한다. 기업 실적이 뒷받침된 주가는 밑에서 떠받쳐주는 힘이 강하다. 경제 상황을 예의주시하면서 기업 실적이 좋은 주식에 투자하는 것이 유리하다.

경제위기 신호 ② 경제위기가 점차 악화될 가능성

경제위기 상황이 점차 악화하면서 가계부채 폭발과 자산 버블 붕괴가 일어난다. 미국, 중국, 일본의 경제침체 영향을 받으며 IMF 외환위기 상황에 준하는 최악의 상황이 될 수 있다는 가능성이다.

러·우 전쟁이 끝나지 않으면서 원자재 가격이 치솟고 인플레이션의 끝이 보이지 않는다. 가계부채 규모는 지금보다 더 늘어나 심각한 지경에 이른다. 수출의존도가 높은 한국 경제는 원유를 전량 수입해야 하는데 높은 유가에 경제가 휘청인다. 원자잿값이 상승하면 생산비용이 상승하여 고물가 현상이 발생하는데, 물가 상승으로 인해 돈의 가치가 하락한다.

1만 원은 그대로 1만 원인데, 과거 1만 원으로 자장면 두 그릇을 먹을 수 있었다면, 이제는 한 그릇밖에 먹지 못하고, 인플레이션이 촉발되면 자장면은 2만 원, 혹은 그 이상이 될 수 있다. 돈의 가치가 하락할수록 같은 물건을 예전보다 더 비싸게 사야 하므로 고물가 현상으로 인한 인플레이션이 지속된다. 코로나 초기에 미국은 엄청난 양의 달러를 찍어내는 경기부양책을 썼는데, 각 국가는 환율 유지를 위해 자국 내 화폐의 양을 늘려야만 했다. 결국 팬데믹 이후 전 세계에 통화량이 늘어나면서 돈의 가치가 하락한 것이다.

따라서 이를 해결하기 위해 금리를 인상하게 되는데, 중앙은행은 고금리 기조를 유지할 가능성이 커진다. 그러나 이자율이 높아지면 높아질수록 대출이 많은 좀비 중소기업(여기서 좀비란 죽었는데 산 것처럼 행동하는 것으로, 갚기 어려운 부채로 연명하는 것을 뜻한다), 금융기관은 지급 불능에 빠져 파산할 위험성이 커진다. 경기침체에 금융위기 가능성까지 커지면, 결국 중앙은행은 금리를 내려야 한다.

그렇게 되면 커다란 공급 요인을 해결하지 못한 상태에서 금리 인상이 중단 혹은 역전됨으로써 스태그플레이션이 도래하여 경제는 저성장을 향해 치닫는다. 스태그플레이션은 장기화될수록 부채위험도를 높이는데, 역으로 중앙은행과 정부가 사면초가에 빠진다.

더 이상 중앙은행은 인플레이션을 해결하고자 금리 인상을 공격적으로 단행하기 어려워지고, 정부는 부채의 늪에서 재정 정책을 펼치기도 부담스러워진다. 긴축 정책으로 인해 사모펀드, 암호화폐, 스팩주, 부동산 등에서 버블이 꺼지겠지만, 부채율은 상승하면서 부채위기가 나타날 수 있다는 가능성을 시사하게 된다.

미국이 9월 들어 기준금리를 자이언트스텝으로 인상함으로써 연 3.0~3.25%가 되었다. 한국은행도 기준금리를 연 2.5%로 올리기로 했다. 그러나 글로벌 공급과 국제 유가와 같은 외부 요인으로 인해 상승하는 물가를 금리만으로는 더는 잡을 수 없게 되었다. 그런데도 미국을 비롯해 우리나라도 물가를 잡을 때까지 금리를 끌어올려야 하는 상황이다. 더구나 우리나라는 GDP 대비 가계부채 비중이 가장 높다 보니 미국의 금리 인상 속도를 똑같이 쫓아가는 데 어려움이 많다. 지금은 한미 간 기준금리가 0.75%포인트 격차로 역전되었지만, 앞으로도 역전은 계속될 것으로 보여 우려가 크다.

물가는 금리 인상만으로 잡으면 비용이 많이 들어가므로 경제주체 간의 협력을 통해 최소한의 비용을 들여 물가를 잡는 것이 가장 효율적이다. 특히, 한국의 경우 가계부채가 발목을 잡는 심각한 상황이다. **가계가 소득 대비 빚이 많으면 → 대출이자를 갚기 어려워지고 → 소비지출이 위축되면서 → 경기가 부진해지고 → 일자리가 감소하며 → 소비위축이 심화되고 → 다시 경기가 침체하는 악순환의 시발점**이 된다.

─────────────(대응 플랜)─────────────

경기가 좋을 때, 높은 물가는 금리를 인상해가면서 잡을 수 있다. 금리가 올라도 버틸 힘이 있어서 고용이 안정되고 급여가 높아져 금리 인상으로 인한 가계이자 부담도 버틸 수 있다. 그러나 경기가 나쁠 때 금리가 오르면 가계소비는 위축되고 기업의 실적도 악화하는 악순환이 시작된다. 지금까지 금리를 올릴 수 있었던 이유는 그동안의 탄탄했던 경제구조를 믿었기 때문인데, 계속되는 인상에도 물가를 잡는 데는 실패하고 말았다. 물가상승률은 역대급이고, 금리는 인상되는데도 물가를 못 잡는 스태그플레이션이 왔을 때는 실적이 꾸준한 기업에 투자하는 것이 유리하다.

저성장 상황이 지속될수록 주식 시장과 부동산 시장은 하락한다. 따라서 부채를 축소해 나가면서 현금 보유율을 높이고 현금에 준하는 자산이나 안전한 채권, 달러에 투자하는 것이 좋다.

경제위기 신호 ③ 인플레이션 장기화로 저성장이 지속될 가능성

원자잿값이 상승하면서 인플레이션이 장기화되면 위기까진 아니지만, 저성장이 지속될 가능성이 있다. 특히, 경기침체 시기에서의 인플레이션은 실물 경기가 안 좋은 상황에서 물가까지 높아 돌파구를 마련하기 어려운 지경까지 이른다. 실물 경기가 안 좋아지면 금리를 인하하고, 유동성을 공급하는 경기부양책이 요구되는데, 이는 사실 고물가로 인해 쉽지 않은 상황이다.

수요, 공급, 유동성은 물가를 결정하는 삼총사인데, 전 세계적으로 발생한 고물가의 원인으로는 공급망 차질을 꼽을 수 있다. 코로나19가 3년 차가 되면서 원자재 중심으로 수급 불균형이 발생했다. 노동력이 감소하고, 투자는 줄었지만, 소비는 한때 위축되었다가 다시 점차 늘어나게 되었는데 감소한 공급량이 소비에 맞춰 쉽게 회복되지 않은 데서 불균형의 원인을 찾을 수 있다.

사실 이쯤 되면 불안정한 정세와 공급 불균형의 문제는 한 나라의 통제권에서는 벗어났다고 봐야 한다. 물가가 치솟을 때 각국이 취할 수 있는 대책은 대체로 제한적이다. 금리를 올려서 유동성을 회수하는 것 외에는 뾰족한 수가 없다. 다만, 물가를 잡기 위한 섣부른 금리 인상은 경기침체를 야기할 위험성이 높다.

이에 금리 인상뿐 아니라 보조적인 정책 투입이 필요한데, 유연한 대처법이 필요하다. 재정지출 확대와 세금 감면, 세출 구조조정을 통한 추가 재원 마련이 시급하며, 원자재 수입선도 몇몇 국가에만 국한하지 말고, 장기적인 시각에서 다변화된 공급망을 확보할 필요가 있다.

미국과 중국의 경제 상황이 어려워지고 금융 충격에 휩싸일수록 경제의 존도가 높은 우리나라가 온전할 리가 없다. 세계경제의 분위기가 심상치 않을수록 우리는 그 영향권에서 자유로울 수 없다는 것을 염두에 두고, 유연하고도 선제적인 대응 정책을 마련해야 한다.

대응 플랜

금리 인상이라는 긴축정책으로 더 이상 졸라맬 허리띠가 없는 상황으로 인해 대출이자를 감당하지 못한 매물이 증가하면서 부동산 가격이 하락하기 시작한다. 이때는 위험자산을 멀리하고 달러와 금과 같은 안전자산에 투자하는 것이 유리하다. 금은 가격 변동성이 크지 않고 안정적이기 때문에 대표적인 안전자산이자 인플레이션에 대비할 수 있는 수단이다. 인플레이션이 지속되더라도 사람이 살기 위해선 꼭 사야만 하는 소비재가 있게 마련이다. 높은 물가로 인해 고가제품의 소비는 줄겠지만, 생필품은 가격이 올라도 구매해야 하므로 필수소비재 관련 기업에 투자하는 것도 한 방편이다.

요약하자면

"가계부채가 심각한 상황에서 가계가 소득 대비 빚이 많으면 → 대출이자를 갚기 어려워지고 → 소비지출이 위축되면서 → 경기가 부진해지고 → 일자리가 감소하며 → 소비위축이 심화되고 → 다시 경기가 악화하는 악순환의 시발점이 된다."

2장

돈으로 행복을 살 수 있을까

모든 것은 빚에서 시작된다

돈처럼 우리를 곤란하게 만드는 것도, 행복하게 만드는 것도 없다. 돈이 필수재가 된 현대 사회에서는 돈만 있으면 삶이 편안해질 것으로 생각한다. 돈이 많으면 살 수 있는 것, 할 수 있는 것이 많아지고, '돈이면 못할 것이 없다'는 생각이 점점 강해진다.

자산 불평등의 원인

누구나 큰돈을 벌고 싶어 하지만, 그중 일부만이 돈을 지배하고, 나머지는 돈의 노예가 되어 빚더미에 앉기도 한다. 비단 우리나라뿐 아니라 자산 불평등 현상은 전 세계에서 두드러지는 현상이다. 오늘날 불평등을 초래하는 가장 큰 요인으로는 자산을 매입할 수 있는 능력이 있는가에 달렸다. 자산이 있으면 좋은 집에서 살며 자녀를 더 좋은 환경에서 수준 높은 교육을 받게 해 미래 자산가치를 높일 수 있다. 자라면서 부모로부터 배우고 경험한 경제 지식은 그렇지 않은 사람들에 비해 전략적으로도 큰 도움이 된다.

또한, 부모로부터 증여와 양도를 통해 자산을 확보하여 밑천으로 삼을 수도 있다. 비싼 부동산 하나 있으면 대출받아 다시 투자를 시작할 수 있다. '빚으로부터(+) 시작된 투자이긴 하지만, 돈이 돈을 버는 시스템을 만들면서 별다른 수익 활동을 하지 않아도 부동산이 소득을 낳아준다. 부동산은 시간이 지나면 오르게 마련이며, 불로소득은 아무런 경제활동 없이 단지 소유만으로도 불어난다. 따라서 자본가는 언제나 부를 쌓아간다.

그러나 노동자는 결코 부를 쌓을 수 없다. 그들의 모든 것은 '빚으로부터(-)' 시작한다. 우리 사회는 빚 없이는 살 수 없는 세상이 되었다. 흙수저에서 '청년실신(청년+실업자+신용불량)'이 된 대한민국의 청년은 대학 문을 나서면서 평균 1,700여만 원의 학자금 대출을 떠안게 된다. 여기에 사회생활을 하는 데 필요한 각종 생활비와 공과금은 저임금과 취업난에 시달리는 청년들에게 모질기만 하다.

무너진 계층 이동 사다리

노동소득만으로는 소득과 부동산 가격 간의 엄청난 간극으로 부를 축적할 수 없게 된 시대에서 자신만의 능력으로는 부동산 시장에 뛰어들기 어렵다. 여기에서 부모의 부를 물려받는 사람과 부모의 가난을 물려받는 사람과의 격차가 극명하게 드러난다.

한때 누구나 열심히 공부하고 노력하기만 하면 원하는 방향으로 나아갈 수 있었던 시대가 있었다. 대학에 가지 않아도 기술만으로도 취업하는 데 걱정이 없었고, 각자 자신의 길을 찾아 열심히 일하며 살 수 있었다. 그러나 사교육 만연의 자본주의 사회에서 저성장이 고착화되면서 좋은 일자리가 줄어들어 1980~1990년대처럼 개천에서 용이 나는 계층 상승 공식은 이제 통하지 않게 되었다. '대학 졸업장은 좋은 일자리'라는 사다리 공식도 무너지고 말았다.

이미 기존에 계층이동 사다리를 타 상류층 및 중산층에 진입한 이들이 그들만의 기득권을 강화해가고 있다. 대입 정시 축소, 사법시험 폐지 등 교육 계층이동 사다리가 사라지고, IMF 외환위기 이후에는 위기 상황이 닥치면 모든 것을 잃을 수 있음을 깨닫게 되면서 어려움에 대비하기 위해 나눔 대신 그들만의 리그가 시작되었다.

결국, 가난의 대물림은 개인의 노력 부족이 아니라 자본주의 시스템이 만들어낸 불평등이자 한계라고 볼 수 있다. 이미 누군가는 양질의 사교육을 받으면서 사회 각계각층에 진출할 기회를 쉽게 얻으며 출발선에서부터 앞서가고 있는데, 그렇지 않은 사람들은 한참 뒤처져 있으니 따라잡는 방법은 로또 당첨, 주식 투자 대박밖에는 없다.

매달 100만 원을 적금 넣는 상황에서 월 1,000만 원을 버는 사람과 월 200만 원을 버는 사람에게 100만 원의 가치는 다르다. 쇼핑을 하면 상품보다 가격표를 먼저 보면서 지갑 속 돈을 가늠해 봐야 하고, 여행을 가고 싶어도 여행지를 선택하는 것이 아니라 비용을 따지느라 목적지를 바꿔야 한다. 비싼 비용으로 인해 여행이라는 개념이 통째로 사라져 세계관을 넓힐 기회까지 포기해야 한다.

즐겁지만 돈이 필요한 취미는 포기하게 되고, 잘하지만 돈이 안 되는 특기도 포기해야 한다. 포기하고 지워지는 것들이 많을 때마다 이에 따른 새로운 기회와 가능성도 사라진다. 자본주의는 우리에게 끊임없이 소비를 강요하지만, 풍요 속 이면에는 아직도 모습을 드러내지 않는 불평등이 가득한 모순 그 자체다.

"노동자는 결코 부를 쌓을 수 없다. 그들의 모든 것은 빚으로부터 시작한다. 우리 사회는 빚 없이는 살 수 없는 세상이 되었다. 흙수저 청년은 대학 문을 나서면서 평균 1,700여만 원의 학자금 대출을 떠안게 된다. 여기에 사회생활을 하는데 필요한 각종 생활비와 공과금은 저임금과 취업난에 시달리는 청년들에게 모질기만 하다."

돈으로 행복을 살 수 없다

'광에서 인심 난다'는 말이 있다. 말 그대로 곳간이 풍족하면 다음 끼니 걱정을 하지 않아도 되니 여유가 절로 생긴다는 말이다. 당장 내가 먹고살 만해야 다른 사람을 돌아볼 여력이 생기기 마련이다. 돈이 너무 없으면 생존 자체가 어려워진다. 이런 점에서 돈은 최소한 불행을 막아주는 역할은 제대로 해준다.

그렇다면, 곳간이 풍요로울수록 우리는 더 행복해질 수 있을까? 돈으로 행복까지도 살 수 있을까?

돈이 많으면 행복한가요?

언젠가 한 예능에서 서장훈 씨에게 한 게스트가 물었다. "건물이 있으면 기분이 어떤가요? 행복한가요?" 그러자, 서장훈 씨는 주저 없이 "행복이 돈과 비례하진 않더군요"라고 대답했다. 연예계에 손꼽히는 건물주 부자로 유명하다 보니 믿을 만한 이야기인 것 같다. 그러자 옆에 있던 이상민 씨가 "돈이 계속 많았던 사람이 돈과 행복의 정확한 관계를 알 수 있을까요? 저는 큰돈을 한순간에 잃고 빚더미에 앉았는데, 그래도 돈이 있었던 때가 더 행복하더군요"라고 말했다.

인간의 욕구에는 우선순위가 있는데, 기본적인 하위 욕구가 충족되어야 상위 욕구가 발생한다. 매슬로의 욕구위계이론에 따르면, **생리적 욕구** (식욕, 성욕, 갈증) → **안전의 욕구** (신체의 안전 보존) → **사회적 욕구** (애정, 사랑, 소속감) → **자존 욕구** (타인에게 인정받고 싶은 욕구) → **자아실현의 욕구** (자신의 존재 확인)**로 점차 고차원을 향해 올라간다.** 그러려면 여유가 있어야 하는데, 매일 끼니를 걱정하면서 기본적인 욕구조차 제대로 충족하지 못한 사람에게 여유로움이 묻어날리 없다.

많은 사람에게 '꿈이 뭐냐' 고 물으면 '로또 1등 당첨' 이라고 말한다. 일하지 않고도 풍요롭게 즐기며 사는 삶, 돈으로 사고 싶은 것을 마음껏 사면서 행복까지 살 수 있는 삶을 원한다. 그러나 한편에서는 돈과 행복은 비례하지 않으며 행복은 마음먹기에 달렸다고 말한다.

돈과 행복의 진짜 관계

그렇다면, 돈과 행복의 진짜 관계는 무엇일까?

돈과 행복의 관계라면 미국 경제사학자 리처드 이스털린(Richard Easterlin)을 빼놓고는 이야기할 수 없다. 그는 돈과 행복의 관계에 처음으로 관심 가졌던 사람으로 1974년 발표한 '이스털린의 역설(Easterlin paradox)' 이라는 논문으로 유명하다.

결론부터 말하자면, 이스털린은 소득이 곧 행복으로 이어지지 않는다는 주장을 펼쳤다. 1946년부터 빈곤국과 부유국, 사회주의와 자본주의 국가 등 30개 국가를 대상으로 행복도를 연구했는데, 소득이 일정 수준을 넘어서면 행복도와 소득이 비례하지 않는다는 현상을 발견했다.

　바누아투, 방글라데시와 같은 가난한 국가에서 오히려 국민의 행복지수가 높게 나타나고, 미국이나 프랑스 같은 선진국에서는 오히려 행복지수가 낮다는 연구 결과를 주장의 근거로 제시했다. 더욱 흥미로운 점은, 1946년에서 1970년까지 미국은 경제적으로 호황기였음에도 국민은 일정 수준 이상으로 더 행복해지지 않았다는 사실이다. 즉, 선진국 국민이 더 행복한 것이 아니고, 가난한 나라의 사람이라고 덜 행복한 것이 아니었다. 이러한 연구 결과는 '경제 성장만으로는 국민이 더 행복해지지 않는다' 라는 이스털린의 역설을 낳았다.

　이 역설은 '상대적 소득' 이라는 개념을 통해서 입증할 수 있다. 자신의 소득을 남과 비교하기 시작하면 행복수치를 상대적인 면에서 결정하게 된다. 가령, 200만 원을 버는 나의 소득은 100만 원을 버는 친구에 비하면 많지만, 2,000만 원을 버는 친구보다는 매우 적다. 사람은 자신이 속한 사회에서 다른 사람들과 자신의 위치를 비교하면서 상대적 위치를 가늠하여 그만큼의 행복을 자신의 소득에서 누린다. 반면, 국가 간의 차이는 개인에게 피부로 와닿기에는 먼 이야기다. 그러나 이 주장도 인터넷이 발달하기 전의 이야기다.

　2010년도 국가행복도조사에 따르면, 최빈국 부탄의 국민 97%는 자신이 행복하다고 믿으며 당당히 세계 1위의 행복한 나라에 올라섰다. 그러나 2019년도 조사에서는 95위로 곤두박질쳤는데 그 이유가 바로, 부탄의 인터넷 발달에 있었다. 인터넷과 SNS 등의 발달로 자국의 가난함을 알게 되며 타국과 비교하기 시작했기 때문이다.

이와 같은 사실은 선진국의 경제가 성장했음에도 사람들이 더 행복해지지 않음을 설명하는 데 충분한 근거가 된다. 소득이 늘수록 행복감이 증가하는데, 같은 사회 내에서 다른 사람보다 더 많은 돈을 벌었을 때 행복을 느낀다. 그러나 소득은 나만 증가하는 것이 아니라 다른 사람도 증가하게 마련이므로 평균적으로 아무도 더 행복해지지 않는 제로섬 게임이나 마찬가지다.

따라서 소득 증가로 인간의 기본적인 욕구 즉, 먹고 사는 문제가 충족되면 행복감을 느끼지만, 어느 정도의 욕구가 충족된 이후에는 다른 것들이 중요해진다는 것을 알 수 있다. 이제 사느냐 죽느냐의 문제에서 어떻게 잘 사느냐로 행복의 관점이 이동한다. 이때 '어떻게'는 소득 외에도 복지, 문화, 의료, 정치, 자유, 공정 등 그 사회 속에서 사람들이 서로 신뢰할 수 있는 여러 요소가 골고루 잘 채워졌는가에 달렸다.

소득 대비 행복과의 비율

그렇다면, 이제 소득 대비 돈과 행복의 관계에 대해 알아보자.

200만 원을 버는 내가 이제 400만 원을 벌게 되면, 수입이 두 배 늘었으므로 생활 수준도 두 배로 높아질 것이다. 그러나 2,000만 원을 버는 친구가 200만 원을 더 번다고 해서 생활 수준 면에서 그다지 티가 안 날 것이다. 4,000만 원은 벌어야 생활 수준이 두 배로 높아지는 느낌이 들 것이다. 그래서 소득이 늘어나는 비율만큼 행복도 늘어날 것이다.

물론, 서장훈 씨처럼 꾸준히 부유한 수준을 유지하면 돈으로 행복을 살 수 있는 역할은 줄어든다. 그러나 부유해질 때까지 소득이 증가하는 비율로 따지자면 행복도 비례해서 커질 수 있다.

다만, 돈이 행복에 미치는 영향은 한계효용의 곡선을 따른다는 점을 지적하고 싶다. 어느 정도 먹고살 만하면 더 이상 돈은 가난했을 때처럼 행복도를 팍팍 올려주는 역할을 하지 않는다. 허기진 상태에서는 뭘 먹어도 맛있지만, 배부른 상태에서는 그만큼 맛있지 않은 것과 같다.

따라서 행복은 내가 얼마나 버느냐보다, 내가 다른 사람보다 더 많이 버느냐가 더 중요하다는 것을 알 수 있다. 소득 불평등이 커질수록 상대적으로 소득이 적은 사람들의 행복감이 떨어진다. 소득 불평등이 지나치게 차이나면 계층이동에 대한 희망이 사라지고, 상대적 박탈감이 커져 기득권자를 향한 불만이 커진다. 돈의 많고 적음으로 행복에 다다른다는 생각에서 떠나 나의 한정된 소득 내에서 조금이라도 행복을 더 찾고 싶다면 남과 비교하지 않는 삶을 추구하는 것이 좋겠다.

요약하자면

"부유해질 때까지 소득이 증가하는 비율로 따지자면 행복도 비례해서 커질 수 있다. 다만, 돈이 행복에 미치는 영향은 한계효용의 곡선을 따른다는 점을 지적하고 싶다. 어느 정도 먹고살 만하면 더 이상 돈은 가난했을 때처럼 행복도를 팍팍 올려주는 역할을 하지 않는다."

사람의 목숨값은 얼마일까

내 목숨값을 돈으로 환산하면 얼마나 될까? 가령, 생명보험을 들 때 자기 목숨값에 대해서 한 번쯤은 생각해봤을 것이다. 내가 사망 후 남은 가족을 위해 얼마만큼의 돈이 필요한지 스스로 파악할 수 있다. 손실된 수입을 대체할 것인지, 가족의 기대 요구사항을 충족시킬 것인지를 계산하여 명확한 금액을 매달 납입함으로써 수행할 수 있다.

모든 것엔 가격이 매겨진다

세상 모든 것엔 가격이 매겨진다. 설령, 그것이 당신일지라도. 사실 귀중한 사람의 생명을 돈으로 평가하고 따지는 것 자체가 말도 안 되는 소리겠지만, 현실에서는 사회·경제적 여건에 따라 계량화된다. 자본주의 나라에 사는 우리는 이 세상의 모든 것에 가격을 정한다. 의식주는 물론이고, 물 한 모금, 눈앞에 보이는 나무 한 그루에도 가격이 정해져 있다. 자연에도 가격을 매겨서 경제적 가치가 낮은 자연환경은 일부러 개발해서 가치를 높이기까지 한다.

세계인권선언문은 "모든 인간은 태어날 때부터 자유롭고 존엄하며 평등하다"고 선언하고 있다. 모든 사람은 태어날 때부터 평등하며 자연적으로 얻는 천부인권론은 모든 사람이 동일한 가치를 지닌다고 말한다. 하지만, 돈은 사람을 평등하게 대하지 않기에 사람마다 생명의 가치는 모두 다르다. 누구나 살면서 '이게 좋을까, 저게 좋을까' 선택하면서 저울질하는데, 이러한 저울질로 시장에서 가격을 정하게 된다.

'나'라는 인간의 존재 가치는 연봉, 결혼 여부, 자녀 유무, 나이, 건강 상태에 따라 목숨값을 정해 가치가 매겨진다. 특히, 불의의 사고로 사망했을 때 목숨값의 가치는 그 사람의 현재 연봉, 살았다면 정년까지 벌었을 급여액, 부양가족의 수에 따라 보상액이 달라진다. 존엄한 생명의 가치가 사회적 기여가 아닌 현재 벌고 있는 연봉으로 환산되는 것이다.

당신은 얼마일까

2001년 미국 9·11테러로 총 2,977명의 안타까운 생명이 비명횡사했다. 미국 정부는 사망자에 대한 보상금을 비경제적 손실과 경제적 손실로 나누었다. 비경제적 손실은 모든 유족에게 똑같은 액수의 위자료를 지급하는 것으로 쉽게 해결된다. 그러나 경제적 손실은 희생자가 죽지 않았다면 유가족에게 제공했을 모든 형태의 '재정적 기여'에 대한 배상이다. 따라서 희생자에 따라 30배 정도 차이가 났고, 미국의 사법제도는 피해자의 사회적 지위나 인종에 따라 다르게 대응했다.

그 결과 재정적 기여가 크지 않은 아이, 노인, 장애인 등의 경우에는 배상금이 적거나 심지어 지급되지 않는 경우까지 생겨났다. 더구나 당시 빌딩에는 CEO부터 경비원까지 있었는데, 고위 연봉자는 더 많은 특혜를 요구하면서 똑같은 금액의 보상액을 원하지 않았다. 살아서 겪었던 불평등이 죽어서까지 이어진 것이다.

지금도 생각하면 가슴 아픈 세월호 참사의 보상금은 정부 위자료, 장례비, 개인휴대품, 일실수익 등을 합산하여 지급하는 방식이다. 정부 위자료는 사고로 사망했을 경우 대도시는 1억 원, 지방은 8,000만 원으로 책정한다.

일실수익은 만일 사고가 없었더라면 향후 가동이 가능한 기간 동안 얻을 수 있을 것으로 기대되는 수익을 현재 가치로 환산하여 일시불로 지급한다. 정년까지 벌어들일 수 있는 소득을 산정하는데, 급여소득자는 만 60세까지 법원에서 인정하는 노동가동연한을 기준으로 월 급여를 계산한다. 만 20세 미만은 당해년도의 도시노동자 일용임금(193만 원)을 기준으로 만 60세까지 가동연한으로 보고 산정한다. 따라서 보상금은 급여소득과 만 60세까지의 노동가동연한에 따라 달라진다.

사실 불의한 사고로 사망했을 때 목숨값을 계산기로 두드려가며 매긴다는 것은 매우 불편한 일이다. 그러나 남은 사람은 살아야 하고, 억울한 죽음은 보상받는 것이 마땅하기에 이런 선택을 도외시할 수는 없다. 사람의 목숨값을 정하는 데 공정한 기준이라는 게 어디에 있을 것이며, 개별 상황 맞춤형 공식을 완전히 만족할 만한 수식으로 계산하기도 어려운 일이다.

그 사람이 앞으로 벌어들일 수익, 부양가족에 대한 책임감, 피해 가족의 정신적 피해 보상금 등 금액을 산정하기 위한 수식에는 가족을 잃은 아픈 감정이라는 수치는 들어가지 않는다. 돈 계산만큼은 냉정해야 하지만, 목숨값 계산만큼 감정과 상황에 대한 완전한 이해 없이는 판단하기 어려운 문제다.

하나밖에 없는 인간의 목숨이 숫자로 평가받는 것은 공정한가?
각자의 삶의 가치가 다른데 차등을 두는 비정한 돈의 논리에서 인간 삶의 존엄성은 어디에서 찾을 수 있을까?

요약하자면

"돈은 사람을 평등하게 대하지 않기에 사람마다 생명의 가치는 모두 다르다. 누구나 살면서 이게 좋을까, 저게 좋을까 선택하면서 저울질하는데, 이러한 저울질로 시장에서 가격을 정하게 된다."

빚을 갚지 않는 부채의 복수

　　MZ세대가 이전 세대보다 특별한 점은 '부모보다 가난한 최초의 세대' 라는 점에 있다. 뭐든 할 수 있다고 배웠지만, 혼자만의 노력으로는 뭐든 할 수 없다는 것을 사회에 첫발을 내디디며 냉혹한 현실과 마주하게 된다.

　글로벌 금융위기와 함께 찾아온 낮은 경제성장률과 경직된 노동시장 구조 속에서 말 그대로 일자리는 있지만, 이들이 기대한 좋은 일자리는 없었다. 수십 장의 이력서를 보내 겨우 찾아낸 일자리는 연봉상승률에 비해 물가상승률과 집값이 천정부지로 치솟다 보니 미래가 보이지 않는 삶에 막막하기만 하다. 실제로 경제활동을 하는 청년의 약 70%는 부모보다 사회, 경제적 지위가 낮은 것으로 확인되었다.

풍요로운 현재가 잉태한 불안한 미래

　지방에서 살다가 인서울에서 대학졸업장을 딴 청년은 부모님이 서울 집에 계신 것이 혜택이라고 말한다. 원룸에서 시작해 전셋집까지 마련했지만, 내 집이 아니기에 삶의 질은 나아지지 않았다. 서울 부모님 집에서 200만 원을 버는 사람과 자취하면서 200만 원을 버는 사람의 삶의 질은 다르다. MZ

세대가 갖는 특징 중 하나인 개인주의는 각자도생으로 자수성가할 수밖에 없는 경제적 현실에서 나온 생존법이다. 태어나면서 불안함을 경험하여 학습해오면서 '믿을 건 오로지 자기 자신밖에 없다'는 생존법을 자연스럽게 터득하게 된 것이다.

국내 미혼 청년의 약 65%가 부모와 함께 살고 있다. 주머니 사정이 여의찮은 유럽의 청년들도 사정이 다르지 않다. 그들에게도 독립은 어려운 일이다. 이탈리아에서는 30~34세 젊은이의 45%, 프랑스에서는 24세 젊은이의 65%가 부모 집에서 산다고 한다. 경제 사정이 상대적으로 나은 영국도 내 집 마련의 시기를 1976년 26세에서 최근에는 34세로 늦어졌다고 한다.

제2차 세계대전 후 태어난 유럽의 베이비 부머들은 경제적 호황기 속에서 안정된 직장생활을 했고, 은퇴 뒤에는 두둑한 연금으로 풍족한 노후를 보내고 있다. 그러나 이러한 부모 세대와 달리 자녀 세대는 취업난과 더불어 바닥난 연금 재정으로 미래를 걱정해야 하는 세대가 되었다.

교육 수준이 높아도 정규직을 찾기 어려워 임시직원으로 불안한 직장생활을 하는 젊은 세대를 독일에서는 '인턴 세대'라고 부른다. 프랑스에서는 이들을 '불안한 세대', 영국에서는 '아이팟(IPOD) 세대'라고 부른다. Insecure(불안정하고), Pressured(압력을 받으며), Overtaxed(과중한 세금 부담에), Debt-ridden(빚을 떠안은)이라는 단어에서 각각 첫글자를 따서 지은 말이다.

경제난에 빠진 유럽의 청년들도 부모 세대의 과도한 복지혜택으로 인한 일자리 감소로 인해 고학력자라도 불안정한 직업에 종사하고 있으며, 가난에 시달리며 조기 퇴사하는 실태를 보여준다. 우리나라 청년들도 점점 아이팟 세대에 근접해가고 있다. 결국 부모 세대의 풍요로운 현재가 자식 세대의 불안한 미래를 잉태하고 만 것이다.

우리는 부모의 빚을 갚지 않겠다

이제 풍요로운 부모 세대와 가난한 자식 세대는 세대 갈등의 조짐마저 보인다. 특히, 젊은 세대의 노인혐오는 사회 문제로 떠오르기까지 했다. 생활고를 겪는 젊은 세대가 연금 혜택을 누리는 부모 세대를 비난하면서부터다. 실제로 2018년 국가인권위원회의 보고서에 따르면, 한국의 노인 차별 수준은 OECD 15개 국가 중 2위로 매우 높았다. 특히, 청년층의 80%는 노인에 대해 부정적 편견을 갖고 있다.

청년층의 노인혐오가 점차 증가하는 이유는 한국이 고령사회로 진입하고 있다는 것과 연관이 깊다. 우리나라는 2017년에 고령사회에 진입하면서 고령자의 비중이 빠르게 증가하고 있고, 이에 따라 젊은 세대의 경제적 부양 부담이 증가하고 있다.

프랑스에서도 자녀들이 부모 세대를 미워하게 될 것이라고 경고하고 있다. 실제로 프랑스 대학생과 청년들의 단체인 '콩코르드의 힘(Impulsion Concorde)'의 클레망 피통 회장은 "우리는 부모의 빚을 갚지 않겠다"라는 내용의 청원서를 돌리기도 했다.

우리 세대의 미래는 우리가 직접 결정해야 한다는 기치를 내건 '콩코르드의 힘'은 부모 세대로부터 어쩔 수 없이 물려받은 각종 '불량 유산'의 상속을 거부하고, 자신들의 미래를 스스로 설계하겠다는 뜻을 밝혔다. 불량 유산이라고 지적한 이유는 경제를 부흥시키기 위해 낸 빚이라면 이해가 가지만, 지난 수십 년간 진 빚이 모두 그런 성격은 아니었음을 꼬집으면서 정치권의 개혁을 외친 것이다.

영국에서도 시장주의 경제정책으로 경제적 호황기를 누렸던 마거릿 대처 총리 시절에 태어났지만, 1997년 노동당 집권 후 미래가 불안해진 세대들은 중년 세대가 자신들에게 불리한 음모를 꾸몄다고 생각하고 있다.

이탈리아는 '모든 세대가 불확실한 삶을 살지 않도록 노력할 도덕적 의무감을 가져야 한다' 며 연금 개혁을 논하고 있다. 연금 개혁은 대부분 유럽 국가들의 최대 현안이지만, 실현 가능성은 적다. 정책을 결정하는 기득권자들이 대부분 부모 세대이기 때문이다.

미래 세대에게 물려줄 편익

팬데믹 와중에 1,000조 원 이상의 국채를 발행하여 무차별적으로 돈을 풀었던 정책은 당장의 어려움을 모면하려고 언 발에 오줌 누는 격이라고 볼 수 있다. 천문학적인 비용이 나온 데는 정부의 확장적 재정정책 및 코로나19 사태 극복을 위한 적자 국채 발행과 서민형 안심전환대출 공급에 따른 특수채 발행이 늘었기 때문이다. 따라서 돈을 많이 쓰면 쓸수록 미래의 자녀 세대가 세금으로 갚아야 할 나랏빚이라는 우려는 신빙성이 있는 이야기가 될 수 있다.

그러나 이것은 하나만 알고 둘은 모르는 얘기다. 국채와 같은 상당수의 세금은 미래 세대가 세금으로 갚을 필요가 없다. 국채는 대응 자산이 있는 금융성 채무다. 가령, 부모님이 1억 원의 빚을 져서 아파트를 구매했다면, 자녀가 1억 원을 갚아야 할까? 그렇지 않다. 아파트라는 대응 자산을 팔면 된다. 미래 세대에게 빚만 넘어가는 것이 아니라 편익도 함께 넘어간다. 국채를 발행해서 투자 이익을 보게 되면 그에 따른 편익이 미래까지 전달된다. 편익을 통해 부가가치를 올려 미래에 발생하는 부가가치로 빚을 갚을 수 있다. 물론, 국채 증가는 적절한 규제로 관리해 나가야 한다. 저출산 및 고령화 사회로의 진입에 따라 국채 비율은 점차 높아질 것이기 때문이다.

심지어 우리나라는 세계에서 가장 빠른 속도로 고령화 현상이 진행되고 있다. 현재는 경제활동인구 1인이 고령자 5인을 부양하지만, 곧 청년 1인이 고령자 1인을 부양해야 하는 때가 온다. 부양할 사람은 고령자뿐만이 아니다. 사각지대에 있는 비근로자 가구나 영세 자영업자, 취약계층까지 포함한다면 우리나라 청년의 어깨는 무거워질 수밖에 없다.

2000년대에 들어와서 복지 지출이 증가하고 있지만, 저출산·고령화 속도가 세계에서 가장 빠른 속도로 진행되는 가운데, 가만 있어도 세금을 내는 젊은 층이 줄고 복지비용은 급속도로 늘어나고 있다. 더구나 추정하기조차 불가능한 군사·안보·통일비용까지 있다. 연금과 건강보험 같은 경우 지금과 같은 저출산·고령화 추세라면 개혁이 필요한 문제다.

요약하자면

"이제 풍요로운 부모 세대와 가난한 자식 세대는 세대 갈등의 조짐마저 보인다. 특히, 젊은 세대의 노인혐오는 사회 문제로 떠오르기까지 했다. 생활고를 겪는 젊은 세대가 연금 혜택을 누리는 부모 세대를 비난하면서부터다."

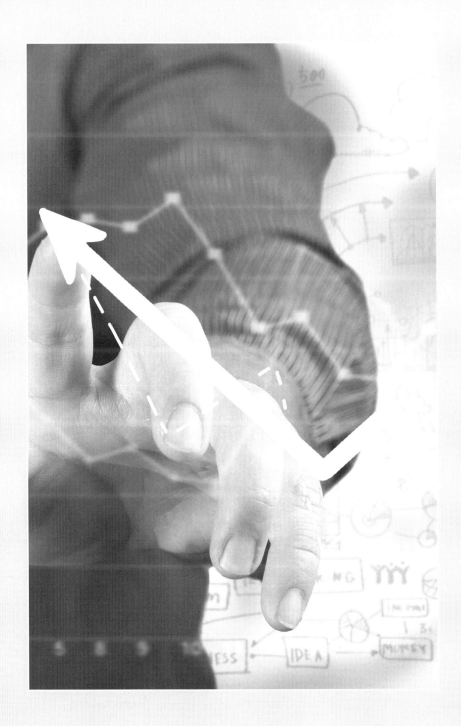

3장

현실로 다가온 금융위기의 서막

01
현금을 거부하는 사회

BNPL은 '지금 바로 구매하고, 지불은 나중에(Buy Now, Pay Later)'를 줄인 말로, 현금 없이 물건을 사고 나중에 대금을 지불하는 '선구매 후결제' 서비스다. 코로나19로 온라인 이커머스 시장이 빠르게 성장하면서 BNPL 서비스가 해외에서 빠르게 시행되고 있다. 음식이나 식료품 등을 온라인으로 주문하고 2주일에 한 번씩 결제하는 서비스를 제공하는 인도 심플 테크놀로지의 니타난드 샤르마(Nityanand Sharma) 최고경영자는 "4년 동안 정부가 밀어붙여도 안 되던 일을 코로나가 몇 개월 만에 해냈다"라고 말했다.

코로나가 앞당긴 변화

코로나 사태로 인도 내 온라인 결제가 급증했다. 국가가 화폐 개혁을 이끈 변화가 아니라 소비자 주도로 디지털 결제를 향한 움직임이라는 데 의의가 있다. 2016년부터 인도 정부가 주도해 도입한 온라인 결제 시스템은 저조한 이용 실적 탓에 폐지될 위기였다.

그러나 코로나19 이후 사용량이 급증하기 시작했다. 인도는 전체 인구의 약 20%가 아예 은행 계좌가 없고, 인터넷 보급률이 30% 정도로 열악한 환경 탓에 온라인 결제 보급률이 극히 낮았다. ATM에서 뽑는 현금 규모가 중국에 이어 세계 두 번째일 정도였다. 하지만, 코로나 봉쇄령으로 발이 묶이면서 사람들은 어쩔 수 없이 현금 대신 온라인 결제 시스템을 쓰기 시작했으며, 인도 소비자의 75%가 현금보다 온라인 결제를 더 많이 이용했다.

코로나 사태 장기화로 전 세계가 빠른 속도로 '현금 없는 사회'로 바뀌었다. 감염 확산에 대한 두려움으로 시작된 비대면 문화 확산이 현금 사용을 줄였다. 각국 정부도 코로나 사태를 계기로 화폐 발행 비용 부담을 덜고, 위조 방지와 거래 투명화 차원에서 온라인 결제 비율을 높이는 데 집중하고 있다.

자연스럽게 녹아든 현금 없는 사회

글로벌 전기차 업체 테슬라가 15억 달러(약 1조7,000억 원)에 달하는 비트코인을 매수하면서 가상화폐에 대한 사람들의 관심이 높아졌다. 비트코인 등 민간에서 발행하는 가상화폐가 자유롭게 유통될 경우 중앙은행의 통화정책 능력이 사실상 마비될 수 있다는 관측이 나오는 만큼 세계 각국의 CBDC(Central Bank Digital Currency: 비트코인 등 민간 가상화폐와 달리 각국 중앙은행이 발행한 디지털 화폐) 연구도 속도를 내고 있다. 이 같은 분위기 속에서 '현금 없는 사회'가 예상보다 빠르게 도래할 수 있다는 분석이 나온다.

현금 없는 사회란, 말 그대로 지폐·동전 등 현금이 필요하지 않은 사회를 말한다. 비슷한 용어로 동전을 대신해 계좌 이체, 충전식 선불카드 등의 활용을 활성화하는 '동전 없는 사회'의 다음 단계를 현금 없는 사회라고 표현하기도 한다.

현금 없는 사회는 현대에 들어 불편하고 관리 비용이 많이 드는 동전 및 현금의 사용을 줄이기 위해 꾸준히 추진해온 정책이다. 특히, 세계 최초로

CBDC를 도입한 스웨덴의 경우 2023년 현금 없는 사회를 목표로, 이미 2020년부터 현금 이용률을 9%까지 떨어뜨렸다. 현금 사용 억제 정책의 일환으로 2014년부터 가게의 현금 결제 거부, 은행의 현금 수납 업무 금지, ATM 기기 철거 등을 시행했다.

그 결과, 2014년 대비 2018년에는 ATM 기기의 약 24%를 철거했으며, 70%의 은행이 현금 수납 업무를 하지 않게 되었다. 또한, 대부분 상점에서 지급 수단을 카드로 한정하고 현금 결제를 거절하는 사례도 늘고 있다. 교회에서도 헌금을 애플리케이션으로 결제하고, 노숙인도 '스위시'라는 스마트폰 앱 결제로 구걸하고 있다.

스웨덴과 비슷한 유럽 국가로는 영국이 있다. 영국은 현금 없는 사회가 빠르게 자리 잡은 국가 중 한 곳이다. 이미 현금 결제 비율이 한국과 비슷한 10%대까지 감소했으며, 특히 코로나19 확산이 심각해지자 카드 및 스마트 결제만 취급하는 가게가 크게 늘었다.

반대로 독일은 현금 없는 사회 전환이 늦은 편에 속하는데, 이는 독일의 은행 불신 가치관이 크게 영향을 미쳤다. 은행보단 현찰 및 현금 사용을 선호하는 경제관념으로 인해 2010년대 초반까지도 독일 및 유럽 최대 소매업체 ALDI는 독일 내 점포에 신용카드 단말기를 보급하지 않았다. 다만, 최근에는 독일 정부 차원에서 국제 표준에 따른 간편결제 서비스를 적극적으로 보급하기 시작하면서 역시 현금 없는 사회를 준비 중이다.

동아시아에서 중국, 일본, 한국은 최근 들어 빠르게 현금 없는 사회로 변화하고 있다. 중국은 위조지폐 및 탈세와 같은 범죄를 디지털 금융을 통해 해결하고자 노력 중이다. 중국 공산당은 2019년부터 금융 전산화를 넘은 완전한 디지털 결제 전환을 위해 '세서미 크레딧'이란 전자상거래 시스템을 만들기도 했다. 기존에 현금 결제에 의존했던 일본은 정부 차원에서 디지털 결제를 늘리기 위해 신용카드 혹은 디지털 결제 시 2~5%를 환급해주는 캐시리스 정책을 시행했다.

한국 역시 현금을 사용할 일이 갈수록 줄어들고 있다. 대표적인 커피전문점인 스타벅스는 현금 없는 매장을 운영하고 있고 각종 패스트푸드점은 무인 단말기(키오스크)를 도입하고 있다. 한국은행은 2016년에 발표한 〈2015년도 지급결제 보고서〉에서 2020년까지 현금 없는 사회의 전 단계인 동전 없는 사회를 추진하겠다고 밝힌 바 있다. 일부 편의점과 함께 현금 결제 후 남은 동전을 계좌로 바로 입금하는 서비스를 제공한다. 이미 2018년 기준으로 '가계 지출 중 상품 및 서비스 구입'에 대한 현금 결제 비중은 19.8%까지 떨어진 상황이다.

최근에는 코로나 19로 비대면, 비접촉 결제방식을 선호하면서 현금 사용률이 급격히 감소했고, 반대로 신용카드나 간편송금과 같은 디지털 결제 수단이 보편화되었다. 결국 예상보다 빠르게 우리 일상으로 현금 없는 사회가 녹아들고 있다.

전 세계가 현금 없는 사회로 가는 이유

이처럼 전 세계가 공통되게 현금 없는 사회를 향해 앞다퉈 정책과 지원을 쏟아붓는 이유는 무엇일까?

첫째, 금융의 전산화와 디지털화로 인한 간편송금 및 결제의 간편함은 일상생활에서 편의성을 크게 향상시킨다. 결제하려고 현금을 인출해서 들고 다니는 것은 여간 불편한 일이 아니다. 카드 혹은 스마트폰 하나로 모든 결제가 가능해지자 현금 자체를 들고 다니지 않는 경우가 크게 늘었다. 당연히 거스름돈을 받거나 동전을 들고 다닐 필요도 없다. 훼손이나 도난의 위험성이 줄어든 것도 크다. 현금을 도난당하면 되찾기는 어려우나 카드나 애플리케이션은 쉽게 재발급이 가능하기 때문이다.

둘째, 지폐와 동전을 발행·유통·관리·회수하는 데 드는 비용을 아낄 수 있다. 한국의 경우 구리 원자잿값이 상승하자 10원짜리 동전을 생산하는 데 10원 이상의 금액이 필요해 손해를 보는 경우가 자주 있었다. 심지어 100원짜리 동전 2억5,000만 개 등 동전 6억 개를 제조하는 데 드는 비용은 539억 원이다. 동전을 적게 쓰면 제조 비용을 상당 부분 아낄 수 있으며, 동전 환수율도 높아지는 효과를 기대할 수 있다.

셋째, 거래의 투명성이다. 모든 금융거래가 기록이 남는 디지털 전산화로 하기 때문에 자금 세탁이나 탈세 등의 범죄 방지 효과를 기대할 수 있다. 실제 많은 탈세 방식 중 하나가 현금의 익명성에 기댄 탈세로, 현금을 금고에 숨기거나 유통과정을 숨기는 방식으로 탈세하는 경우가 빈번하다. 그러나 현금 없는 사회에서 정부는 체납자나 탈세자 추적이 간편해지고, 은행도 수수료 절감 및 수입 상승을 기대할 수 있다.

넷째, 세수 확보가 가능해진다. 카드나 계좌를 이용하면 데이터 축적을 통한 현금 흐름을 쉽게 확인하고, 실시간 경제 동향이나 소비 패턴을 쉽게 파악할 수 있기 때문에 통화정책이나 복지 지원 정책들을 보다 적극적으로 효과적으로 시행할 수 있다.

현금 없는 사회의 문제점

반면에, 현금 없는 사회가 불러온 문제점도 적지 않다.

첫째, 은행 계좌가 없거나 모바일 결제를 이용하지 않는 소외계층이 발생할 수 있다. 실생활 속의 편의성은 반대로 디지털 결제가 익숙하지 않은 소외계층에겐 역차별과 다름없다.

결제 시스템 키오스크의 경우 노인, 장애인 등 소외계층을 배려하지 않는 디자인과 사용법으로 논란이 되고 있다. 또한, 현금 없는 사회 이후 ATM 기기 감소 및 은행 지점이 줄어들자 지점에 들러 거래를 이어오던 고령층은 멀리 떨어진 지점으로 이동해야 하거나, 강제로 애플리케이션 사용법을 배워야 하는 처지에 놓였다.

둘째, 거래의 투명성도 자칫 해킹 및 도용의 가능성이 있다. 최근 오픈뱅킹을 악용해 여러 금융사 계좌의 고객 자금을 탈취한 사례가 있었다. 기업 단위로는 2010년 중국 해커를 고용해 경쟁사의 서버를 마비시켜 1,000억 원이 넘는 손해와 금품을 훔친 아이템베이 사건 등이 있었다. 이렇듯 금융의 전산화는 자칫하면 해킹이나 도용을 통한 피해의 가능성을 더욱 높이는 위험성도 무시할 수 없다. 따라서 이를 해결하기 위해 현금 제도가 폐지되더라도 소매점에서 생필품을 구매하거나 병원 등 긴급한 상황에서는 현금 사용권을 보장하는 방안을 고려할 필요가 있다.

셋째, 자연재해 시 디지털 결제 의존으로 사회 혼란을 일으키는 것도 문제다. 지진, 태풍, 화재와 같은 자연재해 시 결제 시스템이 멈춰버린다면 현금으로만 결제해야 하는 상황이 발생할 수 있다. 대표적인 사례로 2018년 서대문구 KT 아현지사 화재로 통신이 마비되면서 일대 인터넷 및 결제 시스템이 작동되지 않았던 사건이나, 같은 해 일본의 소프트뱅크 통신망 마비로 인한 결제 시스템이 중단된 사건이 있다. 따라서 이런 상황에 대비한 실물 기반의 디지털화폐(CBDC)를 토큰형 방식으로 제한된 범위 안에서 허용할 필요성도 있다.

현금 없는 사회로 가는 길에 진통을 겪는 국가들도 있다. 미국은 신용카드와 간편결제 업체들이 크게 성장하며 현금 없는 사회로 빠르게 발전하고 있었지만, 최근에는 강한 반발에 부딪히고 있다. 일부 지역에선 현금 결제 금지에 대한 찬반 표결까지 일어나는 중이다. 2019년 샌프란시스코에서는 현금을 거부하는 가게를 금지하는 것을 표결했다. 즉, 현금 없는 사회를 금지한 것이다.

미국인이 현금 없는 사회를 거부하는 이유는 아직 미국의 현금 결제율이 2015년 기준 55%로 현금 사용에 의존하고 있기 때문이다. 이러한 현금 사용은 팁 문화와 관련이 있다. 미국에서는 서비스업 종사자에게 가격의 일부를 팁으로 건네는 문화가 있는데, 이때 카드나 간편송금과 같은 디지털 결제로 팁을 주는 것은 사실상 불가능에 가깝기 때문이다.

이러한 우려에도 코로나19는 현금 없는 사회를 가속화하고 있다. 배달, 쇼핑, 결제 등을 비대면 애플리케이션에 의지하며 많은 사람이 현금이 아닌 계좌와 카드 송금에 익숙해졌다. 전 세계 중앙은행이 CBDC 도입에 속도를 내는 만큼, 한국은행도 CBDC를 언제부터 발행할지 아직 알 수 없지만, 코로나19나 비트코인 등 가상화폐의 부상 등이 현금 없는 사회를 앞당길 것은 분명하다. 현금 시대의 종말을 피할 수 없는 만큼 각종 부작용에 대한 대비책 마련과 함께 새로운 화폐 체제에 대한 준비 작업을 서둘러야 한다.

또한, 최근에는 비트코인과 같은 가상화폐도 속속 등장하며, 기존의 금융 체제 자체를 위협하고 있다. 이러한 가상화폐 형태는 규제의 사각지대에서 범죄 유발의 가능성이 있어 우려되는 점도 많다. 실제로 현금 없는 사회로의 전환이 피할 수 없는 미래라면, 동시에 우려되는 문제에 대한 대책을 마련하고 사회적 갈등이 없도록 적절한 속도를 지킬 필요가 있다.

요약하자면

"코로나 19로 비대면, 비접촉 결제방식을 선호하면서 현금 사용률이 급격히 감소했고, 반대로 신용카드나 간편송금과 같은 디지털 결제 수단이 보편화되었다. 결국 예상보다 빠르게 우리 일상으로 현금 없는 사회가 녹아들고 있다."

좋은 돈, 나쁜 돈, 이상한 돈

돈은 사람이 살아가는 데 아주 중요한 수단이지만, 쉽게 얻을 수는 없다. '돈, 돈, 돈' 하면 세속적이라는 편견과 '돈만 밝히는 속물 같다'는 이미지 때문에 사람들은 돈에 대한 직접적인 언급을 꺼리곤 한다. 특히, 아시아권에서는 돈을 추구하는 것이 터부시되곤 하며, 부자에겐 부정적인 색안경을 끼고 척결 대상으로 보기까지 한다. 부가 대물림되어 대대로 부자인 사람에게는 반발심이 크기까지 하다. 더구나 유교 문화로 인해 돈을 받지 않고 하는 일은 선행으로 취급하고, 열정페이를 은근히 강요받기도 한다. 손해를 보고 있는데도 인심 좋은 사람이라는 좋은 평을 받기도 한다.

악마와 천사의 두 얼굴, 돈의 속성

혼자 산다면 덜 먹고, 덜 쓰며 충분히 참으며 살 수 있지만 사회적 동물인 인간은 관계를 맺으며 살아야 하기에 돈이 부족하면 감내해야 할 부분들이 많이 생긴다. 만만치 않은 세상에서 살려면 차라리 솔직하게 돈을 추구하는 것이 낫다.

《탈무드》에서는 "가난은 수치가 아니다. 그러나 명예도 아니다"라고 말했다. 배가 고플 때 고기 한 점은 포만감과 행복감을 주지만, 배 터질 때의 고기 한 점은 질리고 불쾌감을 주기까지 한다. 욕구가 만족되고 나면 그 효과는 줄어들고 심지어 마이너스 체감까지 된다. 돈은 어느 단계를 넘어서면 더 이상 만족감과 행복감을 주지 않는다. 마치 같은 롤러코스터를 열 번 이상 타면 더 이상 짜릿함을 느끼지 못하는 것과 같다. 사람은 현재보다 더 강렬한 자극을 받아야 만족감을 느끼기 때문이다.

돈을 많이 가졌다고 행복한 게 아니다. 돈이 많으면 선택지가 많아져서 행복해지는 것이다. 돈은 다른 사람들로부터 어떤 대우를 받을지를 결정짓는다. 고급 차, 넓은 집, 명품으로 휘감으면 사람들의 대우가 달라지는 것이 현실이다. 누구나 가격표를 보지 않고도 물건을 사고, 좀 더 넓고 안락한 공간에서 살며, 돈 때문에 억울한 일을 당하지 않는 물리적으로 자유로운 삶을 원한다.

돈만큼 인간 심리에 강한 영향을 미치는 존재가 없다. 영국의 경제심리학자 폴 웨블리(Paul Webley)는 "돈이 마약과도 같지만, 치료약과도 같다" 며 "돈을 세는 것만으로도 심리적 안정과 진통 효과가 있다" 고 한다. 돈은 무생물이라서 당연히 희로애락과 같은 인간의 감정을 표현할 수는 없지만, 그 감정을 담는 그릇이 될 수는 있다.

돈은 나와 가족을 지키는 강력한 수단이다. 동서고금 남녀노소를 불문하고, 돈에 관한 관심이 올바르면 좋은 돈이고, 잘못된 방향으로 추구하면 나쁜 돈이며, 이상한 쪽으로 쓰면 이상한 돈이 된다. 돈만큼 엄청난 위력을 가진 것도 없다. 그 힘은 심지어 잔인하기까지 하다. 행복과 웃음을 주며 사람의 목숨을 구하기도 한다. 그러나 한편으로는 절망과 열등감을 심어주며 인간관계를 끊거나 삶을 망가뜨리고 목숨을 잃게 만들기도 한다.

돈은 인간 욕구 추구에 필요한 자원이자, 행복한 삶의 촉매제이자, 일상생활의 윤활유 역할을 한다. 경제적 자유를 누리게 해주는 돈은 인간의 삶을 좌지우지하는 악마와 천사의 두 얼굴을 가지고 있다.

좋은 돈, 나쁜 돈, 이상한 돈

사람이라면 누구나 돈에 관심이 있지만, 돈에 대해 잘 모르는 것도 사실은 사람이다. 돈의 속성과 흐름, 돈을 버는 법과 지키는 법, 돈을 불리는 법에서 더 나아가 돈의 윤리와 도덕 등 돈에 대해 어떤 시각을 갖느냐에 따라 돈의 위력이 달라진다. 돈은 인간 행동에 매우 큰 영향을 미치는데 어떻게 버느냐, 어떻게 쓰느냐에 따라서 사람을 살리기도 하고 죽이기도 한다. 특히, 대부분의 범죄 동기에는 돈이 있으므로 돈의 특징에 대해 한 번쯤은 짚고 갈 필요가 있다.

'좋은 돈'은 벌거나 쓰는 과정이 정당할 뿐 아니라, 자신과 사회에 선한 영향력을 미치는 돈을 말한다. 정기적으로 정당하게 벌어서 들어오는 수입으로 차곡차곡 모은 돈은 품질이 좋은 돈이다. 자기 능력과 노동을 통해 벌어들인 돈은 쉽게 번 돈에 비해 가장 애착이 가고 자랑스럽고 소중하다.

《탈무드》에 나오는 "가난해도 부자의 줄에 서라"라는 말처럼 부자가 돈을 버는 방법, 돈을 쓰고 모으는 습관, 돈에 대한 철학 등 부자 곁에서 직접 보고 배워야 한다. 부자가 자산을 어떻게 관리하는지 배워 자신의 자산을 증식하기 위한 공부법으로 삼는다면 도움이 된다는 것이다.

'나쁜 돈'은 돈을 벌거나 쓰는 과정에서도 불법적인 요소가 개입되거나, 결과적으로 자신과 사회에도 악영향을 끼치는 돈이다. 블랙머니(black money: 검은돈)라고 불리는 이 돈은 공인된 금융기관을 거치지 않으며, 막대한 세금을 회피한다. 뇌물, 절도, 횡령, 배임, 마약 거래, 기업의 비자금 등과 같은 불법적인 사업을 통해 생기는 돈이다.

'이상한 돈'은 돈을 모으거나 쓰는 과정이 바람직하지 않은 것으로 정당한 노동을 통해 번 돈이 아니라서 결과가 바람직하지 않다. 노력 없이 쉽게 번 돈으로, 쓰는 방법도 사치와 허영을 추구하며 헤프게 쓰기 마련이다. 공돈이나 눈먼 돈을 말하는데, 공돈은 자신의 돈이 아니고 그렇다고 다른 사람의 돈도 아닌 불특정 다수를 위한 돈으로, 주인이 없는 돈이다. 주인이 없다 보니 씀씀이도 헤퍼진다.

노벨경제학상 수상자인 밀턴 프리드먼(Milton Friedman)은 "돈이 문제다(Money matters)"라는 명언을 남기면서 돈 쓰는 네 가지 방법을 언급했다. 내돈을 나를 위해 쓰는 법, 내 돈을 남을 위해 쓰는 법, 남의 돈을 나를 위해 쓰는 법, 남의 돈을 남을 위해 쓰는 법이다.

특히, 남의 돈을 남을 위해 쓸 때 가장 문제가 크다며 돈값을 하든 말든 함부로 쓰는 대표적인 예로 정부가 국민의 세금을 눈먼 돈처럼 쓰는 행태를 꼬집었다. 팬데믹 복지의 일환으로 정부 예산에서 상당 부분을 차지한 재난지원금으로, 선심성 예산이라고 할 수 있다.

전 국민을 대상으로 무작정 혜택을 나눠주기보다는 정말 어려운 이들을 대상으로 혜택을 집중시켜야 했고 또 이들이 생활하는 과정에서 겪는 어려움을 해결하는 데 신경 썼어야 했다. 많은 전문가가 일정 수준 이상의 소득이 있는 이들에게 재난지원금의 효과는 미미할 것이니 어려운 이들에게 지원을 집중시켜야 한다고 말했다. 그러나 정부는 듣지 않았고 혜택은 모두에게 돌아갔다. 누군가에겐 필요한 돈이었지만, 누군가에겐 '공돈'에 불과하게 되었다.

요약하자면

"돈은 인간 욕구 추구에 필요한 자원이자, 행복한 삶의 촉매제이자, 일상생활의 윤활유 역할을 한다. 경제적 자유를 누리게 해주는 돈은 인간의 삶을 좌지우지하는 악마와 천사의 두 얼굴을 가지고 있다."

강한 힘을 가진 돈

영화를 보면 악당들의 돈 가방에는 미국 달러가 한가득 들어 있고, 개인금고에는 달러와 금괴가 쌓여 있고, 비자금은 외화 계좌에 모아 둔다. 악당도 잘 아는 안전자산(달러, 금, 외화예금)에 대한 믿음은 달러의 가치가 변하지 않을 것이라는 무한한 신뢰에서 비롯된다.

가치가 떨어지지 않는 달러의 힘

금이나 부동산의 가치가 떨어지지 않는다는 믿음이 있듯, 달러도 가치가 보장되는 안전자산이다. 세상 그 누구도 미국이 파산해서 달러가 휴지 조각이 될 것으로 생각하지 않는다. 미국이 보유한 많은 양의 금과 금융 자산이 이를 뒷받침한다. 그 믿음의 결과, 달러는 현재 전 세계 외화보유액의 약 60%를 차지한다.

미국의 중앙은행 시스템인 연방준비제도(Federal Reserve System)에서 발행하는 달러의 또 다른 이름은 바로 '기축통화' 다. 나라 간 거래에서 가장 많이 사용되는 중심 화폐(Key Currency)라는 뜻이며, 이러한 기축통화를 발행하고 자국 화폐로 사용하는 국가를 '기축통화국' 이라고 부른다. 기축통화는 국가 간의 금융거래나 무역대금 결제 시 기준이 되는 통화로, 전 세계적으로 통용되는 화폐지만 우리나라 원화는 해당되지 않는다.

기축통화는 1960년대 로버트 트리핀(Robert Triffin) 예일대학교 교수가 처음 명명한 것으로, 여러 국가의 암묵적 동의하에 국제 거래에서 하나의 축이 되어주는 역할을 하는 통화를 말한다.

기축통화 후보로 유로, 엔화, 위안화 등이 거론되지만 달러가 가진 안정성과 사용성을 아직 뛰어넘지 못하고 있다. 매일 환율과 관련된 기사가 쏟아져 나올 정도로 우리나라는 환율의 변화와 외화보유액에 민감한데, 원·달러 환율의 변화가 국내경제에 미치는 영향이 매우 크기 때문이다.

기축통화가 되기 위한 조건

기축통화가 되려면 몇 가지 조건이 필요하다. 전 세계적으로 막강한 경제 규모를 갖출 것, 발행 국가의 신용도가 높을 것, 국제 금융 시장에서 유동성이 있을 것, 자유롭게 거래할 수 있을 정도의 화폐 공급성이 있을 것 등이다. 이런 조건에 모두 해당하는 통화는 미국의 달러 하나뿐이다. 미 달러화는 전 세계 외화보유액의 약 60%(2021년 말 기준 59%), 외환거래의 약 88%를 차지하고 있다.

국제 사회에서 미국은 가장 강한 패권국이다. 중국이 아무리 성장했다지만 아직 멀었다. 전 세계 사람들은 특별한 자격 없이 미국 주식과 부동산 등을 구입하거나 기업에 투자할 수 있다. 미국의 금융, 자본시장에서 유통하는 달러와 달러 표시 자산에 쉽게 접근할 수 있는 이유는 바로 개방된 시장 때문이다. 중국이 기축통화국의 지위를 갖기 힘든 이유도 국가의 통제를 받는 폐쇄적인 금융 시장 때문이라고 할 수 있다.

중국은 미국이 패권적 이익을 싹쓸이하고 있으며 중국이야말로 최대 피해국이라고 주장한다. 미국은 별반 노동 없이 이득을 누리지만, 중국은 열심히 일하며 물건을 만드는데도 노동자들이 손에 쥐는 것은 별로 없다는 것이다. 과장이 섞이긴 했지만, 기축통화국으로 미국이 엄청난 이득을 챙긴다는 점에서는 틀림없는 사실이다.

기축통화국의 아성을 위협하면 생기는 일

기축통화국의 아성을 위협하면 어떻게 되는지 단적으로 보여준 역사적 사례가 있다. 일본 경제는 1970년부터 1980년 말까지 연간 4% 이상 고성장을 지속하며 수출 중심으로 호황을 누렸다. 세계 2위의 경제대국으로 올라섰고 1인당 국민소득도 계속 증가하여 미국을 앞지르기까지 했다. 당시 'Made in Japan' 표시가 붙은 제품은 세계 시장을 석권했는데, 특히 소니의 전자제품과 자동차 판매량은 미국 시장을 위협할 정도로 성장했다. 반면 미국은 대외적으로는 무역수지 적자, 대내적으로는 재정적자가 누적되고 있었다.

미국은 어마어마한 위세와 패권국의 지위를 넘보는 일본을 가만둘 수가 없었다. 일본이 소위 엄청 잘나가던 시절, 1985년에 플라자 호텔에서 미국, 영국, 프랑스, 독일, 일본 선진 5개국 재무장관과 중앙은행 총재가 만나 미국의 무역수지 개선을 위한 조치에 합의하게 된다. 주 내용은 미국 달러에 대한 엔화와 독일 마르크화의 평가절상을 유도하는 것이었다. 미국의 경상수지 적자를 줄이고 달러의 위상이 흔들리는 것을 방지하는 데 목적이 있는 것으로, 합의가 아니라 사실상 강제 협박에 가까웠다.

일본 수출 대상은 대부분 미국 시장이었고, 외화보유액으로 가진 달러의 가치가 폭락할 경우 경제적 타격을 입을 수밖에 없었다. 또한, 수출 중심으로 가던 성장동력에서 이제는 내실을 다지기 위해 외국인 투자가 필요했는데, 엔화가 평가절상되면 외국인 투자자들도 일본 시장에 매력을 느끼고 투자할 것으로 판단했다.

여러 이유로 어쩔 수 없이 선택한 결정이었지만, 1985년 플라자 합의 이후에 엔화 가치가 급격하게 상승하면서 일본 경제에 엄청난 변화를 몰고 왔다. 주식 시장과 부동산 시장에 버블이 발생하였고 일본 정부의 갈피를 잡지 못한 널뛰기 정책이 연달아 실패했다. 이를 계기로 일본경제는 나락으로 떨어졌고 '잃어버린 20년'에서 10년이 지난 지금까지도 장기불황을 겪고 있다.

기축통화를 넘보는 시도는 그 후 지금까지 계속 이어지고 있다. 자유 교환성, 신뢰와 안정성, 높은 수요와 공급성, 국제 금융 시장에서의 기능성이라는 까다로운 조건을 가진 화폐는 미국의 달러, 영국의 파운드, 일본의 엔화, 중국의 위안화 정도다. 유럽은 단일경제구역을 만들어 유로화를 출범시켰지만, 달러의 위상을 따라가진 못하고 있다.

중국은 최근 사우디 원유를 수입하면서 원유를 위안화로 결제하려는 압박감을 주면서 기축통화국이 되기 위해 노력하고 있다. 그러나 중국 외에 위안화를 쓰는 나라가 없기 때문에 기축통화국이 되기엔 무리가 있다. 또한, 중국은 내수시장이 30~40% 수준으로 수출 비중이 크기 때문에 외부 상황에 따라 통화가치가 변할 수 있다. 이는 기축통화가 되기엔 치명적이며 비트코인이 결제통화가 되기 어려운 이유이기도 하다. 달러는 네트워크화가 잘 발달되어 있는데 심지어 북한에서도 달러 선호도가 매우 높아 암시장이 있을 정도다.

기축통화국의 이점

기축통화를 발행하는 국가가 되면 여러 이점을 누릴 수 있다. 전 세계가 사용하기 때문에 국가 위상이 올라가고, 재정 및 통화정책 측면에서 다양한 이점이 발생한다. 그 대표적인 예가 '세뇨리지(Seigniorage) 효과' 로, 화폐 액면가격에서 제조비용을 뺀 화폐주조 차익 효과를 통한 이익 창출이 가능하다. 가령, 우리나라 5만 원권의 발행비용은 약 200원으로, 5만 원권의 세뇨리지는 49,800원이다.

또한, 기축통화에 대한 수요가 높을수록 통화가치도 높아져 자국 가계와 기업의 구매력 향상에도 도움이 된다. 통화정책에서는 환율 변동에 대한 위험 부담을 크게 줄일 수 있고, 외환위기 상황에도 손쉽게 대처할 수 있다.

외화보유액이 바닥이 나고 채무불이행 상태가 되면서 IMF에 구제 신청을 하는 것을 '외환위기' 라고 한다. 우리나라는 1997년 외환위기로 엄청난 고통을 겪었다. 미국은 외환보유고가 곧 국고이므로 외화가 부족하면 달러를 찍어내면 된다. 똑같은 외환위기에서도 기축통화국인 미국은 기준금리를 인하하고 국채를 아낌없이 발행하면서 막대한 재정을 풀어 해결했다. 외환보유액을 높이기 위해 금 모으기 운동을 했던 우리나라 입장에선 허탈한 논리다.

과거부터 기축통화는 계속해서 패권국의 상징이었으며 무역전쟁의 마지막은 결국 통화전쟁으로 끝났다. 기축통화국이 아닌 국가가 과도하게 돈을 찍어내면 초인플레이션(Hyper-Inflation)이 발생하면서 베네수엘라나 짐바브웨 같이 화폐가 종이 쓰레기가 될 수 있지만, 기축통화국은 돈을 계속 찍어서 전 세계적 인플레이션 효과를 누리는 세뇨리지 효과를 가질 수 있으니 참 아이러니하다.

1979년대 미 국무부장관 헨리 키신저(Heinz Alfred Kissinger)는 다음과 같은 유명한 말을 남겼다.

"식량을 지배하는 자는 한 나라를 지배하고, 석유를 지배하는 자는 한 대륙을 지배하고, 통화를 지배하는 자는 세계를 지배한다."

요약하자면

"금이나 부동산의 가치가 떨어지지 않는다는 믿음이 있듯, 달러도 가치가 보장되는 안전자산이다. 세상 그 누구도 미국이 파산해서 달러가 휴지 조각이 될 것으로 생각하지 않는다."

경제위기의 시작

자본주의에서 경제위기는 경기순환에서 자연스러운 부분이자 피할 수 없는 현상이며 충분히 예측 가능한 현상이기도 하다. 어떤 경제위기라도 같진 않지만, 공통 분모는 존재한다. 가격 급변동, 불안정성 증대, 실업률 증가, 파산 등은 경제위기의 전조 현상들이다. 이러한 요인이 결합되었을 때 경제에 위기가 닥치고 심하면 붕괴되기까지 한다. 더 열심히 일하는데도 덜 버는 소득 불평등의 시대에서 경제위기는 성공으로 가는 경제적 이동의 희망까지 짓밟고 있다.

경제위기의 전조 현상

경제위기는 기업과 은행의 파산으로 이어지고 물가, 금리, 환율 등 경제변수가 변화하며 경제의 불안정성이 높아져 생산 감소와 실업률 증가 등 경제가 급격히 악화되는 현상이다. 코로나19 대유행의 지속으로 더딘 매출 회복세를 보이는 자영업자와 가상화폐·주식 등에 '영끌' 투자해 빚이 늘어난 청년들의 금융 부실이 심화되면서 경제에 큰 부담으로 작용하고 있다.

경제위기는 많은 경제주체의 고통과 어려움을 수반하지만, 한 나라의 경제가 가진 문제점을 파악하고 이에 대응한다는 점에서 유의미한 시각으로 볼 수 있다. 국가는 경제발전 과정에서 경제환경의 변화를 경험하면서 잘 적응하기도 하지만, 적응 실패로 어려움을 겪기도 한다. 새로운 대외 경제 환경에 제대로 적응하지 못하면 반드시 경제위기와 같은 상황을 반복해서 겪으며 정책 실패라는 고배를 마셔야 한다.

경제위기는 반복해서 일어나는데 발생 상황과 대응법에 따라 경제주체가 겪는 고통의 강도가 달라진다. 경기순환에 따른 금리 인하와 유동성 확대는 경제 성장에 도움을 주지만, 지나치면 버블과 극심한 인플레이션이 발생한 다. 버블은 원자잿값 폭등으로 이어지면서 경제 성장이라는 흐름에서 떨어 져 나가게 만든다.

중앙은행은 인플레이션을 잡기 위해 금리를 인상하고 유동성을 줄여 버 블을 걷어내고자 하지만, 대부분의 버블 붕괴는 경제주체 간의 가격조정 지 연에 따라 혼란을 야기시켜 결국 극심한 경제위기로까지 전이되고 만다.

따라서 중앙은행은 극심한 경제위기까지 전이되지 않도록 인플레이션을 안정적으로 잡고, 버블만 적정 수준으로 걷어내야 하는데, 매우 민감한 작 업이므로 완화된 속도로 조심성 있게 추진해야 한다. 급격한 속도로 하면 심각한 위기 상황이 발생하고, 너무 느린 속도로 하면 경제주체들의 고통이 길어지기 때문이다.

각국의 경제위기 상황

미국은 2008년 글로벌 금융위기 때 인플레이션을 잡고 버블을 걷기 위해 기준금리를 5.25%까지 인상했는데, 이에 따라 극심한 경제위기를 맞았다. 일본도 1988년 9월 2.5%이던 기준금리를 1990년 12월에 6%로 인상하면서

'잃어버린 30년'에서 아직도 빠져나오지 못하고 있다.

한국 경제는 경제 호황기가 IMF 이전에 지났으며, 현재는 단순히 저성장이 아니라 성장 잠재력이 훼손되는 방향으로 흘러가고 있다. GDP와 같은 경제 수치를 해석해보면 성장이 멈춘 상태로 봐도 좋을 듯하다. 상당 부분 국내가 아닌 외적인 요인에서 발생함에 따라 국가 수준에서 세계경제의 흐름을 파악하고 대응법을 고민하는 것이 장기적으로 우리 경제의 미래를 위한 처방책으로 효율적이다.

그러나 부동산값이 크게 오르거나 금리나 채권이 올랐을 때 국가 차원에서 대응할 때가 있었지만, 지금은 국가가 모든 것을 책임져주지 않는다. 개인이 모든 것을 책임지는 시대인 것이다. 경제위기가 몰려오고 있다는 말은 개인의 생존을 뒤흔들 수도 있다는 말이다. 예를 들어, 제주도에 태풍이 몰려오고 있다면 제주도 여행을 취소하면 된다. 세계경제와 한국 경제의 흐름 속에서 개인에게 몰아칠 경제 쓰나미를 개인도 알고 이에 대비해야 알게 모르게 파산하지 않는다.

가계부채 2,000조의 시대

우리는 원하든 원치 않든 자본주의 경제 시스템 안에서 살아간다. 이 경제에는 보이지 않는 손과 원리가 숨어 있다. 최근 한국은행에서 발표한 〈22년 1/4분기 금융안정보고서〉에 따르면, IMF 이전엔 200조였던 가계부채가 1,859.4조 원으로 집계되었다. 어쩌면 '2,000조 시대'에 진입하자마자 '3,000조 시대'를 준비해야 할 가능성도 완전히 배제할 수 없다. 물론, 현재 한국의 가계부채 수준이 당장 경제위기나 소비 지출 급락을 촉발시킬 정도인지는 논란의 소지가 있다. 하지만 지나치게 빠르게 증가해 주요국 대비

상당히 많은 수준이라는 것은 부정할 수 없다.

아파트에 살 때도 대출, 자동차도 담보 대출, 대학생은 학자금 대출 등 우리 사회는 빚지기 아주 좋은 사회다. 주거비, 교육비 등으로 쓴 신용카드 사용액이 OECD 국가 중 가장 높은 우리나라는 기업 소득은 높은데, 가계 소득은 점점 떨어지고 있다. 부동산과 주식, 암호화폐를 가리지 않고 빚투(빚을 낸 투자)가 일반화됐고, 특별한 용처가 없어도 대출 규제가 강화되기 전에 빚을 얻어놓으려는 사람들이 많아, 대출을 리스크가 아니라 권리로 생각하는 것 같아 우려스럽다.

국제금융협회(IIF)의 〈세계 부채(Global Debt) 보고서〉에 따르면, 올해 1분기 기준으로 세계 36개 나라의 국내총생산(GDP) 대비 가계부채 비율을 조사한 결과, 한국이 104.3%로 가장 높았다.

그런데도 정부와 은행은 돈을 빌려서 집을 사고, 사업을 하라고 권한다. 자본주의에서는 돈이 돌아야 경제가 돌아가기 때문이다. 은행에 빚을 져야 은행은 돈을 융통할 수 있고 통화는 끊임없이 창출된다. 미래의 돈을 현재의 유익을 위해 미리 끌어당겨서 언제 터질지 모르는 시한폭탄을 한쪽 눈만 감고 모르는 척하며 살아가고 있다.

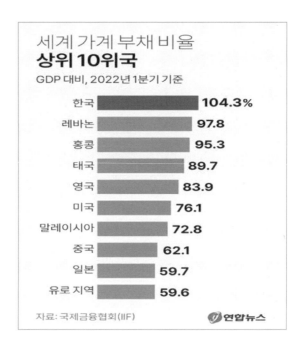

세계 가계 부채 비율 상위 10위국
GDP 대비, 2022년 1분기 기준

국가	비율
한국	104.3%
레바논	97.8
홍콩	95.3
태국	89.7
영국	83.9
미국	76.1
말레이시아	72.8
중국	62.1
일본	59.7
유로 지역	59.6

자료: 국제금융협회(IIF)

연합뉴스

요약하자면

"아파트를 살 때도 대출, 자동차도 담보 대출, 대학생은 학자금 대출 등 우리 사회는 빚지기 아주 좋은 사회다. 주거비, 교육비 등으로 쓴 신용카드 사용액이 OECD 국가 중 가장 높은 우리나라는 기업 소득은 높은데, 가계 소득은 점점 떨어지고 있다."

경제위기설을 부르는 발생 요인들

경제위기는 다양한 이유와 복잡한 경로로 발생한다. 명확한 정의를 내리기도 전에 시작하기에, 경제적으로 어려움이 느껴진다 싶을 때 경제위기라고 부르기도 한다. 특히, 19세기를 거치며 자본주의의 모습을 갖춰오던 선진국에서 경제위기가 주기적으로 발생했다. 경제 시스템이 제대로 작동하지 않는 형태까지는 아니더라도 주요 기업과 금융기관의 파산으로 경제가 불안해지거나 제 기능을 수행하지 못하는 부분적 위기는 지금도 계속해서 발생하고 있다.

우리나라가 처음 겪은 경제위기는 1997년 IMF 외환위기로 대한민국 경제 역사상 최대 위기였다. 대위기를 수습하면서 전 국민이 엄청난 고통을 겪었고 막대한 출혈이 있었기에 경제위기라고 하면 IMF 때와 비교하곤 한다.

1997년의 경제위기는 외화 부족으로 촉발되었고 급격한 환율 변동이 주요 특징으로 부각되면서 많은 사람이 당시를 '외환위기'라고 부른다. 하지만 금융기관의 부실자산이 증가하면서 외화가 점점 부족해졌고 이를 수습하는 과정에서 많은 기업과 금융기관이 파산하는 등 다른 유형의 경제위기도 함께 발생한 것으로 보아야 한다. 한국 경제 시스템이 마비되는 등 당시는 외환위기보다 더 큰 개념으로 결국 경제위기였다고 볼 수 있다.

발생 요인 1. 경제주체들의 예측 오류 및 판단 착오

경제 행위에 관련하여 발생하는 불확실성을 극복하는 과정에서 위기가 발생할 수 있다. 특히, 정보의 홍수 속에서 과다하고 잘못된 정보로 인해 최근에 발생하는 대부분의 경제위기가 여기에 속할 수 있다. 경제를 예측하는 목적 중 하나는 투자자와 경제주체들을 안내하는 것이다. 이 목적을 제대로 수행하기 위해서는 경기회복이나 경기침체의 추세가 맞아떨어져야 하고, 실적치에 대비한 예상 오차율이 최소한 30% 범위를 빗나가지 말아야 한다.

특히, 2022년에는 한국 경제와 관련된 각종 위기설이 판을 치고 있다. 경기적인 측면에서는 미·중 간 샌드위치 위기론, 가계부채 위기설, 국가 부도설 등이 나도는 가운데, 자산시장에서는 주가 폭락설, 강남 집값 급락설 등 이루 거론할 수 없을 정도로 많다. 하지만, 예측할 때 함정도 많다는 것을 기억해야 한다. 확실한 추세를 읽지 못하는 이유는 각종 예측 때 흔히 범하는 함정 때문이다.

2008년 글로벌 금융위기를 예측한 세계적 경제학자 누리엘 루비니(Nouriel Roubini) 교수와 함께 시장 비관자로 유명한 마크 파버(Marc Faber) 교수가 만든 예측 실패를 부르는 일곱 가지 함정이라는 이론이 있다. 이는 각종 예측을 하다가 투자 기회를 잃은 경우를 빗대고 있어 많은 깨달음을 시사한다.

먼저, 가장 흔한 오류로 '트렌드 분석에 따른 함정' 이다. 주도적인 트렌드를 찾아 미래를 예측하고, 현재 상황이 미래까지 지속된다고 착각한다. 그러나 트렌드의 영향력, 방향, 패턴이 변화할 수 있다는 사실을 간과한다는 오류가 있다.

둘째, '심리적 편향에 따른 함정' 이다. 예측자의 오랜 경험과 지식이 심리적 편향을 유발하여 이용자로 하여금 올바른 예측을 잘못 해석하도록 만든다.

셋째, '고정관념 함정' 이다. 과거 경험과 기존 예측 등이 고정관념으로 작용하여 예측할 때 새로운 정보나 변화를 제대로 반영하지 못할 때 나타난다. 부동산 불패 신화가 대표 사례로, 과거에도 손해 본 적이 없으니 앞으로도 부동산 투자는 매력적이라고 생각한다.

넷째, '자기 과신 함정' 이다. 일부 성공한 전문가와 경영자에게 나타나는 두드러진 특징으로, 자신의 예측과 판단 능력을 과대평가하고 과신하면서 새로운 정보에 소홀하거나 남의 말을 잘 듣지 않아 벌어지는 오류다.

다섯째, '기억력의 함정' 이다. 과거 극적인 사건이나 재해를 지나치게 우려하여 미래를 전망하면서 비관적으로 편향되게 판단하는 오류다.

여섯째, '신중함의 함정' 이다. 틀릴까봐 지나치게 우려하여 실제 예상보다 보수적으로 예측을 내놓는다.

일곱 번째, '증거 확인 함정' 이다. 자료를 수집하여 해석하는 과정에서 자신이 내세운 가설에 부합하는 증거만 채택하여 미래 예측이 편향된 방향으로 흐를 때를 말한다.

이렇게 경제 상황에 대한 예측에서 판단 착오를 할 경우, 그 자체가 경제 위기를 불러올 수 있다. 가령, 많은 기업이 경기를 잘못 예측하면 판매 실패로 이어져 재고가 증가하는데, 자금 순환의 악화를 유발하여 부도 위험이 증가한다.

발생 요인 2. 군집 행위

행동경제학의 관점에서 본 군집 행위(Herd Behavior)란, 정보를 제대로 파악하지 못하고 다른 사람의 심리적 편견에 동조하여 동일한 방식으로 집단적으로 벌이는 행동을 의미한다. 사회적 합의를 통해 형성된 합의를 바탕으로 행동하면 군집 행동이 일어나는데, 심리적 편견을 증폭시킨다는 데 문제가 있다.

특히, 철저한 분석이 아니라 군중심리를 바탕으로 투자 의사를 결정하도록 만들어 '묻지마 투자'를 하도록 만든다. 그리고 손실이 발생하면 고통을 함께 나누며 서로 위안으로 삼는다. 개인으로서의 인간은 상식적이고 이성적이지만, 군중 속에 있으면 바보가 되고 마는 것이다.

경제위기가 닥치면, 투자자들은 안전자산을 찾아 몰려다니는 군집 행위 현상을 보이는데, 일반적으로 군집 행위는 정보의 불확실성, 보상구조 때문에 발생한다. 그 누구도 경제에 대해서 완전하고 완벽한 정보를 갖기 어렵다. 그래서 다른 사람은 어떻게 행동하는가를 예측하고 다수의 길을 따른다. 무책임함, 성급함, 전염성, 집단최면, 지적판단력 결여 등과 같은 특징을 보인다. 특히, 버블에 휩싸일 때 투기꾼들이 보이는 심리 현상과 매우 유사

하다. 초단기 수익을 위해 불길한 정보를 무시하고, 틀렸다는 것을 알면서
도 옳다고 스스로를 확신시키며 인식의 부조화 현상을 보이기도 한다.

이런 군집 행위로 인해 금융 시장에서 가격 변동의 폭이 확대되고 심하면
금융 시스템이 위태로워진다. 은행은 규모를 파악할 수 없을 정도의 부실 채
권을 짊어져 신음하고, 기업은 사상 최고의 손실을 기록하며, 소비자는 불확
실한 앞날에 대비해 허리띠를 과도하게 졸라맨다. 자산 가격의 급격한 변동
으로 경제 전반에 걸쳐 비용을 증가시키므로 군집 행위를 줄여야 한다. 그러
려면 각 경제주체는 정보의 투명성을 지향하여 공개해야 한다.

발생 요인 3. 자원 부족

경제위기가 발생되는 전형적인 현상으로 한정된 자원이 과부족하거나 수
요가 폭발적으로 증가할 때 나타난다. 품목에 따라 농수산물 파동, 석유 파
동, 원자재 파동, 금태환 파동 등으로도 불린다.

특히, 석유 파동은 1973~1974년 중동 전쟁(아랍 · 이스라엘 분쟁) 당시 아랍
산유국들의 석유 무기화 정책과 1978~1980년 이란 혁명으로 인한 석유 생
산의 대폭 감축으로 석유의 공급이 부족해지자, 국제 석유 가격이 급상승하
고, 그 결과 전 세계가 경제적 위기와 혼란을 겪은 사건으로, '오일쇼크' 또
는 '유류파동' 이라고도 한다.

석유 파동은 당연히 석유의존도가 높은 나라에 심각한 충격을 던져주었
다. 원유 공급의 전량을 수입에 의존해야 하는 우리나라는 상당한 시련을
겪었다. 이에 따라 경제 체질을 개선하기 위해 에너지 안정적 공급 및 위기
대응 능력 배양, 해외 자원개발 및 신재생에너지 투자, 에너지 절약이라는
에너지 정책기조를 유지하게 되었다.

최근 러시아의 우크라이나 침공 이후 공급망 대응 전략과 관련해 각국의 원자재 확보 경쟁이 치열해지고 있으며, 우리나라에서도 해외 자원 개발에 대한 중요성이 커지고 있다. 전 세계는 러·우 전쟁으로 물가가 급등하고 경기침체에 대한 공포에 눌려 있다. 전쟁은 현재진행형이고 경제에 부담으로 남아 있는 상태다. 세계 2위 산유국인 러시아와 '유럽의 빵 바구니'라 불리는 우크라이나와의 전쟁은 원유와 식품 가격을 큰 폭으로 상승시켜 기업의 비용 증가와 소비 위축을 불러오면서 주식 시장과 부동산 시장 가격에 악영향을 미치고 있다.

특히, 우리나라는 자원 고갈, 인구감소세에 취약하며 해외의존도가 높다. 석유비축사업을 통해 국제에너지기구(IEA)의 권고 기준인 90일분을 초과하는 양의 비축유를 확보하고 있긴 하지만, 석유 파동의 원인에는 공급 제한이 아닌 수요 급증에 있다는 것에 명심하고 국가경쟁력 강화 차원에서라도 에너지 정책 강화에 더욱 힘쓸 필요가 있다.

발생 요인 4. 버블 형성과 붕괴

금융위기를 지칭하는 '버블(풍선껌)'이라는 용어는 원래는 과하게 부풀려진 주식을 지칭했다. 부채 디플레이션과 금융 불안 가설 같은 금융위기 이론에서 버블이 점진적으로 커지면, 가장 취약한 자산이 먼저 파산하면서 점차 경제 전반에 걸쳐 붕괴 현상이 일어난다. 이러한 유형의 경제위기는 버블 형성과 붕괴 과정에서 투기, 예측 오류, 군집 행위 등이 한꺼번에 작용하기 때문에 앞서 설명한 발생 요인의 복합적 형태로 볼 수도 있다.

버블이 생기는 가장 큰 이유는 어떤 물건 및 자산에 대해 지나친 낙관론으로 투자 심리를 부추겨 비정상적으로 투자하기 때문이다. 즉, 버블 경제란 어떤 물건 및 자산 가격이 실질 가치보다 훨씬 높게 형성되는 현상을 말한다. 버블은 '주식, 부채, 부동산' 등에서 형성된다.

첫째, '주식 버블'은 실질적인 투자와 높은 수요를 충족시키려는 욕구로 인해 발생하면서 높은 유동성으로 실제 자산의 가치를 높게 만든다. 1995년~2000년에 걸친 벤처와 코스닥 열풍, 그 중심에 있었던 닷컴 버블이 대표적인 예다. 2000년대로 접어들 무렵 세계경제가 가장 주목한 부문은 인터넷의 대두였다. 인터넷 관련 분야(IT)에 거대한 버블이 끼면서 당시 인터넷 관련 산업에 대한 기대가 부풀려져 주식 시장에 반영되었다. 너도나도 이 분야의 사업에 뛰어들면서 인터넷 관련 분야가 성장해나갔다.

그렇지만 급속한 상승, 시대를 너무 앞선 기술, 닷컴 기업의 잇따른 설립과 실패, 주식 시장의 군집 행위 등으로 코스닥이 붕괴하면서 실패가 연이어졌고, 생존을 걱정해야 하는 처지에 놓이고 말았다.

미국의 경제학자 하이먼 민스키(Hyman Minsky)는 버블 형성과 붕괴 과정까지, 시장에서 투자자들의 심리와 행동을 다음 그래프와 같이 표현하면서 "투자 사이클에는 공포와 탐욕 사이클이 반복해서 일어나고 있다"고 말한다. 금융 시장이 호황기일 때, 이 호황이 계속 이어질 거라는 믿음 속에서 투자 리스크를 저평가하고 고위험 상품에 투자하다가는 자산 가치에 낀 버블로 인해 서서히 붕괴하게 된다. 자산 가치가 급속하게 하락하면 경제위기까지 닥칠 수 있다. 우리나라의 주식 사이클을 예로 들어 하이먼 민스키 그래프를 토대로 살펴보자.

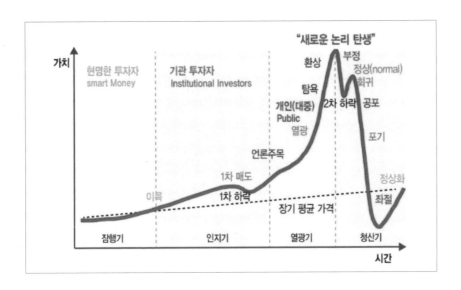

2020년 2월 코로나 위기로 인한 공포에서 시작된 '인지기'는 언론에서 '영끌'이니, '벼락거지'니, '파이어족(경제적 자립을 통해 빠른 시기에 은퇴하려는 사람들)'이니 하는 신조어를 만들어내기 시작하면서 관심을 불러일으킨다. 이전에 이미 현명한 투자자는 관련 정보나 가치 분석 및 예측 등을 통해 적정 종목을 선택하여 진입하였고, 조금 지나 기관투자자도 여러 정보를 바탕으로 매수하면서 주가가 상승한다.

2020년 6월~2021년 말까지 각국은 코로나 위기에 대응하고자 막대한 자금을 풀었는데, 서민 경제를 지원하고자 한 생활 지원금이 주식 시장과 부동산 시장으로 몰리면서 버블이 생기기 시작한다. 이때 언론이 주목하게 되면서 각종 매체에서는 주식을 소개하고, 서점가에는 투자 관련 책들이 베스트셀러 서가를 도배하고, 투자 유튜버들도 우후죽순 생겨나면서 주가가 급등했다.

이 시기는 '열광기'로 주식과 부동산 가격은 연일 고가를 갱신하며 "오늘이 제일 싸다", "오늘이 바로 막차 탑승", "삼전에 올라타는 동학개미들", "투자한 청년과 투자하지 않은 청년 간 자산격차 심화" 등 주식 관련 기사가 도배되었다. 심지어 예능에서도 투자 관련 프로그램이 인기를 끌었다. 개미가 주가에 올라타면서 엄청난 호재가 있다는 새로운 논리가 속속 등장하고, 곧 부자가 될 수 있다는 꽃길을 상상하면서 탐욕과 환상이 정점을 찍는다.

2022년 초부터 중순까지 주가는 고점을 찍고 하락하는 '청산기'가 시작된다. 영끌 투자에 기름을 부으며 개미들을 들끓게 만들었던 언론은 갑자기 태세를 전환하여 "투자 아니라 투기였나", "나락으로 떨어지는 영끌족"과 같은 기사를 쓰기 시작한다. 개미까지 탑승하며 고점을 찍은 주가는 현명한 투자자와 기관이 슬슬 빠져나가면서 급락 단계로 접어든다. 열광했던 투자자들은 다시 주가가 올라갈 것이라며 현실을 부정하고, 다시 반등하리라는 기대를 품고 물량을 서로 주고받기도 하지만, 물량으로 무거워진 무게로 인해 함께 급격히 하락하고 만다. 하락하는 속도가 너무 빨라서 많은 투자자가 공포에 질리게 되고 이내 포기하고 손절하기도 한다.

2022년 6월 이후 현재까지 주가의 버블이 모두 꺼지면서 주가는 장기 평균 가격이던 정상가 수준까지 내려온다.

둘째, '부채 버블'은 존재하지 않는 수요를 맞추기 위해 신용을 기반으로 투자하는 것을 말한다. 실제 자산이 뒷받침되지 않은 채 이익이나 보증을 돌려받고자 거액의 대출을 받는 것이 문제가 된다. 대체로 정부가 더 이상 화폐를 유지할 수 없을 때 은행의 운영 또는 통화 위기를 발생시키는 부채 디플레이션으로 끝나는데, 역사적 사례로는 1929년 미국을 중심으로 발생한 세계적인 경제 공황을 손꼽을 수 있다.

규모가 엄청나게 커서 복합적인 원인이 작용했다고 봐야 하겠지만, 1차 세계대전 이후 호황기를 누리던 세계 경제에 버블이 꺼지고 실물 경기가 하락하면서 파국으로 이어졌다.

우리나라의 경우, 자산 버블의 7할을 가계부채가 차지한다. 부채 버블은 금리 주기와 밀접한 관련이 있는데, 2008년 금융위기 이후 저금리 환경이 지속되면서 글로벌 전반에 걸쳐 과잉유동성이 크게 증가한 데서 원인을 찾을 수 있다. 설상가상으로, 글로벌 금리가 상승하는 구간에서 '코로나19' 라는 복병을 만나 주요국의 금리 주기가 제로 금리로 회귀했다가 최근 인플레이션 때문에 빅스텝, 자이언트스텝으로 금리가 가파르게 올라가고 있다.

부채는 약 10년 단위로 생성·확장·소멸 주기를 반복하는 경향이 있다. 현 자산 시장은 이미 합리적 버블을 넘어 투기적 버블 국면에 진입한 상태였으며, 앞서 설명한 주식 버블처럼 정점을 찍고 소멸로 넘어가는 구간으로 봐야 한다.

따라서 가계부채 리스크는 적극적으로 대응해야 한다. 금융을 매개로 주택, 건설, 소매 등 관련 내수 산업이 구조적으로 맞물려 있는데, 일단 부실이 발생하면 가계부채 문제로 확산될 개연성이 매우 높기 때문이다. 특히, 선진국 경제에 비해 우리나라는 자영업 비중이 과도하게 높아 산업 구조 재편이나 경제위기 충격에 매우 취약하다.

물은 높은 곳에서 낮은 곳으로 흐른다. 부채 금리도 높은 곳에서 낮은 곳으로 흐른다. 금리 정책이 주기성을 회복하지 못한다면, 가계부채가 빠져나가는 물길을 만들 수 없다. 소진된 것과 다름없는 통화 정책의 역동성을 살려내는 데에서부터 출발해야 한다.

셋째, '부동산 버블'은 주택과 같은 부동산의 시장 가격이 지속 불가능한 수준까지 급격히 상승했다가 하락하는 토지 붐에서 이어진 경제 버블의 한 유형이다. 버블은 자산의 가치가 기본 가치를 벗어나서 투기적 수요로 일시에 급격히 상승하는 현상인데, 버블보다 약한 가격 상승을 붐(Boom)이라고 한다. 흔히 부동산 가격이 지나치게 오르면 이러한 현상이 계속될 것으로 예상한다. 그러나 자산 중에서 앞으로 오를 것이라 예상하는 집값에 묶어두는 비율이 높을수록, 그 때문에 대출받는 돈의 비율이 높아질수록 버블 붕괴의 타격이 커진다.

버블이 순환적으로 발생하면 이전의 최고점이나 최저점을 돌파하면서 모두를 환각 상태에 빠뜨린다. 모두 꿈과 환상의 부동산 나라에 빠지면서 기본가치보다 훨씬 고평가되었는데도 부동산을 경쟁적으로 매수한다. 그러나 최후에 그 실체가 드러나면 부동산 수요가 감소하고, 가격 하락과 시장 붕괴로 연결된다.

주택은 가장 안전한 자산이라고 많은 사람이 믿고 있다. 그래서 사람들은 안전한 투자처로 주택 구입을 선호하는데, 은행 입장에서도 부동산보다 더 안전한 대출도 없는 실정이다. 따라서 금융기관은 부동산 구입자에 대한 대출에 적극적이다.

그러나 부동산은 내재 가치나 이익 가치의 증가에 따른 성장을 기대하기 힘들어서 가수요에 따른 버블을 발생시켜 가격 상승을 유도한다. 이때 투자자는 가치 상승과 관계없이 가격의 방향성만을 예측하고 적은 부채와 레버리지를 활용하여 수익을 확보하고자 한다.

특히, 부동산 자산은 부채 의존도가 높아 구조적으로 주택 경기가 하락하면 가계의 부채 건전성을 악화시킨다. 가계대출의 절반 이상을 차지하는 주택담보대출이나 갭투자로 이용되는 전세자금 등도 자산 부채화 과정을 촉진하는 데 일조한다. 가계자산이 부동산에 묶이면 자금 가용성이 떨어져 유동성 제약에 직면하게 되고, 내수 소비가 위축되면 경기 활력이 둔화하는 부작용을 초래한다.

가계대출의 양적 팽창을 제어하는 정책이 오히려 부채의 질을 떨어뜨리는 부작용을 초래하기도 한다. 특히, 장기 주택모기지에 대한 규제를 강화하면, 안정적인 장기저리대출이 줄고, 단기고리대출이 늘어나 금리 충격에 취약할 수밖에 없다. 최근 논란의 중심에 있는 '영끌 대출' 현상은 대출 규제가 부채의 질을 악화시킨 단적인 예라고 볼 수 있다.

특히, 우리나라는 가계자산에서 부동산 쏠림이 편중되다 보니 가계부채의 '소득 보전' 기능이 여타 선진국에 비해 센 편이다. 금융위기 수준의 부채 충격이 아니고서는 가계부채를 줄이기 어려운 이유도 여기에 있다. 따라서 가계부채 리스크는 금융 규제나 대출총량 규제 등과 같은 단선적인 접근으로는 결코 해결할 수 없다. 올바른 금리 정책으로 건전한 부채 사이클을 바로 세워야만 시장을 통한 자율조절 기능을 복원할 수 있다.

이와 같이 버블을 형성하는 세 축에 대해서 알아보았다. 결국, 버블이라는 것은 형태만 다르지 자산 가치 이상으로 뛴 모든 것을 뜻한다. 부동산뿐 아니라 모든 자산에 버블이 끼며, 기업 가치에 대한 버블도 있다. 현재 한국 경제는 경제에 낀 버블이 붕괴되는 중이며, 경제위기 수준의 침체가 우려되는 상황이다.

미국 정부와 연준은 팬데믹에 대응하기 위해 엄청난 자금을 풀면서 금융 시장에 버블을 형성시켰다. 기준금리를 올리면 버블이 꺼지면서 자산가치가 하락하고 투자와 소비가 줄어든다. 주식 시장이 침체되고 부동산값이 떨어지면서 기업의 실적이 악화되는 과정이 뒤따른다. 구조조정을 통해 실업률이 증가하고 소비가 줄어들면서 경제가 나빠지는 악순환이 반복된다.

요약하자면

"경제 버블은 부채 디플레이션과 금융 불안 가설 같은 금융위기 이론은 버블이 점진적으로 터진다는 것을 시사한다. 가장 취약한 면에서의 자산이 먼저 파산하고, 점차 경제 전반에 걸쳐 붕괴가 확산된다."

4장

과거의 금융 상식은 이제 그만!

01

세상에 공짜는 없다

옛날 어느 왕이 세상의 모든 지혜를 모아 한 문장으로 압축하라는 명을 내렸다. 나라 안팎에서 가장 현명하다는 사람들이 모여서 마침내 한 문장을 완성했다.

"세상에 공짜는 없다."

이 세상에 없는 것은 두 가지가 더 있다. 바로 '비밀'과 '삶의 정답'이다. 사람 관계에 공짜 없고, 사람 사이에 비밀 없고, 사는 데 정답 없다.

무언갈 얻으려면 반드시 이에 상응하는 대가를 치러야 한다. 이는 '모든 경제행위는 대가, 즉 비용을 치러야 한다'는 경제의 제1원칙에 해당하는데, 경제용어로 '기회비용'이라고 한다. 기회비용이란, 어떤 선택을 했을 때 그 선택으로 포기해야 하는 다른 여러 대안 가운데 가장 큰 대안의 가치를 말한다. 같은 맥락에서 러시아 속담에는 "공짜 치즈는 쥐덫에만 놓여 있다"라는 말이 있고, 우리나라 속담에는 "산토끼 잡으려다 집토끼 놓친다"는 말이 있다. 이 모두가 숨겨진 비용에 대한 의미를 담고 있다.

공짜 점심 vs 값비싼 점심

"이 세상에 공짜 점심은 없다(There is no such thing as a free lunch)."

노벨경제학상을 수상한 밀턴 프리드먼이 남긴 명언으로, 경제학적 사고의 기초가 되기도 했다. '공짜 점심'은 미국 서부의 개척 시대에서 유래됐다. 당시 어느 술집에서는 술을 일정 한도 이상 마시면 점심 식사를 공짜로 제공했다. 그러나 실상은 달랐다. 막상 공짜로 점심밥을 먹으려면 그만큼 술을 많이 마셔야 하고 당연히 술값도 비쌌다. 결국 술집이 제공하는 공짜 점심의 식사비는 술값에 포함되는 셈이었다. 여기에 공짜 점심의 함정이 있었다.

반면, 엄청나게 비싼 식사비도 있다. 미국에서 유명인과 식사하기 위해 큰돈을 내놨다는 뉴스가 곧잘 나온다. 대통령과의 식사를 위해 수천만 원을 기부했다거나, 유명 기업가와의 식사를 위해 수억 원을 썼다는 이야기다.

2013년 팀 쿡 애플 CEO와 커피를 마실 수 있는 '팀 쿡과의 커피 타임'의 경매 낙찰가는 61만 달러로 현재가로 약 8억 정도나 된다. 아파트 한 채 값을 훌쩍 웃도는 어마어마한 금액을 지급하고 커피 한 잔을 마신다니 의아해할 수도 있겠다. 하지만 단순히 커피 한 잔을 마시는 데 그 큰돈을 성큼 낼 사람은 세상 어디에도 없다.

당시 '팀 쿡과의 커피 타임' 경매에 참여한 사람들은 애플과 함께 일하고 있거나 일하기를 원하는 기업인들이었다고 한다. 이들은 팀 쿡과 만나 커피 한 잔을 마시는 시간 동안 자신에게 더 큰 이익과 좋은 기회를 창출할 수 있으리라고 생각했다. 즉 '팀 쿡과의 커피 타임'은 커피 한 잔 값 이상의 가치와 인생에 다시 없을 기회를 포함한 가격인 셈이다.

본색을 드러내는 플랫폼 빅테크 기업들

사실 플랫폼 기업이 형성되어 성장하던 초기 단계에서는 고객에게 '공짜 점심'을 제공하기도 하였다. 그러나 기업이 성장해서 수확하는 시장 성숙기에 접어들자 빅테크(거대 플랫폼 기업)의 태도가 돌변했다. 임계점을 넘어 승자 독식으로 가는 빅테크는 '공짜는 없다'며 본격적으로 유료화라는 본색을 드러냈다. 초반에 빅테크는 디지털 시장에서 약탈적 가격 전략으로 고객의 관심을 끌어모으는 데 성공했다. 그러고 나서 이익을 극대화하는 방향으로 전략 선회를 선택하였다.

플랫폼 기업이 일상 곳곳에 침투하여 지배하면서 그 영역을 점차 확장해 나가고 있다. 구글, 애플, 아마존 같은 글로벌 빅테크에서부터 네이버, 카카오, 쿠팡 등 국내 기업까지 4차 산업혁명을 선도하고 있다. 검색, SNS, 모빌리티, 엔터테인먼트, 이커머스·핀테크(전자상거래·금융기술) 등 다양한 분야에서 혁신적인 기술과 서비스를 제공하는 빅테크는 처음에는 무료로 고객을 유인하는 전략을 쓴다.

사실 고객은 한번 플랫폼 서비스에 올라타면 쉽사리 벗어나거나 갈아타기 힘들다. 마치 양식장에 갇힌 물고기 신세가 되는 것이다. 공짜 서비스에 중독되어 습관화되는 잠금(Lock-in) 효과 때문이다. 고객이 플랫폼에서 빠져나가려면 비싼 전환비용을 들여야 하고 다시 적응하기 위해 시간과 노력을 들여야 한다. 플랫폼 기업이 공짜 서비스를 유료로 바꾸더라도 속수무책이 되고 마는 이유다.

구글은 고객의 사진과 동영상을 온라인에 무료로 보관해주던 '구글 포토' 서비스를 부분 유료화하기 시작했다. 저장 용량이 15GB를 넘으면 돈을 받는다. 또한, 유튜브 시청자는 광고를 봐야 공짜 동영상을 볼 수 있다. 그동안 구글은 유튜브 시청자가 1명인 계정의 동영상에는 광고를 집어넣지 않았다. 고객이 동영상을 보다가 중간에 흐름을 끊는 광고를 보지 않으려면 월 1만 원이 넘는 '프리미엄' 회원에 가입해야 한다.

또한, 구글은 인앱 결제 강제와 수수료 30% 정책도 예고했다. 안드로이드에서 결제하는 모든 것은 이제 구글에서 제공하는 결제 시스템으로만 결제할 수 있도록 한다는 것이다. 그동안은 게임에만 인앱 결제가 강제되었고, 다른 앱들은 결제 방식을 선택할 수 있었다. 하지만, 이제는 모든 앱에서 구글 결제 시스템만을 사용해야 한다.

화상회의 플랫폼 줌(Zoom)은 사용자가 점차 늘어나자 무료에서 유료로 정책을 전환했다. 코로나가 장기화되면서 교육이나 강연, 세미나 등이 비대면 교육으로 전환되면서 실시간 화상 프로그램 줌(ZOOM)은 하루 사용자가 2억 명이 넘어갈 정도로 증가하였다. 줌이 그동안 제공해왔던 무료 서비스는 유료로 가기 위한 전략적인 마케팅이었던 것이다.

국내 플랫폼 업계도 유료화 깃발을 들어올렸다. 무료 서비스를 제공하며 이용자를 늘려왔던 모빌리티 업체들이 나란히 유료화 수순을 밟자 비판과 우려의 목소리가 높아졌다. 택시 호출 앱 '카카오T'에서는 택시 기사들에게 무료로 제공하던 콜서비스를 유료화했다.

티맵모빌리티도 SK텔레콤 휴대폰 가입자들에게 제공하던 내비게이션 앱 '티맵'의 데이터 무료 제공 혜택을 종료했다. 이제 티맵을 이용하려면 데이터 요금을 부담해야 한다.

양대 모빌리티 회사인 이들이 독점적 지위를 이용해 유료화로 돈벌이에 나서자, 비판을 받는 것은 당연한 수순이었다. T맵은 가입자 수 2,000만 명 이상으로 내비게이션 시장 점유율 79%를 점유하는 1위 사업자이며, 월간 실사용자가 1,300만 명으로 내비게이션, 택시, 대중교통, 주차, 대리운전 등 대기업 네트워크 기반으로 다양하고 독점적인 서비스를 제공한다. 카카오T 도 택시 호출 플랫폼 시장의 80%를 차지하며 사실상 택시 기사들이 카카오 T에 종속된 관계를 보여왔다. 카카오T가 자리 잡으면서 지역별로 운영돼 오던 기존 브랜드 콜 사업이 무력화하거나 고사되면서 택시 기사들의 선택권은 많이 축소되었다.

1+1의 비밀

편의점이나 할인마트에서 하는 1+1이나 2+1 행사는 업체가 고객을 위해 베푸는 혜택이 아니라는 것을 이제 눈치챘을 것이다. 여기에는 신제품 홍보와 상품 체험의 기회를 제공해 주기 위해서, 팔리지 않는 재고 부담과 관리비를 줄이기 위해서, 혹은 비인기 품목을 인기 품목에 끼워 팔기 위한 목적 등 다양한 이유가 숨겨져 있다.

인터넷 쇼핑몰에서 몇만 원 단위를 구매하면 제공되는 할인쿠폰이나 일정 금액 이상 결제해야 제공되는 포인트 등도 불필요한 제품을 구입하게 만드는 주범이다. 소비자는 그 가격대에 맞추기 위해 평소에 필요하지도 않은 제품을 구입하는 경우가 많다.

백화점이나 마트에서 선착순 한정으로 주어지는 공짜 상품도 거저 주는 경우가 없다. 행사장에 들어가기까지 힘들게 줄을 서며 오랫동안 기다려야 하는 경우가 태반이다. 공짜 상품을 얻는 대신 시간과 체력을 지급해야 하고, 해당 업체는 홍보 효과까지 야무지게 챙길 수 있다.

이러한 행사들은 모두 기업 마케팅 부서의 판촉 활동의 일환으로 상품의 가격을 결정할 때, 광고판촉비가 포함된다. 그런데 문제는 광고비로 지출되는 비용이 생각보다 엄청나게 많다는 것이다. 어떤 물건을 구입하면 그 가격 중 상당한 비중이 광고 판촉 행사에 들어간 광고집행비가 차지한다. 따라서 공짜 덕분에 상품을 더 높은 비용으로 지급해야 하는 아이러니가 생긴다. 앞서 말한 미국 서부 시대의 공짜 점심 때문에 기본 술값이 더 비싸지는 예처럼 말이다.

문제는 공짜가 일종의 노동과 분배의 불일치를 가져와 자본주의 시장의 질서를 교란하면서 경제적 비효율성을 만드는 데 있다. 시장 질서에서 모든 거래에 치르는 비용은 재화와 서비스를 이용한 당사자가 지급해야 한다. 그런데 공짜 서비스는 이용한 당사자와 혜택을 본 사람 사이에서 불일치할 때가 많다. 그리고 많은 사람에게 돌아가야 할 혜택이 일부에게만 몰리는 수단으로 악용되기도 한다.

쉬운 예로 같은 상품을 두 곳에서 다른 방식으로 판매한다고 해보자.

A 치킨집: 100번째 치킨마다 1마리 무료
B 치킨집: 모든 치킨 5% 할인

A 치킨집처럼 100번째 치킨마다 한 마리 무료라고 하면 100번째 치킨을 사 간 사람 한 명은 100% 공짜라는 혜택을 얻지만, 나머지 소비자는 아무런 혜택이 없다. 그러나 B 치킨집은 모든 치킨을 5% 할인해 주므로 모든 이용자에게 똑같은 혜택이 돌아간다.

공짜 마케팅은 A 치킨집과 같은 방법이라고 보면 된다. 일부가 공짜로 이용하는 대가로 다수의 나머지는 아무런 혜택을 보지 못하는 제도로 경제적으로 불공평한 제도라고 볼 수 있다.

우리는 왜 공짜를 좋아할까?

과거부터 현재까지의 인간 역사상 풍족한 날보다는 허기진 날이 더 많았다. 그래서 인간의 DNA는 생산적인 것을 새로 찾기보다는 손실을 최소화하는 것을 경제적으로 더 추구한다. 행동경제학자들은 이와 같은 현상의 원인을 미래의 손해에 대해 지나치게 염려하는 인간의 손실회피 성향에서 찾았다.

손실회피 성향이란, 노벨 경제학상 수상자인 대니얼 카너먼(Daniel Kahneman)이 1979년에 발표한 이론이다. 사람들이 이득에 만족하기보다 손실에 불만을 가질 가능성이 더 크다는 데서 착안한 이론이다. 따라서 100달러를 따서 좋아하는 마음보다는 100달러를 잃기 싫어하는 마음이 더 크다. 잠재적 이득보다 손실회피가 구매의사 결정에 더 큰 동기가 된다는 것이다.

또한, 우리가 공짜를 좋아하는 이유는 뇌가 공짜에 대해 값을 치르는 과정에서 다른 방식으로 작동하기 때문이다. 사람의 뇌는 어려운 것보다 쉬운 것을 선호하는데, 무언가를 결정할 때도 마찬가지다. 특히, 공짜만큼 결정하기 쉬운 것은 없다. 내 돈으로 비용을 지급하게 되면 그만한 가치가 있는지를 요목조목 따져봐야 하지만, 공짜는 그럴 필요가 전혀 없기 때문에 필요 여부를 떠나 덥석 집고부터 보는 것이다. 심지어는 눈앞에서 살랑이는 미끼를 문 물고기처럼, 자신에게 치명적일 수 있는데도 삼키고 만다.

이러한 성향을 마케팅에서 주로 이용한다. 예를 들자면, 쇼핑에서 쇼호스트가 '마감 임박', '한정판매', '오늘까지 할인' 이라면서 다급하게 외치면, 당장 필요하지 않았던 물건인데도 홀린 듯이 주문하고서는 오늘 싸게 사서 다행이라고 안도하기까지 한다. 행사할 때 무료로 주는 사은품도 쓸 일이 없는데도 너나 할 것 없이 주저 없이 들고 온다.

또한, 우리는 돈을 쓸 때 심리적으로 고통을 경험한다. 지급의 고통(pain of paying)이라는 심리적 증상을 겪는데, 이러한 인간의 심리를 마케팅에 이용한 방법이 바로 현금 없는 결제 방법이다. 카지노에서 도박할 때 돈 대신 칩으로 한다든가, 워터파크나 찜질방에 가면 팔찌로 결제했다가 퇴장할 때 한꺼번에 결제하는 시스템이 그렇다.

이 세상에 공짜는 하나도 없다. 철저한 계산과 등가교환 방식으로만 돈, 시간, 노동력을 얻을 수 있다. 내가 쓴 시간과 들인 노력과 치른 값보다 단기간에, 한번에, 노력 없이, 쉽고, 간단하게 얻었다면, 그렇게 얻을 수 있는 시스템을 만들기까지 엄청난 시간과 노력, 좌절과 실패, 비용과 인내를 갈아넣었을 것이 분명하다. 더불어 쉽게 접근해서 쉽게 얻으면 쉽게 포기하지만, 매사 단단한 각오로 근면하게 얻어냈다면 쉽게 포기하는 일은 어렵다는 것이 만고불변의 진리다.

요약하자면

"세상에 공짜는 없다."

이 세상에 없는 것은 두 가지가 더 있다. 바로 '비밀' 과 '삶의 정답' 이다. 사람 관계에 공짜 없고, 사람 사이에 비밀 없고, 사는 데 정답 없다. 무언갈 얻으려면 반드시 이에 상응하는 대가를 치러야 한다.

02
투기로 돈을 벌 수 없다

"내가 하면 투자, 남이 하면 투기"라는 말처럼 투기는 로맨스와 불륜만큼이나 구분하기 어려운 현상인데, 투기는 투자와 도박의 교집합 성격을 갖추고 있기 때문이다. 투기는 투자와 구분할 수 없도록 자기합리화가 가능하고, 도박의 매력을 가졌기에 한번 빠지면 헤어나오기 어렵다.

투기라는 것은 시간이 지난 뒤 계좌가 마이너스가 되었을 때 비로소 알 수 있다. 주가가 하늘 높은 줄 모르고 치솟을 때에는 너도나도 미래를 위한 투자라며 달려들다가, 나락으로 떨어지고 나면 투기였다는 것을 알게 된다. 투기는 들불처럼 걷잡을 수 없이 확산되어 경제적 충격을 깊이 남긴다.

버블로 만든 세계

영국의 투자가 어니스트 카셀(Ernest Cassel)은 "내가 어렸을 때 사람들은 나를 도박꾼이라고 불렀고, 판돈이 커지자 투기꾼이라고 했다. 그리고 지금은 나를 은행가라고 부른다. 하지만 그때나 지금이나 나는 같은 일을 하고 있다"라고 비꼬면서 투기와 투자의 모호함에 대해서 신랄하게 평가했다.

19세기 미국의 거상이었던 케네(R.kene)는 "인생은 투기이고, 투기는 인간과 함께 탄생했다"라며 인간의 투기적인 성향은 본능에 가깝다고 말했다.

많은 학자가 '투기의 원조'로 꼽는 데 주저하지 않는 투기 사건이 있다. 바로 1630년대 네덜란드에서 벌어진 '튤립 버블' 사건이다. 영국의 남해회사 사건, 프랑스의 미시시피회사 사건 등이 대표적이다. 공교롭게도 대부분 국가의 성장이 절정기였던 시점에 발생하였다.

1630년대 네덜란드는 경제적 상황이 투기하기에 딱 좋은 환경이었다. 스페인으로부터의 군사적 위협이 사라지자, 경제가 초호황 분위기를 타면서 동인도회사의 주가는 사상 최고가를 경신했고, 부동산 가격은 폭등했다. 넘치는 돈을 가지고 새로운 투자의 대상을 찾던 사람들의 눈에 들어온 것은 바로 튤립이라는 꽃이었다.

터키에서 수입한 튤립은 재배하기 힘든 꽃으로 부의 상징으로 꼽혔다. 네덜란드인은 유난히 꽃에 대한 애착이 강했는데, 특히, 꽃 중의 왕 튤립을 최고로 쳤다. 그것이 투기의 대상이 된 것이다. 일단 튤립이 투기의 대상이 되자 천정부지로 가격이 뛰기 시작했다. 당시 네덜란드 한 가정의 1년 생활비가 평균 300길더 정도였는데, 3,000길더 이상까지 치솟아 올랐다. 튤립 한 뿌릿값은 호화주택 한 채와 맞먹었고 50톤의 호밀을 살 수 있었다고 하니 당시의 광기 어린 열풍의 정도를 짐작할 수 있다.

중요한 것은 당시 동인도회사 같은 블루칩 주식이 주로 부유층의 투자 대상이었다면, 튤립 거래는 서민층까지 광범위하게 침투했다는 것이다. 튤립 소유에 대한 열망은 도를 넘어 모든 사람이 본업을 내팽개치고 뛰어들게 만들었다. 귀족, 도시민, 기계공, 농부에서 하인에 이르기까지 모두 튤립 매매의 광기에 취했다. 사람들은 집과 토지를 헐값에 처분하고 튤립을 샀다.

언제나 그렇듯이 적정가격을 알려고 하지 않는 광기어린 투기는 버블을 만든다. 현물을 인도하거나 결제해야 할 시점이 다가오면 매도세가 늘 뿐, 더 이상 매수세는 늘어나지 않는 법이다. 1637년 2월 3일 마침내 튤립 버블이라는 역사적 사건이 터지고 만다. 매수세가 갑자기 끊기자 가격은 급락했으며 더 이상 아무도 튤립을 사겠다고 나서지 않았다. 이런 폭락은 무려 1년간 지속됐으며 네덜란드 정부가 매매가격의 3.5%만 지급하고 채권·채무 정리 명령이라는 극약처방을 내린 이후에야 시장은 투기 발생 이전 수준으로 회복했다.

경제를 좌지우지하는 거상들은 거의 영향을 받지 않았는데, 많은 서민이 가재도구를 팔고, 집을 저당 잡으면서까지 튤립에 투자했기에 회복할 수 없을 정도로 큰 손해를 입었다. 튤립 버블의 갑작스러운 종말은 네덜란드 경제를 위기로 몰아넣지는 않았다. 그러나 어느 시점부터 투자자들이 튤립 시장을 이탈하면서 시장이 붕괴하였고, 최종 투자자가 그 손실을 모두 뒤집어 썼다. 이후 네덜란드는 장기 불황에 시달렸다.

루이지애나에 설립된 프랑스의 미시시피회사는 한때 금광 개발에 대한 정보로 회사의 주가가 폭등하였다. 프랑스 왕실은 미시시피회사의 주식을 발행하여 자금을 조달하여 부채를 상환하였다. 그러나 금광이 개발되지 않으면서 주가가 폭락하자 해당 주식의 금 교환 요구로 왕립은행이 파산하였다. 영국의 남해회사는 신대륙 남아메리카에 대한 독점 무역권을 전제로 설립하면서 투자자의 관심을 집중시켰다. 그러나 공모에 의한 증자가 시장의 현금총액을 초과하면서 버블이 발생하였고 이내 주가가 폭락하였다.

한쪽이 돈을 벌어 부자가 된다면, 다른 한쪽은 빈털터리가 된다. 개인에게는 투기로 인한 불로소득을 얻은 자와 잃은 자로 인해 소득 격차가 심해져 계층 간 위화감을 조성한다. 사회적으로는 투자 풍토의 만연으로 한탕주의를 퍼트리며 근로 의욕을 저하하고 불평등을 악화시킨다. 특히, 버블이 붕괴되고 난 후의 후유증과 폐해는 사람의 목숨을 앗아갈 정도로 심각하여 사회적 문제로 대두된다.

투기를 옹호하는 경제 시스템

경제 시스템에서 투기는 새로운 정보를 받아들여 효율적으로 작동할 수 있도록 도와주므로 해롭지 않다고 말한다. 투기로 금융 시장에 풍부한 유동성이 공급되므로 경제의 생산성을 높이는 근원이 된다는 것이다. 투기는 풍부한 자금력과 정보력으로 자본을 투자해 경제 발전의 기회를 제공한다. 또한, 기업에 자본을 공급해주고, 기업은 자본을 조달하여 새로 설립할 수 있을 뿐만 아니라 국내외 경제 성장과 자원의 배분을 빠르게 촉진시킨다. 따라서 자본주의 시장에서 리스크는 당연한 요소이기에 투기 역시 정당한 요소라는 것이다.

물론, 투기로 인해 리스크가 많은 주식에 투자하다가 손실을 볼 수 있다. 그러나 경제는 투기 활동을 등에 업고 성장한다. 리스크를 감수하면서까지 풍부한 자본을 바탕으로 투자하려는 강한 의지로 인해, 경제 시스템은 드라마틱하게 성장할 수 있었다. 바로 위험을 감수하려는 투기의 열정적인 자세가 자유시장 자본주의의 성장 원동력이 된 것이다. 만약 모든 개인이 저축만 하고, 모든 금융기관이 안전자산에만 투자한다면, 경제의 성장 잠재력은 현실화될 수 없을 것이다.

1999년에는 나스닥 버블이 부풀어 오르면서 우리나라도 정보통신 혁명인

'닷컴 버블'이 투기의 광기에 휩싸였다. 눈덩이처럼 불어나는 버블은 언론까지 부추기면서 "외국인 투자자와 국내 기관투자자가 쌍끌이 매수를 하고 있다"면서 흥분해서 기사를 써대기 바빴다. 투자금의 몇 배에 해당하는 수익금을 거머쥐게 될 것이라는 꿈과 환상이 난무하던 시절이었다. 코스닥 진입의 장벽이 높지 않아서 회사의 수익성, 사업 계획에는 전혀 관심 없고 너도나도 '닷컴'이라는 이름을 붙여 상장시키면 성공한다는 말도 떠돌았다.

그러나 거품이 꺼지는 데는 얼마 안 걸렸다. 꿈에서 깨어나고 보니 상상했던 것처럼 대단한 기술이 아니었고, 인터넷 환경 인프라가 제대로 구축되지 않아 투자자가 기대한 만큼의 성장률을 내보이지 못했다. 닷컴버블이 펑 터지면서 수많은 벤처기업이 문을 닫고, 전 재산을 올인한 투자자는 목숨을 끊기도 했다. 이에 따라 주식 시장은 장기간 암흑기에 빠졌다.

새로운 산업이 태동하면 기존 산업의 수익률에는 변화가 생긴다. 새로운 기술이 출현하면서 투자자의 눈에 새로운 것이 보이고, 연일 호재가 터진다. 이때 '투기적 광기'가 발생한다. 자산 가치에 버블이 생기면서 수많은 순진한 투자자가 일확천금을 손에 거머쥐기 위해 투기 대열에 올라탄다. 그리고 끝내는 버블의 희생자로 전락하고 마는 수순을 거친다.

우리는 아직도 닷컴 버블의 투기에서 완전히 벗어나지 못했다. 투기는 평등과도 연관되어 쉽게 진입할 수 있는 세상이기 때문이다. 투기는 성별, 인종, 직업, 나이 등 아무것도 상관하지 않는다. 현실에서 얻을 수 없는 자유와 평등을 투기 세상에서 만끽할 수 있다. 비트코인과 같은 가상화폐에서 투기 열풍이 일어나는 이유도 평등성과 관련이 있다.

MZ세대는 기득권층의 자본력과 비교해서 불리한 점이 많다. 그러나 가상화폐 시장은 누구에게나 열려 있고, 언제나 기회를 제공한다. 사회 질서와 상관없이 평등한 곳에서 자신의 힘으로 경쟁해서 얻을 수 있다는 점이 이들을 매혹하며 끌어들이고 있다.

요약하자면

"경제는 투기 활동으로 인해 성장한다. 리스크를 감수하면서까지 풍부한 자본을 바탕으로 투자하려는 강한 의지로 인해, 경제 시스템은 드라마틱하게 성장할 수 있다. 바로 위험을 감수하려는 투기의 열정적인 자세가 자유시장 자본주의의 성장 원동력인 것이다. 만약 모든 개인이 저축만 하고 모든 금융 기관이 안전자산에만 투자한다면, 경제의 성장잠재력은 현실적으로 이뤄질 수 없을 것이다."

돈에 대한 이중적 사고를 버려라

'근검절약하며 살라' 고 하지만, 실제로 아끼며 사는 사람에겐 '짠돌이' , '구두쇠' 라며 이중적인 잣대를 들이댄다. 플렉스는 힙한 느낌이지만, 낭비와 허영은 부정적 어감이 짙다. 로또에 당첨되면 불행해진 사람들이 많다고 하지만, 많은 사람이 이번 주에도 로또를 산다.

돈을 밝히면 속물이 되는 것 같지만, 우리의 모든 사회적 행위는 돈을 중심으로 돌아간다. 직업을 선택할 때나 하물며 결혼할 배우자도 돈을 기준으로 판단하고 평가하며 선택한다. '나' 라는 사람의 가치와 능력은 연봉의 숫자로 평가되기도 한다.

가난으로 이끄는 사고방식

돈 이야기를 터부시하고, 부를 이룬 사람들을 보면 탈세나 투기 의혹을 품는 생각이야말로 가난으로 이끄는 사고방식이다. 배고픈 여우가 포도나무를 발견하고 나무에 올라 포도를 먹으려고 했지만, 매번 미끄러져 결국 먹지 않고 포기한《이솝 우화》의 '신포도 우화' 에서 우리는 교훈을 찾을 수 있다. 결국, 포도를 먹지 못한 여우는 이렇게 말한다.

"어차피 익지도 않아 신 포도일 거야."

여기에서 신 포도 이론이 시작된다. 여우는 자신이 갖지 못한 것을 폄훼하면서 별것 아니라고 왜곡시킨다. 이렇게 함으로써 마음의 위안을 얻고 자기 결정에 정당성을 부여하며 합리화한다. 이처럼 자기 말과 행동을 합리화하는 이유는 인지 부조화 때문이다.

사람은 자기 행동이나 신념에 모순이 있다는 것을 알게 되면, 심리적으로 불안감에 빠진다. 오랫동안 유지한 자신의 사고방식이 잘못되었다는 것을 알게 되면, 순순히 인정하고 바꾸기가 쉽지 않다. 이때, 불편한 감정을 줄이기 위해 주어진 상황에 맞춰 자신의 사고방식을 바꿈으로써 편안한 상태로 돌아가기 위해 자기합리화를 꾀한다. 어리석은 선택을 하고 그 선택이 잘못되었다는 것을 알지만, 어떻게든 그 선택은 불가피했으며 어쩔 수 없는 상황이었다고 자기 위안 삼으며 끝까지 내가 옳았다고 우기는 것이다. 담배가 백해무익하다는 것을 알면서도 금연하지 못하는 사람들이 '골초 중에서도 장수하는 사람이 많다' 고 합리화하는 것처럼 말이다.

돈을 대하는 사고방식이 어떠냐에 따라서도 미래의 성공 여부가 달려 있다고 생각한다. '돈은 유익하다' 며 긍정적으로 생각하는 사람과 '돈은 악하다' 며 부정적으로 생각하는 사람과의 차이에서 부와 빈이라는 결과가 나온다. 부와 성공은 욕심과 탐욕으로 축적한 것이 아니라 미래를 위해 현재의 시간과 노력을 갈아넣어 쟁취한 것으로, 배움과 존경의 대상이 되어야 한다.

가난한 사람은 돈에 대해서 '탐욕적이다, 돈 벌기는 힘들다, 돈으로 행복을 살 수 없다' 라고 생각한다. 그러나 부자는 '돈이 자신을 위해 일하게 만들며, 돈은 무한대로 어디에나 풍부하게 있으며, 사람을 행복하게 만든다' 라고 생각한다. 실제로 자신은 부자가 되어 성공하고 싶은데 정작 부자에 대해서는 선입견과 자격지심, 열등감을 느끼고 부정적인 시각으로 보는 것은 이율배반적이고 이중적 사고다. 결국, 부자와 가난한 사람과의 차이는 돈의 양이 아니라, 돈에 관한 사고방식의 차이에 있는 것이다.

"황금 보기를 돌같이 하라"라는 말이 있다. 돈을 좇지 말고 욕심을 절제하라는 선조들의 지혜가 담긴 말이다. 그러나 자본주의에서 황금은 훌륭한 투자 자산이다. 부자가 되려면 '황금을 돈같이' 생각하는 사람들로부터 금을 매수해야 한다.

돈에 대한 이중적 사고

돈은 과거 물물교환의 불편함을 해소하기 위해 가볍고 보관하기 쉬운 별도의 도구를 마련한다는 개념에서 시작되었다. 합리적이고 간편한 필요성에 의해 돈은 문명의 발전에 따라 범위를 점차 넓혀, 현재는 돈만 있으면 지구에 있는 거의 모든 것을 살 수 있을 정도가 되었다. 따라서 돈이 많으면 많을수록 더 많은 것을 갖고 누릴 수 있다.

'돈만 있으면 행복할 수 있다'는 믿음도 사회 전반에 퍼져 있어 '돈이 최고'라는 말이 절로 나올 지경이다. 돈은 자본주의의 꽃이요, 자본주의의 혈관에 흐르는 피다. 그런데도 돈에 반대하는 사람들이 많다. 돈을 벌기 위해 최선을 다하면서도 돈이 인생에서 최고의 가치가 아니라고 한다.

도대체 왜 우리는 돈에 대해서 이중적인 태도를 보이는 것일까?

돈은 세상 사람들 모두 갖길 원하지만, 욕망을 드러내기를 꺼린다. 돈에 가치를 부여하고 돈을 좇는 것은 자본주의에 속한 사람들의 일반적인 태도다. 우리 사회에서도 돈은 하나의 부정적인 의미에서의 상징성을 갖고 있다. '부자'라고 하면 제일 먼저 탈세, 명품 사치, 부정부패, 투기 등을 연상하면서 그 근원에는 돈이란 뱀이 똬리를 틀고 있다고 여긴다.

《탈무드》에서는 사람에게 상처를 입히는 세 가지로 '근심, 언쟁, 빈 지갑'을 들었다. 특히 "빈 지갑이야말로 가장 큰 상처를 입힌다"고 말한다. 실제로 자본주의에서는 돈을 벌고 쓰는 일이 일상적인데, 돈에 대한 부정적인 사고방식과 윤리적으로 엄격한 판단의 잣대를 들이미는 방식은 더 이상 현대 흐름에 맞지도 않는다. 돈은 성격을 부패시키는 게 아니라 부패한 성격을 드러내줄 뿐이다.

보통 사람들은 '돈이 행복을 가져온다'고 믿으며 아침부터 밤까지 열심히 일한다. '돈은 벌면 벌수록 자동으로 행복지수가 높아진다'고 생각한다. 샌프란시스코 주립대학교의 라이언 하웰(Lion Hawel) 심리학 교수가 10년간 평범한 사람들을 상대로 실시한 조사에 따르면, 소득의 증가와 행복지수는 대체로 비례하는 것으로 나타났다. 미시건대학교 조사에 따르면, '소득이 늘어날수록 행복하다'는 사람은 늘어난다고 주장했다. 연 소득 10만 달러(연봉 1억 원 정도)가 넘어가면 행복하지 않다는 사람은 거의 없어지고, 50만 달러가 되면 매우 행복하다는 사람만 남는다. 적어도 50만 달러까지는 행복과 소득이 비례한다는 점을 밝혀낸 것이다. 뉴질랜드대학교 조사 결과에서도 12만 달러까지 행복과 소득은 비례했다.

이 조사 결과 중 특이한 점은 자신이 얼마를 버느냐에 못지않게 주변 사람들이 얼마를 버느냐도 중요했다. 자신과 수입이 비슷한 사람들 사이에서 사는 사람이 그렇지 않은 사람보다 행복도가 높았다.

한국갤럽조사연구소에 따르면, 주요 국가 중 미래 세대를 위협하는 요인으로 '금전적 문제'를 가장 많이 꼽은 나라는 한국이었다. 한국에서 '잘 산다'는 것은 '내 꿈을 이루거나 만족도 높은 삶을 사는 것'이 아니라, '다른 사람이 나를 인정해주는 삶을 사는 것'을 의미한다. 여기에는 체면을 중시하는 문화가 여전히 남아서 남과 비교하고 남들 눈에 그럴싸하게 보여야 한다는 심리가 작동한다.

한국에서 태어난 아이들은 자라면서 끊임없이 다른 아이와 비교당하면서 자란다. 많은 학부모가 자녀를 창의적인 인재로 키우고 싶어하면서도 사회기준에 부합하는 남과 같은 삶이 가장 안전하다고 생각한다. 오랫동안 사회적·정치적·경제적으로 불안한 시대를 살면서 불안함이 태생에서부터 자리 잡은 결과일지도 모른다.

물론, 불안을 느끼는 정도는 개인마다 다르고 저마다 불안을 해소하는 방법도 다르다. 모든 사람에게 강력한 힘을 발휘하는 것이 있다면, 그것은 바로 돈이다. '인생에서 가장 중요한 것이 뭐냐'고 물으면 '건강', '행복' 등을 꼽다가도 결국 돈이 최고라고 손꼽는다.

아직도 우리의 무의식에서는 돈을 좇는 것을 천하다고 여기고 나쁜 것이라며 혐오한다. 그러나 이런 혐오는 위선일 뿐이다. 돈은 사람의 욕망을 실현하는 데 필요한 자원이며, 행복의 중요한 촉매제다. 돈은 어떻게 벌고 어떻게 사용하느냐가 중요하며, 그 방향성에 따라 인간을 인간답게 만들기도 하고 멸실시키기도 한다.

현대 사회에서 돈은 세상을 풍요롭게 만드는 강력한 원동력이자, 가장 세속적이며, 가장 대중적이다. 인간관계를 지배하고, 세상을 지배하는 돈은 인간의 삶에서 차지하는 비중이 매우 크다. 따라서 돈은 잘 버는 방법도 중요하겠지만, 잘 쓰는 방법도 중요하다. 자본주의 현대사회에서 돈이란, 노력, 희망, 가능성, 기회, 보상 등을 의미한다. 돈을 밝히면 돈이 주인이 되지만, 돈에 밝으면 돈의 주인이 된다.

요약하자면

"돈을 대하는 사고방식이 어떠냐에 따라서도 미래의 성공 여부가 달려 있다고 생각한다. '돈은 유익하다' 며 긍정적으로 생각하는 사람과 '돈은 악하다' 며 부정적으로 생각하는 사람과의 차이에서 부와 빈이라는 결과가 나온다. 부와 성공은 욕심과 탐욕으로 축적한 것이 아니라 미래를 위해 현재의 시간과 노력을 갈아넣어 쟁취한 것으로, 배움과 존경의 대상이 되어야 한다."

04
경제적 풍요를 꿈꾸게 하는 돈의 힘

영국의 종교개혁자인 존 웨슬리(John Wesley)는 "벌 수 있는 모든 것을 벌어라. 절약할 수 있는 모든 것을 절약하라. 그래서 모을 수 있는 모든 것을 모아라. 그리고 줄 수 있는 모든 것을 주어라"라고 말했다. 많은 사람이 삶에서 돈이 중요하지 않다고 말하며 자신의 가치관을 미화한다. 그러나 살다 보면 돈이 넉넉할 때와 부족할 때의 가치관은 태도에 많은 영향을 미친다. 돈이 넉넉하면 마음 씀씀이에 여유가 생기고, 돈이 부족할 때는 시간에 쫓기듯 마음에 평안을 찾기가 어렵다. 자본주의에서 돈은 곧 힘이다. 수중에 있는 돈은 상반되는 두 종류의 자유를 동시에 누리게 해주는데, 바로 '무엇이든 할 수 있는 자유'와 '아무것도 하지 않아도 되는 자유'다.

경제적 자유를 위해

"가난하게 태어난 것은 당신의 실수가 아니다. 그러나 죽을 때도 가난한 것은 당신의 실수다."

오늘날의 마이크로소프트를 있게 만든 장본인이자 셀 수 없이 많은 돈을 가진 부자, 빌 게이츠(Bill Gates)의 뼈 때리는 명언이다. 흙수저, 수저계급론을 운운하며 불평하고, 시대와 사회를 비판만 하면서 가난을 합리화하지 않도록 긴장하며 살아야 한다.

행복을 위해서 돈은 필수이며, 돈을 어떻게 사용하고 살 것인지에 대한 가치관에 따라서 행복한 삶과 불행한 삶, 부자의 삶과 빈자의 삶으로 나뉜다. 경제적 자유란, 금전적인 문제가 사라지고 내가 하고 싶은 대로 살아가는 것을 의미한다. 당장 생존을 위해 직장에 다니고, 집세와 밥값을 벌기 위해 원하지도 않는 노동을 하지 않는 것, 즉 돈에서 해방되는 삶을 말한다.

돈에 집착하면 물질적이고 세속적이라고 하지만, 정도의 차이가 있을 뿐 돈에 관심이 없는 사람은 없다. 그 어떤 부자도 '돈이 너무 많아 불행하니 내 돈을 모두 가져가라'고 하지 않는다. 자본주의와 물질문명의 한가운데 사는 우리는 돈에서 결코 벗어날 수 없다.

경제적 자립을 통해 빠른 시기에 은퇴하려는 사람들이 있다. 금융독립, 조기퇴직을 말하는데, 영문으로 FIRE라고 쓰며 경제적 자립(Financial Independence)과 조기 은퇴(Retire Early)의 약자로 파이어족이라고 한다. 일반적인 은퇴 연령인 60대가 아닌 30~40대에 조기에 은퇴하는 것을 말하며 20대부터 경제적 자유를 위해 은퇴 자금을 마련하는 부류다.

초기 파이어 운동은 1990년대 미국에서 시작하였고 2008년 금융위기 이후 전반적으로 확산하여 경기침체기에 사회생활을 시작한 밀레니얼 세대 등을 중심으로 미국, 영국, 호주, 네덜란드 등 전 세계적으로 확산되었다. 이들은 고학력, 고소득 계층으로 조기 퇴직을 목적으로 수입의 70~80%가 넘는 금액을 저축한다. 돈을 모으는 목적이 부자가 되는 것이 아니라 경제적 자유이기 때문에 젊은 시절에 노동을 몰아서 하고, 저축도 몰아서 한다. 지출을 줄여 본인이 하고자 하는 일을 하면서 생활하는 것이 목표이며, 주택

규모를 줄이거나 오래된 차를 타고 다니며 외식을 줄이는 등 지출을 철저하게 통제하는 경향이 있다.

돈과 인간의 속성 파악하기

경제적 자유의 의미는 사람마다 다르고, 자유를 느끼기 위한 돈의 액수도 사람마다 차이가 있다. 경제적 자유는 '빚이 없는 상태, 노동 시장에서 벗어나는 상태, 평생 다시는 일을 하지 않아도 의식주가 해결되는 상태'로, 돈에서 해방되는 것을 의미한다. 자급자족할 수 있는 생태계에서 돈 한 푼 없이도 살 수 있는 사람도 경제적 자유를 누리고 있는 건지도 모른다.

결국, 경제적 자유를 위해 필요한 돈은 어떤 삶을 살고 싶은가로 귀결된다. 경제적 자유를 얻을 수 있는 지점까지 도달하려면 재정 독립이 필요한 이유다. 따라서 지출을 통제하면서 열심히 모은 자산을 앞으로도 지속할 수 있을 정도로 관리하면서 재정 독립을 해내려면 몇 가지 요건이 필요하다. 첫째, 돈의 속성을 파악하기, 둘째, 돈에 대한 인간의 속성을 파악하기, 셋째, 돈에 대한 나 자신의 속성을 파악하고 고치기다.

첫째, 돈의 속성을 파악해야 한다.

돈은 쓰는 사람이 어떻게 쓰느냐에 따라 성격이 달라진다. 어떤 돈은 무리를 지어 몰려다니며, 어떤 돈은 평생을 숨어서 지낸다. 돈이 적더라도 함부로 하는 사람에게서는 쉽게 쓰임 당하고, 합당한 대가를 치르면 이자를 낳아주기도 한다. 돈을 벌려면 노동하거나 투자해야 한다. 노동의 대가로 받는 돈은 노동 소득이고, 돈을 낳기 위해 돈을 푸는 것은 이자나 배당금 투자 소득에 해당한다. 따라서 열심히 일한다고 돈을 많이 버는 것이 아니며, 많이 번다고 모두가 부자가 되지도 못한다. 내가 번 돈을 더 키우려면 돈이 어디로 흘러가서 어디에 투자되는지 자본 시장의 흐름을 알아야 한다.

둘째, 돈에 대한 인간의 속성을 파악해야 한다.

경제위기는 전 세계에 걸쳐 주기적으로 발생했는데, 근본적인 원인은 인간의 속성과 관련이 있다. 특히, 자산 가격은 호황과 불황이 반복되는 경기 사이클과 함께, 고점을 찍으면 다시 저점을 향해가는 일정한 주기가 있다. 이러한 자산의 과도한 상승과 하락이라는 사이클은 인간의 욕심이라는 속성과 관련 있다. 욕심이 과하면 투자가 아닌 투기가 일어나면서 점차 버블이 생긴다. 최고점을 찍은 버블은 인간의 공포로 서서히 꺼지면서 곧 붕괴한다.

이런 위기는 딱 들어맞지는 않더라도 약 10년 주기로 벌어지는데 인간의 속성이 세대를 교체하면서도 변하지 않는다는 것을 알 수 있다. 또한, 인간은 남의 선동에 쉽게 현혹되는 팔랑귀와 자기 생각과 맞지 않으면 답이 틀렸는데도 고치지 않는 벽창호 기질, 많은 사람의 행동에 영향을 받아서 우르르 몰려다니며 동조하는 속성이 있다. 인간은 돈 문제에 대해서는 홀로 가는 길을 두려워해서 남을 따라 하는 속성을 보이는 데 이에 따라 자본 시장에서는 자산 가격 변동에 영향을 미치게 된다.

코로나19 이후 국내 주식시장에서는 '동학개미운동'이 일어났다. 집단에 속해야만 마음이 편해지는 속성이 큰 흐름을 만들어낸 것이다. 투자는 결국 인간이 하는 것이고, 돈도 인간이 쓰는 것이다. 자본시장에서 인간의 영향력이 미치지 않는 곳은 없다. 결국, 자산 가격의 사이클을 만들어내는 것은 인간의 심리 변화와 행동 요인이 크게 작용하므로 인간의 속성을 이해해야만 자본의 속성을 이해할 수 있게 된다.

셋째, 돈에 대한 나 자신의 속성을 파악하고 고쳐야 한다.

돈에 관심이 많고, 재테크에도 관심이 많아 열심히 공부하는 사람들이 많지만 모두 다 투자에 성공하는 것은 아니다. 돈을 많이 벌고 모아서 그 돈을 종잣돈 삼아 투자에 성공하는 사람에게는 보통 사람과는 다른 특징이 있다. 현명한 투자자는 외부의 목소리에 흔들리지 않고, 감정적으로 평온함을 유지하며, 투자하는 돈에 대해서 합리적으로 판단하고 행동한다. 긍정적 신호와 부정적 신호를 통합적으로 인식하고, 객관화된 사건을 냉정하게 분석하는 지혜가 있다. 자본이 상승한다고 도취감에 빠지거나 낙관하지 않으며, 자본이 하락한다고 좌절하거나 비관하지 않는다.

그렇다면, 돈을 인식하는 당신의 속성은 어떠한가?

꿈을 이루기 위해 돈을 모을 구체적 계획이 있는가?

개인이 처한 상황이 다르기에 정답은 없지만, 돈에 대한 자신의 사고와 태도를 파악하고 점검해나가며 자신을 돌아보자. 경제적 문제점을 제대로 파악할 수 있다면, 적절한 목표를 향해 방향을 잡고 나아갈 수 있을 것이다. 부자가 되었다고 행복해지는 것은 아니다. '부'는 결국 삶의 목표가 아니라 행복한 삶을 위한 도구라는 점을 기억하자.

요약하자면

"경제적 자유의 의미는 사람마다 다르고, 자유를 느끼기 위한 돈의 액수도 사람마다 차이가 있다. 경제적 자유는 빚이 없는 상태, 노동 시장에서 벗어나는 상태, 평생 다시는 일을 하지 않아도 의식주가 해결되는 상태로 돈에서 해방되는 것을 의미한다."

05
돈이면 다 된다는 착각에서 탈출

돈이면 다 살 수 있고, 다 이룰 수 있는 세상에서 살고 있지만, 소중한 가치를 희생한 표면적인 현상일 수도 있다는 점을 알아야 한다. 돈으로 고급 레스토랑에서 비싼 음식을 사 먹을 수는 있지만, 입맛을 맛있게 살릴 수는 없다. 돈으로 호텔 스위트룸에서 잘 수는 있지만, 단잠을 자게 할 수는 없는 것처럼 말이다.

분명히 돈에도 한계가 있다. 노력과 성과에 대한 대가는 당연히 값을 치러야 하지만, 우정, 사랑, 도움, 배려와 같이 인간의 가치에 대해서 막연히 대가를 치르면 때에 따라서 모욕감을 주기도 한다. 모든 것을 돈으로 해결하려고 하다 보면 그만큼 인간의 귀한 행동과 소중한 가치까지 집어삼킬 수 있다.

돈이면 다 해결되는 세상

요즘 사회를 지배하는 핵심 키워드는 '돈, 성공, 투자, 부자'다. 많은 사람이 돈 많이 버는 것을 성공이라고 생각한다. 어릴 때부터 사교육에 투자해 대학에 가는 것도, 좋은 직장에 들어가는 것도 모두 돈을 많이 벌겠다는 목표가 있기 때문이다. 300만 원 버는 사람은 500만 원 버는 사람을 부러워하고, 500만 원 버는 사람은 1,000만 원 버는 사람을 부러워한다. 노골적으로

티 내진 않지만, 은근히 서로서로 비교하며 남보다 더 좋은 것, 더 비싼 것을 가져야 행복하다고 생각한다. 현재도 남 부러운 것 없는 삶일지라도 나보다 좋은 것을 가진 사람을 의식하는 순간, 불행의 늪에 빠지고 만다.

이런 현상을 부추기는 데는 광고도 한몫한다. 쉴 새 없이 이어지는 광고를 보면 무언가를 소비해야만 행복해질 것 같다. 끊임없이 소비를 자극하고, 돈이 부족하면 대출까지 받아서 쓰라며 광고한다. 근검절약하거나 아껴 쓰라는 정보는 제공하지 않는다. 성공, 돈, 부자의 이미지로 욕망을 부추기고 마치 돈이면 다 해결될 것 같은 세상의 한복판에 우리는 놓여 있다.

사실 중세 시대에는 돈을 빌려주면서 이자를 붙이는 행위는 범죄에 해당했다. 그러나 현재 이자를 받는 행위는 합법적이며 많은 사람이 이자나 배당받는 일을 투잡으로 삼고 싶어하기까지 한다. 돈의 개입으로 도덕적 혐오를 불러일으키는 행위는 시대의 변화에 따라 불법이나 합법으로 정해진다. 돈의 개입으로 큰 문제가 없을 것이라는 사회적 합의에 이르고, 적당한 법적 테두리 안에서 통제할 수 있다면, 과거 금지된 행위도 허용이 될 수도 있다.

우리는 돈이면 다 해결되는 세상에 산 지 오래다. 감히 돈으로 사고팔 수 없는 것들도 돈으로 매매되곤 한다. 대신 줄을 서주거나, 결혼식 하객을 동원하거나, 심지어 아이를 입양하기 위해 돈을 주고 받는다. 성매매, 과도한 이자를 붙이거나 노예를 거래하는 행위, 혈액이나 장기도 돈으로 사고파는 행위 등 돈으로 할 수 있는 영역이 점차 확대되고 있다. 마치 돈이 도깨비방망이를 넘어 여의봉에 가까워지는 것은 아닌가 하는 의구심이 들기도 한다.

자유로운 경제활동이 가능한 자본주의에서 돈으로 필요한 것을 사고파는 행위를 탓할 수는 없다. 법에 저촉되지 않는 한, 돈으로 하는 모든 것은 개인의 자유의사에 달렸다. 게다가 구매자와 판매자 모두 만족감을 준 거래라면, 바람직한 거래의 한 예가 되기도 한다. 현대인에게는 시간도 돈이다. 각종 대행 서비스는 새로운 이익을 창출하기도 하지만, 바쁜 시간을 줄여주는 측면에서 삶의 만족도에 기여하는 바가 크다고 평가된다.

Show me the money

돈의 영역이 확장되면서 뭐든지 사고팔 수 있는 현상에 대해서 한 번쯤 경계해야 한다. 배려, 양심, 도덕, 윤리, 사랑과 같은 보이지 않는 가치까지 돈으로 매매하는 것은 꺼림칙하다. 공정이라는 관점에서 대신 줄서기는 새치기 권리를 돈으로 사는 것으로, 돈이 없는 사람에게는 역차별일 수도 있다.

있는 집 자식은 범죄에서 면죄부를 받고, 악질 기업인을 사면하는 등 범죄를 눈감아주는 행위로 사회 규범에 돈이 개입되는 것은 역효과를 불러일으켜 성실하게 사는 서민을 좌절시키기도 한다.

'Money talks' 는 '돈이 말을 한다' 라고 직역할 수 있다. 의역하면 돈의 힘이 있기 때문에 돈이 말을 할 정도로 영향력을 발휘할 수 있다는 뜻이다. 꽤 능력 있는 돈의 힘을 보여주는 표현이다. 영화 〈제리 맥과이어〉에서 삼류 미식축구 선수가 제리에게 좋은 계약을 따내라고 "Show me the money" 라고 말한다. '돈을 보여줘' 가 아닌 '너의 능력을 보여줘' 라는 뜻으로 큰돈을 벌게 해달라는 뜻이다. 여기에서 돈은 능력을 대변한다.

'채찍 유인의 역효과' 라고 불리는 행동경제학 이론이 있다. 가정 혹은 사회에서 목적을 이루기 위해 회유와 협박을 사용하는 것을 '당근과 채찍' 이라고 표현한다. 흔히 당근은 행동을 유도할 때 쓰이고 채찍은 행동을 자제

시킬 때 쓰인다. 이 중 채찍에 관련된 흥미로운 연구가 있다.

우리나라도 그렇듯이 모든 나라의 어린이집은 아이를 늦게 데리러 오는 학부모 때문에 골머리를 앓는다. 그런 문제를 해결하기 위해 이스라엘에서는 몇몇 어린이집을 대상으로 지각하는 학부모에게 벌금을 청구하는 실험을 했다. 학부모들은 10번 지각할 때마다 3달러의 벌금을 내야 했다. 상식적으로 생각해보면 벌금이라는 비용이 지각이라는 행동을 줄여야 했다. 하지만 정반대로 학부모들의 지각 횟수는 두 배 이상 늘어났다. 이것이 바로 '채찍 유인의 역효과' 다.

실험이 시행되기 전, 지각하는 학부모들은 아이와 선생님을 기다리게 하는 나쁜 부모라는 생각에 죄책감을 느꼈다. 하지만 실험이 시행되고 벌금제도가 도입되자 벌금을 내면 '늦을 권리'를 갖게 된다고 생각한 것이다. 채찍이 그른 행동을 정당화하는 수단이 된 것이다. 학부모들은 3달러를 내고 죄책감을 느끼지 않게 되었다. 지각을 줄이고자 도입된 벌금 제도는 역설적으로 지각을 늘리는 결과를 낳고 말았다.

이런 현상은 우리 주위에서도 흔히 찾아볼 수 있다. 똑같이 지각이라는 상황을 예로 들자면, 학급에서도 지각하는 학생에게 벌금을 걷는 상황을 흔히 찾아볼 수 있다. 지각할 때마다 500원에서 1,000원 정도 걷는 것이다. 선생님의 의도는 지각을 줄이고자 하는 것이지만 학생은 돈만 내면 지각을 용서받기 때문에 전과 같이 등교를 서두르지 않게 된다. 그래서 지각은 줄어들지 않는다.

이렇게 일상에서 흔히 찾아볼 수 있는 '채찍 유인의 역효과'는 어떤 행동에 대해 대가를 치르게 한다고 해서 반드시 그 행동이 감소하는 것은 아니며, 경우에 따라서는 역효과가 날 수도 있다는 교훈을 준다.

도덕이 무너지면 속된 말로 '개나 소나 범죄를 저질러도 돈이면 다 해결돼' 라는 생각을 하게 된다. 그래서 자본주의에서 경제주체가 범법과 새치기에 몰두한다. 이래서 도덕의 영역에 함부로 돈이 개입되면 위험하다는 것이다. 나빠진 경제는 언제든 회복할 수 있지만, 한번 무너진 도덕은 다시 회복하기 어렵기 때문이다.

돈은 사람에게 힘을 과시하게 하면서, 자신의 힘에 휘둘리게 만든다. 인간이 돈을 버는 것인지, 돈이 인간을 부리는 것인지 전지전능한 힘을 발휘하곤 한다. "돈만 있으면 귀신도 부릴 수 있다" 라는 속담이 있다. 돈이 있으면 공부 못하는 자식도 족집게 과외로 명문대에 보내고, 병에 걸린 사람도 비싼 약으로 치료해 목숨까지 살릴 수 있다.

생활의 편리함을 위해 만들어진 돈인데, 돈의 주인이 되기는커녕 돈의 노예가 되어 불행을 겪는 사람이 많다. 같은 칼이라도 음식을 만들 땐 도구가 되지만 사람을 해치면 무기가 되는 것처럼, 돈보다 사람이 먼저라는 사실을 잊어서는 안 된다.

요약하자면

"우리는 돈이면 다 해결되는 세상에 산 지 오래다. 감히 돈으로 사고팔 수 없는 것들도 돈으로 매매되곤 한다. 대신 줄을 서주거나, 결혼식 하객을 동원하거나, 심지어 아이를 입양하기 위해 돈을 주고 받는다. 성매매, 과도한 이자를 붙이거나 노예를 거래하는 행위, 혈액이나 장기도 돈으로 사고파는 행위 등 돈으로 할 수 있는 영역이 점차 확대되고 있다. 마치 돈이 도깨비방망이를 넘어 여의봉에 가까워지는 것은 아닌가 의구심이 들기도 한다."

제대로 알려주지 않는
금융상품의 거짓말

금융회사는 당신의 편이 아니다

금융기관은 우리의 돈을 믿고 맡길 수 있는 신뢰할 수 있는 기관인 것 같지만, 사실은 영리를 목적으로 설립되었기에 대부분 '회사'로 전환되었다. 경제 상황에 따라 수익률이 악화되면 회사의 영리를 우선으로 해야 하기에 경제를 잘 알지 못하는 고객의 금융 지식을 이용해서 영악한 수법으로 수익을 챙긴다.

특히, 많은 고객이 상품 가입 시 제대로 설명을 듣지 못하거나 일부 유리한 면에 대한 설명만 듣고 가입했다가 원하던 상품과 달라서 결과적으로 피해가 발생한 사례가 많다. 금융상품은 수시로 출시되고 있으며 경제 상황이 급변하는데도 금융회사가 상품을 판매하는 방식은 예나 지금이나 크게 다르지 않다.

금융회사의 민낯

금융회사는 이익을 추구하는 기업이기 때문에 이익이 많이 발생하는 상품 위주로 판매할 수밖에 없다. 우리나라뿐 아니라 세계 모든 금융회사에서 공통적인 현상으로 볼 수 있다. 고객의 원금에 손실을 줄 수 있는 펀드나 보험상품을 판매할 때는 전문적인 금융 지식과 충분한 설명을 제공해야 하는데도 금융회사의 직원들은 기계적으로 판매한다. 소비자 입장에서는 상품의 단점을 알고 나서는 잘 가입하지 않기 때문에 일부러 설명을 제대로 안 하는 경우도 많다. 대체로 금융회사에 유리하도록 수수료가 높은 상품을 적극적으로 추천하기도 한다.

신문 기사와 TV 프로에 나오는 금융상품도 잘못 알려진 것이 많다. 신문 기사는 자극적인 내용 위주로 기사화하다 보니 자칫 잘못된 판단을 줄 수 있다. 노후에 대한 인식도 한가로움과 여유라는 긍정적인 느낌보다는, 낡아서 제구실을 더는 하지 못할 것처럼 부정적인 미래를 잔뜩 그려 불안감을 조성한다. 신문에 나온 기사와 관련된 사실에 근거해서 펀드에 가입하면 뒷북칠 수도 있다. 특히, 홈쇼핑에서 판매하는 보험은 장점만 강조하기 때문에 현혹되기 쉬우므로 가입할 때는 주의를 기울여야 한다.

우리는 앞에서 세상에 공짜가 없음을 알아보았다. 싸면 싼 이유가 있는 만큼 실제로 보장을 받을 수 있는가를 확인해봐야 한다. 홈쇼핑 호스트는 보험전문가가 아니라 판매전문가일 뿐이다. 또 보장받을 확률이 낮은 사고, 사망 등에 적용되는 보험금을 마치 모든 사고에 적용되는 것처럼 과장하여 광고하므로 반드시 약관을 확인해야 한다.

경제생활의 많은 부분에서 소비자가 대접받는 세상이 되었다. 하지만 유독 금융 분야에서는 아직도 소비자 아니라 금융회사가 칼자루를 쥐고 있다. 이런 금융 환경을 바꾸기 위해서는 금융소비자가 직접 나서야 한다. 금융회사를 이용할 때 소비자 스스로 공부하면서 사소한 것이라도 확인해서 제대로 이용하여 금융소비자의 주권을 찾아야 한다.

'담당 직원이 금융전문가니까 당연히 알아서 추천해줄 것이라는 안일한 생각에서 벗어나야 한다. 금융회사 직원이 상품을 권할 때는 정확한 이유를 물어보고, 어떤 문제점이 발생할 수 있는지, 장점만을 듣지 말고 단점까지 확인해야 한다. 대기 고객이 많은 은행에서 직원에게 자세한 정보와 설명을 듣기란 현실적으로 너무 힘들다. 자세한 설명을 듣지 못하는 이유는 직원이 바빠서, 혹은 본인도 잘 몰라서다. 이익을 추구하는 일반 회사와 같다고 생각하고 스스로 알아보고 꼼꼼히 확인하며 챙기는 습관이 필요한 이유다.

이 세상에 좋기만 한 상품이나 나쁘기만 한 상품은 없다. 상품마다 장단점이 있기 때문에 자신의 상황에 맞는 상품을 선택해야 원금의 손실이 없다. 재무설계의 관점에서 자신의 인생 흐름을 구체적으로 예측하고, 목적별로 목돈을 만들기 위해 필요한 상품을 적절히 이용해야 할 필요가 있다.

금융회사는 절대로 고객의 이익을 위해 회사의 손해를 보면서까지 좋은 상품을 추천해주지 않는다. 더 이상 속지 않고 당신의 재산을 온전히 지키고 싶다면, 당신도 먼저, 미리, 많이 알아야 한다.

똑똑한 사람들이 어리석은 결정을 내리는 이유

사과 4kg 한 상자에 1만 원이다. 바로 옆 가게에서는 사과 2kg 반 상자를 8,000원에 판다. 당신이라면 어떤 사과를 사겠는가? 2kg에 8,000원이라는 가격을 알았으니, 4kg을 사는 게 이익일 것 같지만, 다 먹을 자신은 없다. 어차피 못 먹을 거라면 2kg이 경제적일 수 있다.

그렇다면, 정답은?

"당신은 처음부터 사과를 살 생각이 없었다."

똑똑한 사람들이 이처럼 어리석은 결정을 내리는 이유를 '손해 본다는 감정'에서 찾을 수 있다. 손해를 보고 싶지 않다는 감정 때문에 회피하는 방향으로 합리적이지 않은 결정을 내린다. 사실 사과를 살 생각도 없었는데, 2kg에 8,000원이라는 사과를 보는 순간, 1만 원짜리 사과를 사지 않으면 손해라는 생각에 사로잡혀서 필요하지도 않았던 사과를 사들고 오면서 오히려 돈을 벌었다며 흡족해한다.

흔히 '돈이 돈을 번다'고 말하는데, 사실 돈이 돈을 버는 경우는 거의 없다. 누군가의 돈이 다른 누군가의 돈을 벌어주는 '머니 게임'일 뿐이다. 누군가가 돈을 벌면 누군가는 잃어야 하는데, 많은 사람이 '돈을 버는 쪽이 내가 될 것'이라고 자만한다.

일부 금융회사들은 노후라는 미래에 대해 막연하다는 점을 이용해 은퇴 이후에는 물가상승률을 고려하여 10억 원 이상의 목돈이 필요하다는 허황된 수치를 제시하고, 소비자가 감당할 수 없을 정도로 무리한 금융상품에 가입하도록 유도하는 수법을 쓰곤 한다. 금융회사 입장에서 많이 팔아야 하는 상품은 당연히 보수와 수수료가 높은 상품이다. 그래서 '공포 마케팅'을 이용하여 소비자를 현혹시킨다.

그런데 10억 원까지 들고 노후를 맞는 사람은 많이 없을뿐더러 중요한 건 자산이 아니라 현금의 흐름이다. 60세에 은퇴해서 100세까지 생활비로 차라리 매월 100만 원은 있어야 먹고살 수 있다고 말하는 게 더 현실적이다. 따라서 은퇴 시기까지 10억 원을 마련하라고 하면 대부분의 사람이 무리하게 상품에 가입하거나 가입해서도 납입하기에 벅차서 중도에 포기하고 만다.

그러나 월 100만 원 정도 수입이 나오도록 만들어야 한다면 좀 더 구체적인 계획을 세울 수 있다. 먼저 매달 국민연금과 퇴직연금이 나오고, 주거 문제가 해결된다면, 나머지 필요한 금액만 맞추면 된다. 사실 돈의 액수가 적든 많든 중요한 포인트는 따로 있다. 필요한 돈이 얼마든 목표액에 미치지 못하면 불행할 것이라는 관점이 잘못된 것이다.

현명한 노후는 현재의 경제적 수준에서 삶을 유지할 수 있도록 적절하게 조정하는 것이다. 만약, 돈이 부족하다면 노후 생활에 돈이 적게 드는 수준으로 단순하게 전환하면 된다. 최근에는 노인 일자리가 많이 생겨서 칠순이 넘은 어르신들도 소소하게 일하며 용돈을 벌 수 있다. 돈을 떠나 소소한 일거리는 노후 생활의 윤활제 역할을 해준다.

공포 마케팅은 보험회사에서도 주로 이용하는데, 억대의 광고비를 들여서 사고와 질병에 대한 막연한 불안감을 부추기며 보험에 가입하는 것이 미래의 안정된 삶을 보장하는 것이라고 주장한다. 건강은 건강할 때 지켜야 하고 정기적인 검진을 받아야 하며, 건강식품으로 건강을 유지하라고 친절하게 알려준다.

그러나 이러한 마케팅은 인간의 근본적인 문제인 생로병사를 결코 해결하지 못한다. 보험에 가입하고 정기적으로 검진을 받고 건강보조식품을 열심히 먹는다고 해서 얼마나 더 오래 건강하고 행복하게 살 수 있을까? 공포마케팅에 철저히 세뇌되어 돈과 시간을 사용하면서 마음의 안심과 위로를 받을 수 있다면 아무도 말릴 수는 없다. 그건 각자 선택의 영역이기 때문이다.

결국, 정말 내 노후를 위협하는 것은 은퇴 시에 목돈을 마련하지 못하는 것이 아니라 일부 금융회사의 공포 마케팅에 속아 자신이 감당할 수 없는 무리한 저축이나 투자를 하는 데 있다. 이런 과장된 마케팅에 속지 않으려면 막연한 미래의 불안감에 두려워하지 말고, 스스로 자신의 노후를 꼼꼼하게 설계해야 한다. 만약, 직원이 진짜 좋은 상품이 있다고 상품을 권한다면, 고맙게도 나를 위해 추천해주는 것이 아니라 '이 회사가 이 상품을 많이 팔아 내 돈으로부터 수익을 남겨 먹으려고 하는구나' 라고 생각해야 한다.

고객에서 '호갱' 으로 전락하지 않으려면?

금융회사는 영리를 추구하고 이익을 남겨야 살아남을 수 있다. 이 말은 즉, 금융회사는 당신의 개인 사정이나 저금 따위에는 조금도 관심이 없다는 뜻이다. 금융회사가 좋은 금융상품을 만들어 고객의 이익을 위해 판매한다고 믿는다면 호구가 될 기질이 있다.

흔히 주거래 금융회사를 만들어 단골이 되면 많은 혜택을 받을 것으로 생각한다. 그래서 급여통장부터 시작해서 거의 모든 금융거래를 한 금융회사에 집중시키려고 한다. 그러나 단골에 대한 혜택은 겉만 요란할 뿐 따져보면 실제로 받는 혜택은 크게 없는 편이다. 오히려 대출받을 때는 단골 금융회사를 믿을수록 더 큰 손해를 볼 수도 있다.

2021년 한 온라인 패션 쇼핑몰은 신규 여성 고객 유치를 위해 같은 제품인데도 기존 남성 고객보다 여성 고객에게만 할인쿠폰을 제공했다. 남성 고객 차별 논란에 휩싸이자 사과의 의미로 할인쿠폰을 지급했지만, 그 과정에서도 허술함을 보여 고객의 불만이 쌓였다.

이윤을 끌어올리기 위해 단골보다 신규 고객에게 혜택을 더 주는 마케팅 전략을 쓰는 곳은 한두 곳이 아니다. 이동통신사들도 기존 고객이 기기변경을 하는 것보다 신규가입을 할 때 더 큰 혜택을 주는 경우가 적지 않다.

그런데 이보다 더욱 은밀하면서 우리에게 더 큰 영향을 주는 것은 바로 금융회사들의 가격차별 정책이다. 금융회사들이 책정하는 대출 금리나 담보 조건 등은 사람마다 다르다. 더구나 상담에서 대출까지 시간이 걸리는데 가격 비교를 위해 다른 곳을 찾아가면서까지 정보를 구하고 발품을 팔기가 쉽지 않다. 이 때문에 은행이 신규 고객보다 오히려 단골에게 더 비싼 금리를 매기는 가격차별을 한다고 해도 알아채기란 매우 어렵다. 심지어 금융상품을 계약하고 난 뒤에는 피해 사실에 대해 구제받기가 쉽지 않다.

'금융회사가 언제나 내 편'이라고 믿고 있다가는 낭패를 볼 수 있다. 과거 고성장 시대에는 큰 손실을 봐도 얼마든지 메울 기회가 찾아왔겠지만, 앞으로 저성장 시대가 고착되면 한 번만 손실을 봐도 회복할 기회가 좀처럼 오지 않는다. 따라서 중요하고 큰 금액의 거래를 할 때는 단골 은행만 믿지 말고 조금 더 발품을 팔아 경쟁 은행의 조건을 확인해보고 따져보는 것이 현명하게 금융회사를 활용하는 방법이다.

요약하자면

'금융전문가니까 당연히 알아서 잘해 줄 것'이라는 안일한 생각에서 벗어나야 한다. 금융회사 직원이 상품을 권할 때는 정확한 이유를 물어보고, 어떤 문제점이 발생할 수 있는지, 장점만을 듣지 말고 단점까지 확인해야 한다."

금융회사는 이자를 많이 주지 않는다

우리는 부자가 될 꿈에 부풀어 열심히 돈을 번다. 돈을 불리겠다고 재테크에도 기웃거리며 살아왔지만, 결과는 참혹하다. 빚더미의 무게가 어깨를 짓누르고, 가계부채는 갈수록 늘어나고, 유동성이 풍부해지면서 경제에 버블이 생겼다고 하는데, 우리는 점점 더 가난해지고 있다. 대체 그 많은 돈은 누가 다 가져간 것일까? 부자로 만들어주는 데 무조건 우리 편일 것 같은 은행, 보험사, 증권사, 자산운용사 등과 같은 금융회사는 과연 우리의 재산을 불려주는 좋은 친구일까?

금융회사는 내 친구인가, 약탈자인가

은행은 어떤 기업보다 정직하고 정확하며, 배우자에게도 못 맡기는 돈을 아무런 의심 없이 믿고 맡길 수 있는 데다가, 맡기기만 했는데도 오히려 이자를 주는 고마운 곳이다. 원할 때는 언제든 돈을 찾을 수 있으며, 필요하면 돈을 빌려주기까지 한다. 이러한 기대에 어긋나지 않게 은행은 항상 친절하고 든든한 곳이다. 광고를 봐도 은행은 내 친구이자 가족 같은 존재이며, 내가 힘들 때 경제적으로 도와줄 최후의 피난처인 것 같다.

그렇다면, 은행도 고객을 친구처럼 생각하고 항상 최선을 다할까?

금융회사는 철저하게 이익에 따라 움직인다. 금융회사에서 출시한 금융 상품들 즉, 적금이나 펀드, 보험 등은 대부분 통계학이나 수학을 전공한 아주 똑똑한 전문가들의 머리를 모아서 복잡하고 어려운 통계, 수리, 확률 지식 등을 총동원하여 개발한 것이다. 따라서 금융회사는 절대로 손해 볼 상품을 판매하지 않는다. 즉 전문지식이 없는 일반인은 친절함에 속아 눈 뜨고 코 베이는 격으로 당한다는 말이다.

금융이란 금전(金錢)의 융통(融通), 곧 '돈이 오고 가는 것', '돈의 흐름'을 말하며, '이자를 붙여서 대차하는 일'이라고 할 수 있다. 이는 신용을 바탕으로 자금을 빌려주거나 빌려 쓰는 거래를 이른다. 따라서 금융은 결국 '돈놀이'다.

그렇다면, 돈놀이하는 이유는 무엇일까?

바로 이자를 붙여서 수익을 내기 위함이다. 금융회사는 결국 돈을 빌려 가는 사람이 많거나 빌려준 돈이 많을수록 수익이 극대화되는 구조를 가진다. 사람들이 번 돈으로 저축만 하면 금융회사는 수익을 낼 수 없다. 그래서 금융회사는 사람들이 빚을 내서 수익 이상의 돈을 쓰도록 유도한다. 빚을 내기 쉬운 시스템을 만들어 돈을 더 쓰라고 유혹하는 것이다.

우리나라는 OECD 국가 중 자살률이 가장 높은 나라이고, 특히 노인인구의 자살률도 세계 1위다. 거기다 초고령사회로 진입하였으며, 암울할 정도로 심각한 최저 출산율을 매년 갱신하고 있다. 높은 청년 실업률과 심각한 자산 불평등과 소득 양극화, 과도한 주택 비용, 비정상적인 교육열 등 부정적인 지표가 많은 나라가 바로 우리나라다. 그런데 현재 600만 명이 넘는 서민이 신용불량이라는 위험에 빠져 있고, 1,000만 명에 가까운 국민이 회생 불가능한 가난의 굴레에 갇혀 있다.

소비자는 항상 광고와 소비에 무분별하게 노출되고, 지금이 마지막 투자 시기인 것처럼 너도나도 유혹에 빠져 재테크에 뛰어든다. 그러나 금융이라는 판에서 개인은 결국 가진 것을 잃을 수밖에 없다. 가령, 카지노판에서는 절대 잃지 않고 벌기만 하는 사람이 있다. 이들은 판만 깔아줄 뿐, 절대 돈을 잃지 않는다. 그들은 바로 수수료를 챙기는 카지노 주인들이다. 결국, 항상 돈을 버는 사람은 운영하는 사람일 뿐, 고객은 절대로 돈을 벌 수 없으며, 이 논리는 금융 판에도 그대로 적용된다.

마이너스 대출, 신용 대출, 담보 대출 등은 부담 없이 쉽게 돈을 빌려 쓰도록 만든 계약이다. 이 계약에서 '갑'은 당연히 금융회사다. 금융회사 수익의 원천인 이자를 사람들이 갚지 못하면 계약은 그 즉시 파기된다.

심지어 펀드 같은 경우 고위험성이 있는 상품인데도 모든 위험은 고객이 감당해야 하고, 수수료까지 떼어간다. 금융회사가 펀드 가입을 적극적으로 권하는 이유는 수수료를 거저먹을 수 있기 때문이다. 은행은 단 한 푼도 손해 보지 않으면서 오직 고객의 돈으로 수익을 낸다.

금융상품을 추천하는 은행원의 친절함에 속지 말아야 하는 이유가 여기에 있다. 그들은 고객의 노후나 장기 계획과 같은 개인 사정에는 관심이 없다. 오직 세금과 수수료를 떼먹는 방법에 대해서만 전문가다. 사람들은 물건 하나를 사더라도 리뷰를 꼼꼼히 읽어보고, 가격 비교를 하고, 더 싸게 파는 쇼핑몰을 찾기도 하는데, 유독 금융상품에 가입할 때는 해당 상품 구조가 어떠하며 어떤 위험성이 있는지 꼼꼼히 살피지도 않고, 은행원의 말에 무한 신뢰를 보이며 철석같이 믿고 바로 가입하곤 한다.

고객이 제때 돈을 갚지 못할 때 금융회사는 필요한 조언 같은 것은 절대로 해주지 않는다. 특히 요즘 같은 저성장 시대가 지속될 때는 돈을 빌릴 생각을 하지 말고 갚아 나가는 일에 신경 써야 한다. 은행에서 빌린 돈은 언제 터질지 모르는 폭탄과 다름없다. 손실이라도 나게 된다면 회복하는 데 과거보다 더 오랜 시간이 걸린다.

돈주머니 차는 사람은 따로 있다

실질 이자 '연 10%' 수준의 초고금리 청년희망적금을 유치하려는 시중은행들의 경쟁이 치열했다. 이 고금리 상품은 은행 입장에서는 역마진이 우려되지만, 적극적으로 고객을 유치하고자 대대적으로 홍보하기도 하였다. 이 상품은 기존 시중 은행의 고금리 적금 상품과 달리 매달 최대 50만 원까지 불입할 수 있는 데다 은행별로 우대금리를 더해준다. 만기까지 꾸준히 납입하면 정부가 저축장려금을 최대 36만 원까지 지원해 실질적인 이자는 10%에 달한다. 15.4%인 이자소득세가 적용되지 않는 점도 매력적이다.

은행이 금리가 상승하는 데도 적극적으로 청년희망적금 유치에 나서는 이유는 당연히 은행에 이익이 남기 때문이다. 이 상품은 최소 12개월을 유지해야 기본금리를 받을 수 있다. 만약, 중도해지를 하면 금리는 1% 정도로 뚝 떨어진다.

현금 흐름은 금융상품에 가입할 때 고객이 놓치기 쉬운 부분이다. 특히, 보험 같은 경우 해약하면 해약환급금이 거의 없다시피 할 정도로 손해가 크다. 많은 사람이 예·적금에 가입할 때는 만기 때 받을 이자만 계산하지, 중도에 해지할 가능성에 대해서는 살피지 않는다. 적금이나 보험을 만기 때까지 유지하는 비율은 생각보다 매우 낮다. 10%의 인내심이 많은 사람만이 5년 이상을 유지한다. 자신이 필요로 해서 가입한 적금을 끝까지 유지하지 못하고 해약하는 이유는 미래의 현금 흐름을 예측하는 데 실패했기 때문이다.

　과거에는 은행이 공적인 역할을 하면서 서민을 위해 저금리 주택자금 대출을 해주기도 하고, 기업을 위해 산업 자본을 공급해주기도 했다. 그러나 외국인 투자자의 국내 은행에 대한 투자가 가능해지면서 금융회사는 영리 추구로 상당히 많이 개편되었다. 대주주에게 많은 배당을 해줘야 살아남는다는 압박감이 있다 보니 고객 중심보다는 주주 중심으로 전환되면서 영리를 추구하는 성향이 점차 강해지고 있다. 그러면서 금융회사는 고객의 일방적인 손해를 전제로 수익을 남기는 구조로 바뀌었다.

　금융회사가 과한 친절을 베풀며 특정 상품을 추천하는 이유는 딱 하나다. 본사에서 프로모션에 대한 할당이 떨어지면서 적극적으로 판매하라는 지시에 따라 금융상품을 판매해야 하기 때문이다. 그리고 판매도 잘 이루어져야 해당 직원도 인센티브를 받는다. 문제는 해당 상품에 대해 직원이 잘 알지 못한다는 데 있다. 판매하는 금융상품의 종류만 수백 가지가 넘어서 일일이 장단점을 파악할 수도 없다. 직원 자신도 잘 모르는 상품을 장점 위주로만 설명하면서 판매하고, 계약서에는 직원이 동그라미 쳐서 체크한 부분에 사인만 하는 형식적인 과정으로 이루어져서 그에 대한 책임인 온전히 고객이 져야 한다.

고객의 현금 흐름에는 관심이 없는 금융회사는 고객의 건강, 노후, 죽음에 대한 두려움을 자극하며 해당 상품을 적극적으로 판매한다. 간절히 필요해서 가입했지만, 생활하다 보면 돈이 필요할 때가 생긴다. 그래서 아깝지만, 해약해야 하는 피치 못할 상황이 발생하는데, 그때 발생하는 이자는 만기 때 받을 이자에 비하면 턱없이 적고, 해약환급금도 거의 없이 원금을 몽땅 날릴 위험까지 크다.

따라서 무리가 간다 싶은 금융상품은 성급하게 가입하지 않아야 한다. 당신에게 금융상품을 적극적으로 추천한 판매원은 항상 고객의 주머니를 털 궁리를 하고, 그 돈을 금융회사로 가져오도록 철저하게 교육받는다.

이자를 많이 준다고?

이자를 많이 준다는 특판예금이 뜨면 입소문이 나서 줄을 서서 가입하려고 한다. 그러나, 앞서 살펴봤듯이 우리는 이제 '의심'을 할 수 있게 되었다. 이자를 많이 준다는 것은 고객에게 좋은 상품이 아닐 것이며, 위험할 수도 있는 상품일 것이다.

제1금융권에서는 우대를 적용받아도 금리가 3% 정도지만, 저축은행은 우대까지 받으면 6%가 넘기도 한다. 이렇게 차이 나는 이유는 무엇일까?

금융기관은 제1, 2, 3금융권으로 나뉜다. 제1금융권은 예금 등을 통해 확보한 자금을 대출하여 얻는 이자 차익을 실현해 수익을 낸다. 저축은행을 제외한 시중 은행, 지방은행, 외국계 은행, 인터넷전문은행, 특수은행 등을 일컫는다.

제2금융권은 은행을 제외한 증권사, 보험사, 카드사, 캐피탈사, 저축은행, 협동조합 등 은행법의 적용을 받지 않지만, 일반 상업은행과 유사한 기능을 담당한다. 제3금융권은 제1, 2금융권에 속하지 않지만, 합법적으로 대출을 하는 기업으로 여기에는 대부업체가 속한다.

저축은행은 원래는 '신용금고' 였는데, 2001년에 상호신용금고법이 상호저축은행법으로 개정되면서 '상호저축은행' 으로 명칭이 변경되었다. 이 법을 통해 하루아침에 저축은행이라는 이름으로 환골탈태하면서 사람들이 은행과 혼동하기 시작하였다.

저축은행이 일반 시중은행에 비해 금리가 높자 자신이 피땀 흘려 번 많은 돈을 저축은행에 맡기기 시작했다. 그러나 그 돈은 불법 대출, 횡령과 비리로 빼돌려지면서 사람들의 뒤통수를 쳤다. 이자를 많이 준다는 말에 현혹되어 정작 어떤 상품인지 잘 파악하지도 못하고 가입했다가 피해를 본 사례가 많다.

2011년 영업정지를 당한 한 저축은행은 후순위채권(저축은행이 파산할 경우 예금자보호법에 따라 원금을 5,000만 원까지 보장받을 수 있어서 선순위채권자라면 먼저 돈을 받지만, 후순위채권자들은 순위가 밀려나 부채가 청산된 후에 상환받을 수 있음)으로 수많은 금융 피해자를 낳았다. 당시 사람들은 후순위채권에 대한 설명을 제대로 듣지 못했고, 영업정지가 된 이후에야 무엇인지 알게 되었다. 일반적인 채권보다 금리를 더 많이 주는 이유는, 위험하고 불안정하기 때문이다. 금리도 높은데 만기도 길어서 5년 이상 가지고 있어야 한다.

저축은행의 예금 이율이 높은 이유는 고객의 돈으로 제1금융권보다 높은 금리로 대출해주기 때문이다. 제1금융권의 대출금리가 연 5% 정도라면, 저축은행은 두 배에 가까운 금리를 적용한다. 이렇게 금리가 높은데도 대출을 받아야만 하는 사람들은 제1금융권에서 신용불량으로 대출을 거절받았기 때문이다.

은행은 고객에게 많은 이자를 주기 위해 높은 수익을 내야 하므로 위험한 곳에 투자한다. 위험하다는 것은 결국 돈을 잃을 가능성이 크다는 것이고 그 피해는 고객에게 부메랑처럼 돌아간다. 저축은행이 은행보다 높은 이자를 준다면, 은행보다 더 위험하고 실패할 확률이 높다는 것을 의미한다.

마크 트웨인은 《톰 소여의 모험》에서 "은행은 맑은 날에는 우산을 빌려줬다가 비가 오면 우산을 뺏는다"라며 은행의 영업 행태를 풍자했다. 아직도 은행장의 취임사에는 우산이 등장한다. 더는 우산을 뺏지 않을 것이며, 비가 오면 우산이 되어주고 해가 쨍쨍한 날에는 양산이 되어주겠다고 한다든가, 은행은 우산을 뺏지만 보험은 우산을 맡아뒀다가 비가 오면 우산을 빌려주겠다고 한다. 그러나 은행은 수익을 내야 하는 회사다. 사람들이 돈을 맡아두기만 하고 이자만 받는다면 은행은 망하고 만다. 또한, 안전한 곳에만 투자하도록 고객을 유도하면 벌어들이는 수입도 적어진다. 이자가 높고 위험성이 큰 상품에 고객이 투자할수록 은행은 더 많은 이익을 취할 수 있다. 예·적금, 대출처럼 간단한 상품보다는 복잡한 상품일수록 주의할 점이 많지만, 그런 상품일수록 이득이 더 많다. 은행은 애초에 모든 위험에 대한 책임은 고객이 진다고 명시했기에 아무런 걱정도 하지 않는다.

요약하자면

"금융회사는 결국 돈을 빌려가는 사람이 많거나 빌려준 돈이 많을수록 수익이 극대화되는 구조를 가진다. 사람들이 돈을 벌고 저축만 하면 금융회사는 수익을 낼 수 없다. 그래서 금융회사는 사람들이 빚을 내서 수익 이상의 돈을 쓰도록 유도한다. 빚을 내기 쉬운 시스템을 만들어 돈을 더 쓰라고 유혹하는 것이다."

03
착한 얼굴로 둔갑한
연금과 보험에 대한 불편한 진실

베이비부머(1955~1963년에 태어난 세대)의 상당수는 자녀들이 취업난을 겪으며 취업과 결혼이 늦어지고 노부모 부양에 대한 부담까지 짊어지면서 정작 자신의 노후 대비는 하지 못한 일명 '끼인 세대'로. 부모에게 효도하는 마지막 세대이자 자녀에게 버림받을 첫 세대가 되었다. 앞으로는 부모 공양은 고사하고, 자녀가 부모에게 손 벌리지 않기만 해도 고맙다고 한다.

이제 자신의 노후는 스스로 준비해야 한다. 연금으로 노년을 보내는 사람을 어르신들이 제일 부러워한다. 연금은 국가에서 실시하는 국민연금과 퇴직연금, 그리고 금융회사를 통해 개인이 선택적으로 가입하는 개인연금으로 구분된다. 그런데 금융회사에서 판매하는 연금은 종류도 많고 복잡해서 어떤 것을 선택해야 할지 결정하기 어렵다. 금융회사는 자사 상품이 노후를 완벽하게 책임져줄 것처럼 홍보하지만, 여기에는 착한 얼굴로 둔갑한 불편한 진실이 곳곳에 숨어 있다.

노후보장은 확실하다던 연금의 실체

보건복지부가 발표한 '2022 OECD 보건통계'에 따르면 2020년 우리나라 국민의 기대수명은 83.5년을 기록했다. 한국의 기대수명은 OECD 국가 평균인 80.5년보다 3년 긴 것으로, 1위인 일본 84.7년에 이어 2위다. 눈부신 경제 성장 덕에 의식주 등 생활 전반에서 삶의 질이 높아졌고, 가까운 거리에 병·의원이 밀집해 있고, 고도로 효율화된 의료 시스템에다 높은 건강보험 보장성으로 병원 문턱이 낮아졌다.

몸에 조금만 이상이 느껴져도 병원을 찾을 만큼, 마트에서 쇼핑하듯 병원 진료를 받는 것이 일상화됐다. 우리 국민 1인당 연간 외래 진료 횟수는 14.7회로, OECD 평균 연 5.9회의 2.5배에 달한다. 입원환자 1인당 평균 입원 일수 역시 19.1일로, OECD 평균 8.3일의 2배가 넘었다.

이러한 수명 증가가 축복이 될지, 오히려 재앙이 될지는 따져봐야 할 문제다. 장수 국가의 동전의 뒷면은 바로 노인 국가이기 때문이다. 노후, 건강, 죽음에 대한 두려움으로 많은 사람이 노후를 대비하기 위해 금융회사에 찾아가 보험과 연금에 가입한다. 한국은행 기준금리는 2022년 9월 2.50%로 은행의 1년 만기 정기예금 금리가 3% 내외다. 올해 1분기 국내 주식 시장과 채권 시장 모두 약세를 보이면서 관련 펀드들의 수익률은 마이너스를 기록했으며, 해외 주식 펀드의 수익률은 -9.39%였다. 평균적으로 약 10% 가까이 평가 손실을 보고 있다는 의미다.

여기에 10년 평균 물가상승률은 2.5%로, 높은 물가 상승세는 상반기까지 지속될 가능성이 높다. 물가상승률에 따라 이자가 더 불어나야 하는데 이자율도 낮고, 심지어 펀드는 손실을 기록하고 있다면, 미래를 대비하기는커녕 원금까지 까먹을 가능성이 크다.

보험금의 경우 10% 정도의 사업비를 떼고 지급하는데 그 이상의 수익률을 올리는 상품은 없다고 봐야 한다. 그런데도 금융회사는 연금 가입자에게서 꼬박꼬박 수수료를 떼어가면서 정작 수익률에는 그다지 신경 쓰지 않는다. 한 가지 불편한 진실은 가입자에게 실효수익률이 아닌 펀드 수익률만 제시함으로써 운용 성과를 왜곡하기까지 한다는 점이다.

그렇다고 기왕 가입한 연금을 해지하는 것도 쉽지 않다. 중도해지할 경우 원금을 돌려받지도 못하고 그동안 공제받은 세금을 모두 토해내야 하는 등 가입자만 손실을 본다. 장수시대, 백세시대라는 마케팅에 휘말려 결국 노후를 대비해야 하는 많은 사람이 꼼짝없이 당하고 마는 것이다.

종신보험의 달콤한 유혹

종신보험은 1990년대에 프루덴셜생명 등 외국계 생명보험사가 고학력의 보험설계사를 통해 적극적으로 판매했던 상품 중 하나로, 당시에는 만기환급금을 중시하는 특성 때문에 판매가 어려웠다. 특히, 사망 후에 보험금이 나오면 본인에겐 혜택이 없으므로 인기가 없었다. 그러다가 IMF 외환위기로 인해 인식 구조에 일대 변혁이 일어났다. 부실기업의 구조조정으로 인한 경제적 변화와 가족제도의 붕괴가 맞물린 사회적 변화로 집안의 가장들은 극심한 스트레스에 시달렸고 불투명한 미래로 인해 불안해했다.

특히 가장이 과로사나 자살, 실직 등의 무능력에 빠질 경우 행복한 가정에 닥칠 수 있는 경제적 타격을 대비해야 할 필요가 늘어났다. 이런 세태를 반영하듯 종신보험은 책임감 있는 좋은 가장의 필수 선택 요소로 자리를 잡기 시작했다. 심지어 목돈이 필요하면 중도인출하거나 담보 대출이 가능하고, 일정 기간이 지나면 연금으로 바꿔쓸 수 있다는 설명에 많은 사람이 솔깃해

했다.

그러나 월 20만 원이 넘는 금액을 납입하였는데도 종신보험은 연금보험이 아니었다는 사실이 퍼지면서 보험 관련 민원 10건 가운데 무려 7건이 종신보험 민원으로 접수되었다. 게다가 가입 비율과 해지 비율도 높아졌는데, 중도에 전체 가입자 중 약 42%가 해지했다.

도대체 종신보험이 무엇이기에 말도 많고 탈도 많은 것일까?

종신보험이란, 피보험자 사망 시 고액의 사망보험금을 보장해줌으로써 유가족의 경제적 어려움을 해결해주는 생활보장보험이다. 각종 특약으로 질병, 재해, 암 등 다양한 보장의 조합이 가능하다. 종신보험은 가장의 예기치 못한 조기 사망을 대비해서 사망보험금을 지급할 목적으로 만들어졌는데, 보험 가입자가 사망해야 보험금이 100% 나오는 상품이다. 가입자가 자신의 노후를 대비해 쓸 수 있는 연금 상품이 아니다.

일반적으로 자연사를 가정한 가장의 나이가 80세 정도라면 자녀의 나이는 50세 전후로 가장이 사망함으로써 문제가 되는 자녀 양육에 대한 의무는 사라진다. 가장의 나이가 90세가 되었을 때 받는 보험금은 무슨 의미가 있을까? 사망 후 장례비와 유산 때문이라면 종신보험보다 비용이 적게 드는 보험에 가입하고, 유산을 위해서는 따로 투자나 저축을 하는 것이 더 현명할 것이다.

종신보험은 사업비 차감이 많은 편이다. 종신보험은 가입 초기에 집중적으로 사업비를 뗀다. 10년 이내에 중도해약을 하면 돌려받는 돈은 원금의 80%에도 미치지 못한다. 종신보험 10년 유지율은 평균 30%에 불과하다. 아무리 최저보증이율이 3%가 된다고 하더라도 사업비로 빠져나가는 경우가 많으며, 위험보험료와 사업비가 연금보험보다 높은 수준이어서 같은 조건의 연금보험에 비해 전환 시 실제 수령액이 적어진다. 종신보험의 최저보증이율이 연금보험에 비해 높지만, 이를 연금으로 전환하면 3.5%에서 2%로 하락할 수 있어 유의해야 한다.

종신보험은 해지환급금이 적고 원금에 도달하려면 최소 15년 이상이 걸린다. 종신보험은 순수 저축상품이 아닌데도, 불완전 판매로 인해 많은 사람이 저축상품이나 연금상품으로 오해하고 가입하는 경우가 적지 않다.

보험사는 종신보험의 보험금 및 해지환급금 지급을 위해 납입보험료의 일정액을 적립하는데, 이 적립액의 공시이율이 은행상품보다 높다. 이에 설계사가 종신보험을 판매하면서 이 같은 사실만을 강조해 마치 저축처럼 설명하는 경우도 있을 수 있다. 그런데 여기에는 함정이 숨어 있다. 공시이율은 높지만, 이 같은 이율을 적용하는 돈이 일반 저축성 보험에 비해 훨씬 적다는 것이다. 따라서 이율이 높아도 받을 수 있는 돈은 더 적어진다.

종신보험의 주계약인 사망보험금은 평생 보장되지만, 주계약에 부가되는 특약은 별개의 계약이기 때문에 특약까지 평생 보장되지는 않는다. 이에 소비자는 종신보험의 주계약 및 특약의 보험기간이 기재된 청약서, 보험증권 등을 꼼꼼히 확인해야 한다. 또한, 주보험료는 평생 일정하지만, 갱신특약 보험료는 갱신 주기마다 다시 산정되고, 갱신보험료는 나이가 들면서 점차 높아질 수 있다. 갱신 거절의 뜻을 보험회사에 통보하지 않고 재산정된 보험료가 자동납부되면, 별도의 절차 없이 갱신되기 때문에 이 점에 대해서도 유의해야 한다.

보장성 보험은 보장 범위에 속하는 사고가 발생하면 보험료에 비해 비교적 많은 보험금을 준다. 하지만 만기가 되면 환급금이 적거나 아예 없는 상품도 있다. 저축성 보험은 만기가 됐을 때 환급금이 보험료보다 많은 편이다. 하지만 보장성 보험에 비해 보장 범위가 좁고 사고가 있을 때 보험금이 줄어들 수 있다. 그런데 종신보험은 가입자들이 보장성인지 저축성인지 헷갈려 하면서 잡음이 생긴다.

결론부터 말하면 종신보험은 저축성 상품이 아니다. 가입자가 사망하면 유족에게 경제적 도움을 주는 보장성 상품이다. 종신보험으로 노후 자금을 저축하겠다고 생각하면 안 된다. 종신보험은 평생 보장된다는 장점이 있지만, 보장 기간이 한정되는 정기보험에 비해 보험료가 상대적으로 비싸다. 이에 유지 기간이 긴 만큼 신중한 선택이 필요하다.

이미 가입한 종신보험을 유지할지 해지할지 고민이라면, 다음 몇 가지를 고려하면 된다.

먼저, 납입기간이 50% 정도 지났다면, 이미 납입한 보험료의 해약환급금을 연장 정기보험 제도를 활용하여 보험금의 재원으로 사용한다. 보장 기간을 줄이면 보험료를 더 내지 않고 계약을 유지할 수 있다. 보통 종신보험을 정기보험으로 변경하는 형태로, 종신보험을 현재까지 동일한 보장 금액의 정기보험으로 변경하는 방식이라고 보면 된다.

납입기간이 50% 이내라면, 앞으로 납입할 보험료와 향후 경제적 상황을 예측해 해약을 고려한다. 보험전문가와 조정(보험료 납입 유예 제도, 자동 대출 납입 제도, 감액 완납 제도, 연장 정기보험 제도)에 관한 제도가 있으니 상담을 통해 더는 손해 보지 않을 결정을 내린다.

가난하고 불안한 노후에 대한 프레임에서 벗어날 때

본격적으로 고령사회에 진입하면서 전체 인구의 상당 비중을 노인이 차지하고 있다. 보통 '노인'이라고 하면 '지저분하고 가난하며 귀찮고 소외된 존재'라는 이미지가 떠오른다. 노인을 비하하면서 평생 늙지 않을 것처럼 구는 젊은이들만 탓할 일은 아니다. 노인에 대한 부정적인 고정관념은 언론과 금융회사가 설계해왔다고 해도 과언이 아니기 때문이다.

현대 자본주의 사회에서는 나이 들어가는 모습은 부끄럽고 초라하다며 부정적인 이미지를 세뇌하고 나이 들어가는 것에 반대하는 '안티에이징'을 외치며 젊음을 철저하게 상품화하기도 한다. 풍족한 노년을 설계해야 한다면서 금융회사에서 내놓는 수많은 상품도 그러하다.

이때, 우리가 알아야 할 것은 '선택'이라는 경제 개념이다. 걱정과 위험을 비용으로 해결할 것인가, 아니면 본인이 스스로 노력해서 비용을 줄일 것인가 선택할 수 있다.

100세 시대에서 60세 전후에 사회생활에서 손을 떼고 은퇴하고 남은 30~40년 이상을 어떻게 살아야 할까? 경제적인 문제도 문제지만, 인간관계, 심리 정서적인 문제도 고려해야 한다. 노년이라고 해서 더 이상 제 구실을 하지 못하는 것은 아니다. 사람은 시간이 지남에 따라 신체 기능이 쇠퇴한다. 그러나 지성과 지혜, 기술과 에너지는 완전히 변화하기도 하고, 다시 새로워지기도 하며, 더 깊어지기도 한다. 생물학적 나이는 숫자에 불과하며 나이가 드는 것은 사람이 더 깊어지는 멋진 과정이다. 60세가 넘어가면 나이 들었다고 이제 노인의 길에 조금씩 접어들었으며 은퇴를 준비해야 한다는 고정관념을 깨고, 노화에 대한 재인식이 필요하다. 사실 60세라는 나이도 인생을 통찰하고 모든 것을 다 아는 나이인 것 같지만, 이제야 세상 이치를 조금 터득하고 어렴풋이 안 나이에 불과하다.

그런데도 노년, 노후, 노화에 대해 부정적인 이미지가 생긴 이유는 돈과 건강이라는 요소 때문이다. 돈이 풍족해야 자식의 지원 없이도 자립할 수 있고, 건강해야 자식의 도움 없이도 생활할 수 있다. 오래 사는데 생활 자금이 부족하고, 건강하지도 못하다면 간신히 숨만 쉬며 사는 것과 다름없을 것이다.

대한민국 노인빈곤율은 48.6%로 OECD 평균의 약 4배다. OECD 국가 중에서 압도적으로 높은데, 65세 이상 인구 중에 절반이 생계유지에 어려움을 겪고 있다. 이렇게 노후 준비가 되지 않은 이유에는 무리한 사교육비와 국민 대부분이 금융 문맹이라는 데 있다. 부동산 외에 재테크 방법에 무지하며, 퇴직연금 운용에 관심이 없는 사람도 직장인의 60%가 넘는다.

따라서 노년에 대한 새로운 프레임을 짜기 위해서 돈만 있으면 된다는 생각에서 벗어나야 한다. 물론, 돈이 중요하지 않다는 것은 아니다. 다만, 금융회사에서 말하는 것처럼 노년에 많은 돈이 필요하지는 않다는 것이다. 현실적으로 장년기까지는 결혼하여 자녀를 키워야 하는 현재에 치중하느라 노년을 계획적으로 준비하기 어렵다. 자녀를 독립시키고 나니 이제는 은퇴 시기가 되어 역시 돈을 모으기 어려운 게 사실이다.

만약, 노년 자금이 부족하다면 생활방식을 바꾸는 것은 어떨까?

저성장 시대에 도래한 대한민국에서 비용이 적게 들고 단순한 구조로 전환하면 된다. 현재 시점에서 돈을 벌 수 있는 시기를 예측할 수 있으니 그 시기 동안 모을 수 있는 돈, 은퇴 후 예상되는 생활비, 은퇴 후 노년 일자리를 통해 벌 수 있는 돈, 국민연금과 퇴직연금, 개인연금 수령액을 계산해본다. 물론, 나이가 든 후 구한 일자리의 질은 높지 않을 것이다. 그러나 은퇴라는 것은 이전 생활의 연속이 아니라 완전히 새로운 생활이다. 노년이란, 지금까지 살아보지 못했던 삶을 사는 것이다.

이제는 노년의 자금을 위해 은퇴 후 살 곳, 소득, 생활방식에 대해 고려해야 할 때다. 2019년도 국민연금공단에서 발행한 〈국민노후보장패널조사 분석보고서〉에 따르면, 노후에 기본적인 생활을 할 수 있는 월 최소 생활비로 부부는 약 194만 원, 개인은 약 116만 원을 필요로 하는 것으로 나타났다. 해당 결과는 응답자들의 주관적인 판단 결과로, 성별(남자가 여자보다 노후 생활비가 많이 필요), 연령(연령이 높아질수록 필요한 생활비가 줄어듦), 거주지역(서울이 다른 지역보다 생활비가 많이 필요)에 따라 최소 노후 생활비, 노후 자금이 약간씩 차이가 있다.

첫째, 현재 사는 곳에서 여생을 마칠 것인지, 주거비가 적게 드는 곳으로 이사할 것인지를 고려한다.

둘째, 소득을 예측해본다. 각종 연금이 수입원이 될 것이고, 추가로 노인 일자리 등 몸이 건강하다면 새로운 직업을 찾아볼 수 있다.

셋째, 생활방식에 따라 소비의 규모가 정해진다. 초반에는 취미 생활을 즐길 수 있겠지만, 노년 후반기가 되면 본격적으로 병원비가 늘어날 수 있다.

이에 대비해 얼마의 돈이 필요할 것인지 구체적인 계획이 필요하다.

"우리가 알아야 할 것은 '선택' 이라는 경제 개념이다. 걱정과 위험을 비용으로 해결할 것인가, 아니면 본인이 스스로 노력해서 비용을 줄일 것인가 선택할 수 있다."

04
펀드에 관한 불완전 판매

펀드는 여러 사람의 돈을 모아서 채권이나 주식으로 투자해 그 수익을 나눠 갖는 금융상품으로 주식형, 채권형, 혼합형으로 나뉜다. 모인 자산으로 개인투자자를 대신해서 운용해주고, 실적이 생기면 투자자들에게 돌려주는데, 이익이 나든 손해가 나든 보수와 수수료를 받기 때문에 금융회사 입장에선 이왕이면 보수와 수수료가 높은 상품을 추천한다. 이때, 원금을 날려도 은행과 자산운용회사는 책임지지 않는다.

금융회사에 대한 근거 없는 믿음

금융투자협회의 〈2021년 펀드시장 결산 보고서〉에 따르면, 전체 국내 공모펀드 설정액은 300조1,760억 원으로 집계됐다. 지난해 기준 17%나 늘었으며, 전체 설정액 증가치의 두 배를 웃돌 정도로 빠른 속도로 몸집이 커졌다. 펀드에 몰린 자금도 어마어마하고, 그에 따른 펀드의 종류도 엄청나게 많은데, 금융회사 직원이 모두 다 파악해서 개인의 상황에 맞는 펀드를 어떤 근거로 추천해줄까 궁금해진다.

상식적으로 물건을 판매하는 입장에서는 그 제품을 누구보다도 잘 알고 있어야 한다. 그래야 고객에서 최선의 서비스를 제공할 수 있다. 그러나 금융회사는 다르다. 어떤 펀드가 수익률이 높을 것이며, 해외 어딘가가 경제 성장률이 높을 테니 거기에 투자하는 펀드가 전망이 좋을 것이라며 주관적 예측에 따라 추천한다.

그런데 이는 고객 입장에서는 어처구니 없는 일이다. 그들은 자신이 잘 모르는 상품도 본사의 프로모션에 따라 추천하는데, 그것에 책임을 지지도 않기 때문에 상품의 장단점을 다 알고 가입하는 고객은 사실 거의 없다. '나보다 더 잘 아는 전문가일 테니 알아서 다 해줄 거' 라는 근거 없는 믿음으로 맹신하며 추천하는 펀드에 덜컥 가입한다. 이렇게 잘 모르는 상태에서 가입하는 '불완전 판매' 로 고객은 높은 보수와 수수료를 지급하고, 심지어 펀드의 원금 보장을 믿었다가 원금까지 잃고 마는 낭패를 당하고 만다.

자신이 피땀 흘려 번 돈으로 노후를 위해 장기간 투자할 펀드인데, 자신이 원하는 상품인지 아닌지 올바르게 판단하고 가입해야 원금을 지킬 수 있다. '펀드 초창기부터 현재까지 꾸준히 수익률이 20%를 넘는다' 는 직원의 추천에 자기 돈도 그 이상 불어날 거라는 착각에 빠져 덜컥 가입하는 사람들이 많다. 많은 사람이 은행 이자보다 높은 수익률 때문에 펀드에 가입한다. 직원이 말한 20%의 수익률이 정확히 어떤 것을 의미하는지 알지도 못한 채로.

펀드 수익률은 일시불로 돈을 넣었을 때 발생하는 이익을 기준으로 표시한다. 만약, 1,000만 원을 일시에 넣었을 때 200만 원의 수익이 발생했다면 말 그대로 20%의 수익률을 번 것이다. 그러나 고객이 매달 20%의 수익률로 착각했다면, 연수익률과 월수익률 간에는 엄청난 차이가 발생하는 것이다.

또한, 직원은 펀드를 판매하고 운용하여 유지하기 위해 필요한 비용은 빼는데, 지속적으로 고객이 이에 대한 보수 비용과 수수료를 지불해야 한다. 그런데, 고객은 자신이 낸 돈이 전부 펀드에 투자되어 사용될 것으로 생각하지만, 사실은 보수 비용을 제한 나머지 금액만 펀드에 투입된다.

이러한 점은 고객 입장에서는 사기성이 짙은 상당히 불쾌한 일이다. 상품의 위험성과 단점을 설명하지 않는 것은 상품을 왜곡하는 것이며, 그로 인한 피해는 온전히 고객의 몫이기에 사기에 가깝다.

금융회사는 깐깐하고 금융지식이 많은 고객보다 금융회사를 잘 믿는 순진하고 금융지식이 별로 없는 사람들을 주요 타깃으로 삼는다. 실제로 잘못된 투자로 피해를 본 상당수 사람들이 이런 사람들이었다.

은행은 돈을 안전하게 맡길 수 있는 신뢰할 수 있는 금융기관이라는 고정관념이 있기에 사람들은 더욱 쉽게 은행에 돈을 맡긴다. 그렇다고 은행과 거래를 안 하고 살 수는 없다. 모든 상품에는 장점과 더불어 단점과 위험성이 있으므로 상품에 대해 설명을 세세히 잘 듣고 가입해야 한다. 회사의 이익만을 생각하는 금융회사를 상대로 자기 돈을 지키려는 고객이 공정하게 거래하기 위해서는 모르면 묻고, 이해될 때까지 질문한 후에 가입해야 한다.

주식에서 채권으로 투자가 몰리는 이유

미 연준은 물가 하락이 확인되기 전까지 긴축 사이클을 지속하기 위해 기준금리를 인상하겠다는 입장을 밝혀 왔다. 우리나라 기준금리도 계속 상승하는 추세인데, 이런 상황에서 개인투자자들은 2022년 10조864억 원에 달하는 채권을 순매수했다. 작년 기준 순매수 규모의 3배에 달한다. 경기침체와 인플레이션 우려가 지속되고 있는 요즘, 동학개미 소리 듣던 개인투자자들이 우르르 채권 투자로 이동하는 이유는 무엇일까?

코로나19 사태 이후 확산된 직접 투자 열풍과 ETF의 급성장 영향으로 펀드가 설 자리를 잃어가고 있다. 소비자들이 ETF에 비해 펀드에 투자하는 매력이 크지 않다고 느끼고 있기에 '전문가에게 맡기는 안전한 투자'라는 주장이 먹히지 않는 것이다. 주식 시장의 변동성이 커진 상황에서 직접투자에서 간접투자로 흐름이 전환되지 않고 있는 이유도 이 때문이다.

실제로 2022년 8월에 금융투자협회에 따르면, 한 달에 새롭게 생긴 펀드가 185개다. 금융투자협회에서 집계하는 '최근 1개월 신규 펀드 수'는 금융당국의 승인을 거쳐 새롭게 설정된 펀드 수를 의미한다. 2016년 1월 258개로 바닥을 찍었던 신규 펀드는 300~700개 사이를 오가다 2019년 4월 말 1,016개로 정점을 찍었다. 이후 2020년 초 500개 선을 깨고 내려온 뒤 꾸준히 하락세를 이어가고 있다.

펀드 자체 경쟁력이 예전에 비해 크게 떨어진 것도 문제다. 거래의 간편함과 분산 투자 효과 등이 가미된 ETF에 비해 펀드 투자의 매력이 크지 않다. 주식처럼 쉽고 빠르게 거래가 가능한 ETF와 달리, 펀드는 환매가 번거롭고 투자 종목을 실시간으로 확인할 수 없다. 투자 중인 펀드의 포트폴리오를 알기 어렵고, 중단기 투자를 주로 하는 국내 투자자들의 특성상 바로 종목 교체가 가능한 ETF를 찾을 수밖에 없는 구조이기 때문이다. 실제로 국내 액티브 주식형 펀드 531개의 올해 평균 수익률은 -7.94%다. 반대로 같은 기간 코스피 지수 하락률이 7.83%였다. 변동성이 컸던 연초 장세에서 실력을 입증하지 못한 것이다.

팬데믹 이후 주식 시장으로 몰린 개인투자자의 자금이 국내외 증시가 부진하고, 금리가 상승하자 채권 시장으로 자금을 이동하고 있다. 더구나 증권사 입장에서는 동학개미 운동 때 유입된 개인투자자들이 증권사에서 완전히 떠나지 않도록 잡아놔야 한다. 세계 증시 상황이 그다지 긍정적이지 않은 상황에서 채권은 개인투자자들 상대로 판매하기 좋은 상품이다.

채권은 만기일까지 보유하면 원금이 보장되고 이자까지 받을 수 있다. 채권 금리와 가격은 반대로 움직이므로 금리가 올랐을 때 채권을 저가 매수해 금리가 내렸을 때 매도하면 시세차익까지 볼 수 있다.

주식 계좌에 채권이 있는 개인투자자들은 증권사를 아예 떠나지 않는다. 단기채 정도라면 개인투자자들은 예금이자보다 높고, 부도 위험도 적은 만기보유 전략으로 가도 되니 상품을 파는 증권사 입장에서도 부담이 적다. 여기에 장외채권으로 판매하면 수수료를 벌 수 있다. 그렇지 않아도 개미 투자자들 사이에서 주식 투자가 시들해지면서 수수료 수입이 급감하고 있는데 뭐라도 더 팔아서 수익을 올려야 한다.

어떻게 보면 요즘 증권사의 장외채권 판매와 개인들의 장외채권 매수는 증권사와 개인투자자가 서로 이해가 맞아떨어졌기 때문에 벌어지는 현상이라고 할 수 있다. 증권사는 채권 팔아서 돈 버니 좋고, 개인투자자는 은행예금보다 수익률 높고 주식에 비해 안전한 곳에 투자하니 좋은 것이다.

향후 경기 불안감 속에 채권에 관한 관심이 높아지고 있다. 채권 투자는 기준금리, 경기 불확실성, 채권 시장 상황 등 다양한 요소에 관심을 가지고 지속해서 체크하는 것이 중요하다.

펀드는 저축이 아니라 투자다

저축과 투자는 엄연히 다른 개념에서 접근해야 한다. 먼저 저축에 대해 알아보자.

은행의 예금 상품에 가입할 때 쓰는 가입 신청서는 일종의 차용증 성격을 지난다. '가입하는 시점'에 대출 기간과 이자율에 따라 수익률이 결정된다. 아껴서 꾸준히 돈을 모으면 원금이 보장되면서 이자를 많이 받을수록 유리하다. 이자를 많이 받으려면 제1금융권보다는 제2금융권이나 채권을 활용하는 것이 유리하다. 제2금융권의 안전성이 걱정된다면, 예금자 보호 한도 (원리금 합산 5,000만 원) 내에서 다른 은행권으로 나눠서 가입하면 된다. 절세 상품을 이용하는 것도 도움이 된다. 장기주택마련저축, 연금 및 청약저축, 세금우대상품 등 세금을 덜 내거나 연말 정산할 때 소득 공제 혜택을 받을 수 있는 상품에 집중하는 것이다.

반면에 투자는 '매도하는 시점'에 수익률이 결정된다. 팔아야 모든 것이 끝나며, 매도 시점에 가격이 올라야 돈을 번다. 가입하는 시점이 같더라도 파는 시점에 따라 수익률이 달라지고 저축과 달리 원금 손실이 발생할 가능성이 있다. 목표 수익률을 과하게 잡는 경향이 많은데, 부동산이든 주식이든 사실 2배 이상의 수익률을 내기는 쉽지 않다. 거북이처럼 꾸준한 수익을 목표로 장기적인 안목에서 지켜볼 필요가 있다. 투자 기간도 계획해야 한다. 연금처럼 20년 이상 운용한다면 주식이 나을 수 있지만, 2~3년의 단기는 주식보다는 금리의 영향을 받는 채권이 낫다.

시장은 수십 가지의 목적을 가진 다양한 사람들이 모여 만든 욕망의 공간이다. 심리적 변수에 따라 변동성이 매우 커진다. 이런 시장에서 본인의 소신이나 원칙을 세우지 않는다면 유혹에 빠지기 쉽다.

펀드에 가입할 때 잊지 말아야 할 사항이 있다.

첫째, 펀드는 투자 상품이므로 위험성이 있다. 어디에 투자하느냐에 따라서 주식형, 채권형, 혼합형으로 분류된다. 주식형은 고수익이 가능하지만,

고위험 상품으로 분류된다. 수익이 높으면 위험성도 높고, 수익이 낮으면 위험성도 낮다. '고수익, 저위험' 이라고 광고하는 상품이 있다면 세상에 공짜가 없다는 것을 기억해야 한다. 그런 상품은 세상에 존재하지 않는다고 단언할 수 있다.

둘째, 원금을 잃어도 수수료를 내야 한다. 은행에서 펀드에 가입하더라도 은행은 판매자로서의 역할만 할 뿐, 실제 펀드의 운용은 자산운용회사에서 한다. 따라서 은행과 증권회사에서는 판매 수수료를 챙긴다. 펀드 수수료에는 투자자가 지불하는 판매 비용으로 펀드를 매도할 때 내는 환매수수료, 펀드에 가입할 때 내는 선취수수료가 있다. 이뿐만 아니라 운용사, 판매회사, 수탁회사 등에서 펀드를 운용하거나 관리할 때 지급하는 비용으로 매년 펀드 잔액에 대해 일정 비율을 내야 한다. 판매보수, 운용보수, 수탁보수, 사무보수, 평가보수 등이 있으며 이를 합해 총보수라고 한다. 수수료와 보수 모두 투자자의 실질 수익률을 깎아먹는 요인이 된다.

문제는, 수익이 나면 고객 우선이 아니라 회사에서 먼저 이익금을 챙긴다는 사실이다. 심지어 수익을 내지 못했다면 죄송하다며 보수를 깎아주는 것도 아니다. 수익률이 마이너스여도 원금에서 내야 한다.

그렇다면, 도대체 어떻게 투자를 하라는 것일까?

손실은 최대한 낮추고 이익은 최대로 높이는 것을 목표로 삼아야 한다. 직원이 추천하는 수익률에 현혹되지 말아야 한다. 시장수익률보다 2~3배의 수익률을 올렸다고 하더라도 모두 과거의 데이터에 불과하다. 앞으로 이 펀드가 어떤 수익을 낼지, 같은 혹은 그 이상의 수익을 낼지는 귀신도 모른다.

원금을 모두 날려도 그들은 책임지지 않다는 점을 명심하고 자산을 예금, 펀드, 채권, 부동산 등 분산투자하는 것이 올바른 투자법이다.

요약하자면

"자신이 피땀 흘려 번 돈으로 노후를 위해 장기간 투자한 펀드인데, 자신이 원하는 상품인지 아닌지 올바르게 판단하고 가입해야 돈을 지킬 수 있다. 펀드 초창기부터 현재까지 꾸준히 수익률이 20%를 넘는다는 직원의 추천에 자기 돈도 그 이상 불어날 거라는 착각에 빠져 덜컥 가입하는 사람들이 많다. 많은 사람이 은행 이자보다 높은 수익률 때문에 펀드에 가입한다. 직원이 말한 20%의 수익률이 정확히 어떤 것을 의미하는지 알지도 못한 채로."

05

예금과 대출에 관한 함정

주식 시장 침체와 비트코인 붕괴로 갈 곳을 잃은 투자 뭉칫돈이 한국은행의 기준금리 인상으로 안전자산인 예·적금 상품으로 몰리고 있다. 당분간 예·적금 금리는 오름세를 이어갈 전망이라고 한다. 다만 '깜짝 고금리' 상품은 미끼 성격이 강해 자세히 따져볼 필요가 있다. 실제 금리가 높은 상품은 대부분 단발성이고, 가입 금액은 소액으로 제한되기 때문이다.

금융회사는 한 푼의 이자라도 더 받고 싶은 사람들의 심리를 이용해 돈을 벌고, 사람들은 금리가 높은 곳으로 몰려다닌다. '세상에 공짜 돈은 없다' 는 진리를 잊고 돈의 노예가 된 사람들은 스스로 함정에 빠지고 만다. 분명한 점은 고객을 위해 아무리 높은 금리와 조건을 내건다고 하더라도 금융회사는 절대로 손해 보는 장사는 하지 않는다는 사실이다.

예금보다 대출이 효자

금융공학은 '금융' 과 '공학' 의 합성어로 통계학, 수학 등을 활용하여 금융과 경제 분야의 다양한 문제들을 공학적 방법론으로 해결하고자 하는 학문이다. 금융 분야에서 자산관리 서비스부터 금융상품 개발까지 다양한 역할을 담당한다. 금융회사는 금융공학을 전공한 머리 좋은 사람들이 돈의 흐름을 파악하여 복잡 미묘한 수학 방정식을 통해 온갖 다양한 금융상품을 만들어내고, 0.1%의 수익이라도 더 받고 싶어 하는 사람들을 갖은 방법으로 유인한다.

사람은 돈이 되는 일이라면 불구덩이에도 뛰어들고, 공짜라면 양잿물이라도 마신다. 이러한 인간의 이기적인 욕망을 파악하고, 돈이 있는 사람들을 유혹하며 조금이라도 돈을 더 벌고 싶어하는 심리를 이용한다. 이름만 들어서는 잘 알 수 없는 파생상품을 꾸준히 개발해서 사람들의 돈을 모아 수익을 남긴다. 금융회사는 고객이 맡긴 돈으로 온갖 곳에 투자하여 돈을 창출해 내고, 여기에 고객의 돈을 더 끌어들인다.

높은 금리를 제시하는 은행으로 사람들이 갈아타도 금융회사는 손해를 보지 않는다. 급여 통장으로 가입한 주거래은행에서 적금을 들었다가 다른 은행의 금리가 더 높다고 적금을 깼다면, 그 사람은 '주거래은행'이라는 혜택을 잃었을 뿐이다. 반면에, 은행은 단골보다 새로운 고객을 유인하기 위해 미끼를 더 많이 던지고, 정작 단골에게는 찬밥 대우를 하는 속성이 있다.

은행은 고객이 은행의 실적에 얼마나 기여했는지 데이터를 수집하여 등급으로 분류한다. 그래봐야 0.1% 정도의 금리 차이겠지만, 주택담보 대출이나 마이너스 대출을 받을 때 0.1%의 금액은 무시할 수 없다.

은행 입장에서는 예·적금이 많은 고객보다는 대출금이 많은 고객을 더 선호한다. 대출 금리만 봐도 적금 금리보다 훨씬 높다. 사람들은 돈을 저금하러 갈 때는 뿌듯해하지만, 돈을 빌리러 갈 때는 눈치를 보며 위축된다. 돈을 빌리면서 꼬박꼬박 이자까지 내는데도 대출 때문에 기가 죽는다. 은행은 이런 심리를 너무나 잘 안다. 약해진 마음을 이용해 대출해주면서 갑이 되어 위압적으로 다른 금융상품을 끼워팔기도 한다.

그러나 대출을 받는 고객이 을의 입장이 되어서는 안 된다. 고객은 대출을 받으면서 적금보다 높은 금리의 이자를 내고, 은행은 이에 따라 수익을 올리기 때문이다. 은행은 예금이 많은 사람보다 대출을 많이 받고 이자를 잘 내는 사람을 더 선호한다. 이자를 얼마나 성실하게 내고, 은행의 충성 고객인지에 따라 각종 수수료를 면제해주기도 한다.

국민KB스타클럽을 예로 들면, 가장 높은 등급인 MVP 스타 등급이 되면 OTP 발급, 타행 폰뱅킹 이체, 통장 재발급, 외환 송금 수수료 등 수수료 측면에서 우대 서비스를 제공한다. 국민은행의 예·적금에 가입하면 최대 0.15% 우대금리를 제공하며, 최고 2억 원까지 무보증 신용대출이 가능하다. 이 외에도 영업점 VIP 라운지 이용, 장례용품 지원, 대여금고 무료 이용 등 다양한 혜택을 누릴 수 있다.

우대고객으로 선정되면 주거래은행 전용 금리를 적용받고, 주거래은행에 의해 신용등급이 높게 선정된다. 결과적으로 높은 대출 한도와 낮은 대출 금리를 적용받아 많은 돈을 적은 이자로 빌릴 수 있다. 신용등급이 낮으면 등급마다 약 1~2% 정도씩 대출금리가 올라간다고 하니, 0.1%의 금리라도 아쉬운 입장에선 중요한 내용이 아닐 수 없다.

한 가지 씁쓸한 점은 등급 간의 혜택 차이가 너무 크다는 것인데, 가장 높은 고객의 수십 가지 혜택에 비해 가장 낮은 고객은 이체 수수료 면제 정도밖에 없다는 점이다. 문제는 이런 사실을 일반 사람들은 잘 모른다는 것이다.

은행이 단골을 대하는 태도를 다른 가게에서 물건을 살 때 물건값을 깎아주거나 서비스로 뭐라도 하나 더 얹어주는 미덕과 같다고 생각해선 안 된다. 은행은 '얼마나 많은 수익을 올려주었느냐'로 단골의 등급을 분류하지, '오랜 기간' 단골이었다고 반가워하지 않는다. 본인이 자주 이용하기만 하면 해당 은행이 자연스럽게 주거래은행이 된다고 생각하지만, 평생 한 은행만 이용해도 주거래은행으로 선정되지 않을 수 있다.

은행이 판단하는 '주거래'의 기준은 고객이 '돈을 얼마나 맡기고 빌렸느냐'에 따라 갈린다. 따라서 평생 급여를 관리하며 예·적금까지 들어왔어도 대출을 많이 받는 신규 고객을 더 선호하고, 그 고객이 꼬박꼬박 이자까지 잘 낸다면 은행 입장에선 효자인 셈이다. 그러다가 이 고객이 대출금을 모두 다 갚으면 은행 입장에서는 더 이상 효용가치가 없으므로 등급도 내려간다.

빚 권하는 사회에서 살아남는 방법

매일 계속되는 끝없는 선택의 갈림길에서 우리는 비합리적인 선택을 할 때가 많다. 금융회사의 온갖 상술과 언론의 부추김은 우리를 빛의 세상이 아닌 빚더미로 유혹한다.

많은 사람이 신용 대출보다는 마이너스 통장을 편하게 생각하고 심지어 여윳돈처럼 생각한다. 그러나 마이너스 통장은 대출이며, 그것도 고금리 대출이다. 은행 입장에서는 이윤 창고이자 알토란같은 수익의 원천이다. 차라리 건별로 하는 신용 대출이 마이너스 통장보다 금리가 더 낮을 수도 있다.

그러나 이런 사실을 은행은 제대로 알려주지 않는다. 더구나 대출과 예금의 금리 산정 방식에서도 은행은 정교한 상술을 놓치지 않는다. 가령, 대출은 단 1시간만 빌렸다가 갚아도 하루치 이자를 받아 간다. 반면, 예금은 목돈을 예치해도 밤 12시 기준으로 하루가 넘어가야 하루치 이자를 지급한다.

또한, 한국은행이 기준금리를 올리면 금융회사도 금리를 높이는데, 대출 이자는 빠른 속도로 일제히 다 올리지만, 예금은 특정인만을 대상으로 까다로운 조건을 건 고금리 상품을 내걸며, 광고만 휘황찬란하게 한다.

금융회사는 유동성이 풍부할수록 아쉬움이 없어 고객 관리를 소홀히 한다. 이럴 때일수록 우리는 부지런히 최신 정보를 검색하여 좀 더 현명하게 은행을 이용해야 한다.

하나, 높은 이자의 덫에 빠지지 않기

이자가 높아지면 사람들은 이자를 조금이라도 더 주는 금융회사로 움직인다. '고금리는 곧 고위험' 이라는 사실을 망각한 채 불나방처럼 뛰어들려고 한다. 그러나 금융회사는 아무 이유도 없이 고객의 통장을 뚱뚱하게 부풀려주기 위해 이자를 많이 주지 않는다.

고금리 상품에는 각양각색의 조건이 따라붙는다. 우선, 단골보다 신규 고객에게 혜택이 더 크다. 우대금리라고 내세우는 미끼 상품에는 별도의 조건을 내걸어 금리로 고객을 차별한다. 카드를 만들든가, 제휴 쇼핑몰에서 물건을 얼마 이상 구입해야 한다든가, 보험 가입 등 조건을 채워야 기본금리에 우대금리까지 적용받는다. 금리가 아무리 높아도 월 최대 불입할 수 있는 금액은 적거나 한정되어 있으며 기간도 짧다. 더구나 적금은 해약률이 높은데, 만기를 못 채우면 약정이자보다 턱없이 낮은 이자를 받는다. 금융감독원에 따르면, 2020년에 이렇게 은행에서 특판으로 내놓은 금융상품에 가입한 사람 중 최고 우대금리를 받은 고객은 13%에 그쳤으며, 만기가 되어 실제로 받아 간 평균 금리는 은행이 제시한 최고 금리의 80%에 그쳤다.

매달 불입하는 적금과 목돈이 있는 예금 간의 이자 차이도 있다. 매달 넣는 적금은 납입액이 적어서 은행 입장에는 이자 부담이 없는 반면, 목돈이 들어 있는 예금은 이자가 매우 적은 편이어서 액수 대비 거의 공짜 이자에 가깝다. 그래서 금융회사로서는 적금이 아무리 고금리 상품이어도 밑질 게 전혀 없는 장사다.

둘, 통장 나누기

월급 통장을 지출 통장과 저축 통장으로 나눈다.

미국에서 은행 계좌를 신청하면 개인수표, 직불카드, 온라인 결제 등 다양한 방법으로 쉽게 지출에 이용할 수 있는 당좌 계좌(Checking account)와 예금한 돈에 이자를 적립할 수 있는 저축 계좌(Saving account)를 동시에 만들어준다. 이 때문에 미국에서는 은행 거래를 시작하는 것과 동시에 지출 통장과 저축 통장으로 자연스럽게 통장이 나뉜다.

하지만 우리나라에서는 지출 통장과 저축 통장을 분리하는 게 그리 익숙하지 않다. 급여 통장에만 돈을 쌓아 두면 계획 없이 지출하게 돼 잔고가 금세 바닥을 드러낸다. 따라서 이와 같은 현상을 막으려면 통장을 지출 통장과 저축 통장으로 분리하고, 지출 통장의 잔고를 엄격히 관리해야 한다. 통장의 돈은 급여일에 딱 1번 돈을 옮겨두는 것으로 딱히 돈에 신경 쓰지 않아도 되는 시스템을 만들어 습관으로 들인다. 지출 습관과 저축 습관을 만들기 위해 통장을 일반적으로 4개(급여 통장, 투자 통장, 소비 통장, 예비 통장)로 나눠 쓰는 방법도 있는데, 개인의 상황에 맞게 분리하여 사용하는 게 좋다.

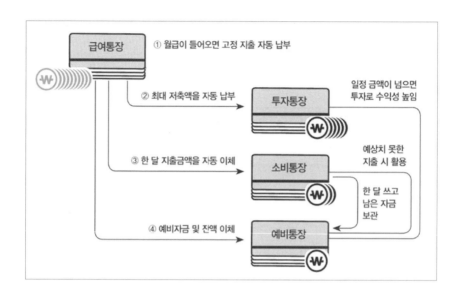

급여통장 ① 월급이 들어오면 고정 지출 자동 납부

② 최대 저축액을 자동 납부 → 투자통장 — 일정 금액이 넘으면 투자로 수익성 높임

③ 한 달 지출금액을 자동 이체 → 소비통장 — 예상치 못한 지출 시 활용 / 한 달 쓰고 남은 자금 보관

④ 예비자금 및 잔액 이체 → 예비통장

셋, 수익률 끌어올리기

은행은 돈을 싸게 빌려야 수익을 많이 낼 수 있다. 이자를 거의 주지도 않고, 공짜로 고객의 돈을 이용하다시피 하던 예금이 빠져나가자 은행의 예대마진이 줄어들었다. 은행 입장에선 보통예금 통장의 돈은 이자를 거의 주지 않았기에 고마운 돈들이었다. 예·적금은 가장 접근이 쉬우면서도 친숙한 저축 방법이긴 하지만, 그 안에서도 수익률을 최대한 끌어올리는 방법이 있다.

특히, 금리 하락기냐 인상기냐에 따라 예·적금 대한 전략은 완전히 달라진다. 우선 금리 하락기에는 고정금리를 보장하는 적금 중에 만기가 긴 자유적립식 상품에 충분히 가입해두는 것이 좋다. 일단 가입만 해두면 불입 여부는 시장 상황을 봐가면서 판단할 수 있기 때문이다.

반대로 금리가 올라가는 상황에서는 장기적금 상품보다는 비교적 만기가 짧은 1년짜리 정기예금이나 정기적금을 매달 연속적으로 가입하는 것이 더 낮다. 그러면 금리가 인상되는 것에 맞추어 점차 높은 금리로 옮겨갈 수 있으므로 금리 손실을 피할 수 있다.

하루만 맡겨도 이자를 주는 곳은 다수의 증권사 CMA다. 현재 기준으로 2.3%의 금리를 주는 데 반해, 이제 은행에서도 매일 이자를 준다는 반가운 소식도 있다. 이런 틈새시장을 파고든 곳은 제1금융권 인터넷 은행이다. 토스뱅크에서는 연 2% 통장을 출시하면서 '파킹통장'으로 이름을 알리고 있다. 파킹통장은 잠깐 주차하듯 은행에 돈을 예치해도 웬만한 정기 예·적금보다 많은 이자를 주는 수시입출금식예금을 말한다. 여윳돈이 생기거나 마땅한 투자처가 없을 때 잠시 돈을 넣어두기에 좋다.

토스뱅크의 파킹통장은 하루만 돈을 맡겨도 연 2% 금리(잔액 1억 원 이하)를 주며, 은행권 처음으로 '일 복리'를 적용해 매일매일 이자를 제공한다. 매일 이자를 받으면 이자에 잔액까지 더해져 다음 날 이자도 복리로 계산돼 월복리보다 더 많은 이자를 받을 수 있다. 매일 이자를 받기 위해 토스뱅크 앱에 접속해야 하므로 토스뱅크 입장에서는 충성 고객도가 높아지는 효과를 얻는다.

그동안 고객은 은행이 정한 날짜에만 원금과 이자를 수령할 수 있었지만, 이와 같은 상식을 깸으로써, 공급자 위주가 아니라 수요자 관점에서 금융을 재해석한 것이다. 파킹통장의 인기에 힘입어 또 다른 인터넷은행인 카카오뱅크(1억 원까지 연 2.2%)와 케이뱅크(3억 원까지 연 2.3%)에서도 금리 경쟁이 붙어 파킹통장을 운영하고 있으니 참고하면 좋겠다.

넷, 채권에 관심 두기

예·적금으로 안전하고 어렵게 종잣돈을 모았다면 만기에 찾은 목돈을 허투루 쓰지 않도록 노후 보장이나 내 집 마련, 결혼 준비 등과 같이 장기적인 목표를 확고히 세워야 한다. 이때 눈여겨봐야 할 것이 바로 채권이다. 우리나라에서는 채권 투자가 일반인에게 큰 관심을 끌지 못하고 있지만, 선진국에서는 노후 대비를 위한 유용한 투자 대안이다.

일반 투자자가 채권에 직접 투자하기는 주식보다 어려우므로 국공채와 초우량 기업 채권에 투자하는 채권형 펀드가 대안이 될 수 있다. 예를 들어, 은행 금리가 1%, 국공채가 3%일 때, 10년 만기 기준으로 예금에 예치했다면 10%의 이자소득을, 국공채에 투자했다면 30%의 이자소득을 얻을 수 있다.

채권값과 금리는 거꾸로 가는데, 금리가 오르면 채권을 팔고자 하는 투자자의 심리가 강해진다. 금리가 지금처럼 상승하고, 더 오를 수 있다는 전망이 나오면 국공채보다는 예금 쪽으로 투자가 몰린다.

한국은행 기준금리 변화 그래프

※ 한 해에 기준금리가 1회 초과 변경된 경우, 통일한 년도로 2개 이상의 금리 표시 (실제 금리가 변동된 상세 월 정보는 하단 기준금리 변화 도표 참조)
※ 2008년 2월까지는 콜금리 목표 금리 기준 이며, 2008년 3월부터는 한국은행기준금리.

성공적인 투자기법은 낮은 가격에 싸서 비싸게 팔아 수익을 내는 것이다. 금리 인상기이기 때문에 국공채에 투자해야 하는 것인데, 금리가 무한정 오르지는 않기 때문이다. 금리가 오르면 대출이자가 올라가고 이를 갚지 못해 가계부채가 심각해지고, 기업 파산의 우려까지 생긴다. 소비 위축은 경기침체를 유발하므로 수준 이상으로까지 금리를 올릴 수는 없다.

외환위기 직후, 글로벌 금융위기 직후에도 한국은행 기준금리는 5.25%를 넘지 못했다. 국공채를 여러 차례 나누어 매수하면 낮은 가격에 채권을 매수할 수 있고 향후 금리를 낮추는 상황이 되었을 때 채권가격 상승에 따른 차익을 거둘 수 있다.

다섯, 세금 피하기

물건을 살 때 우리는 이곳저곳을 돌아다니며 가격비교를 해서 제일 저렴하고, 서비스를 하나라도 더 주는 곳을 선택한다. 대출할 때도 마땅히 그래야 한다.

많은 고객이 적은 금리로 예금을 하면, 은행은 그 돈을 높은 금리로 대출함으로써 이자 장사를 통해 수익을 올린다. 따라서 같은 은행일지라도 지점에 따라, 실적에 따라 금리가 다르다.

"기준금리 + 가감산 금리(가산금리-우대금리) = 대출 적용금리"

대출금리는 위의 공식으로 계산한다. 기준금리는 나라의 기준이 되는 금리로 모든 은행에서 동일하게 적용한다. 가감산금리는 은행의 이익이 되는 부분이다. 모든 은행의 금리가 같다면, 은행이 지금처럼 수십 군데가 있을 필요도, 경쟁할 필요도 없다. 중요한 것은 우대금리다. 우대금리는 VIP와 같은 주요 고객에게 은행 재량으로 금리를 할인해주는 것으로 영업 직원과 지점장의 재량에 따라 차이가 난다. 신용카드 결제부터 급여 이체까지 신용등급이 높을수록, 직장이 안정될수록, 대출기간이 길수록, 담보 비율이 높을수록 우대금리가 상승한다. 다양한 명목을 붙여 금리를 덤으로 붙여주는데, 지점장이 마음먹기에 따라서는 0.1~0.2%포인트는 더 받을 수 있다.

쇼핑몰이나 백화점에서 정기세일을 하듯, 금융회사에서도 특판 금리로 고객을 유인한다. 특판은 말 그대로 '특별판매'라서 한시적으로 판매하기 때문에 한도가 소진되면 마감된다. 제 가격에 물건을 사면 밑진 느낌을 받듯이 금융회사에서도 특판 예금이 나올 때 가입하면, 한 푼이라도 더 건질 수 있다.

적금이나 예금 만기 때 수령하는 이자가 금리보다 현저하게 적은 이유는 바로 이자 소득세 때문이다. 일반 과세의 경우 15.4%로 소득세 14%에 주민세 1.4%까지 적용한다. 예·적금 상품에 처음 가입할 때 많이 간과하는 것 중 하나이기도 한데, 제대로 이익을 따지려면 세전 이자와 세후 이자의 차이를 비교할 수 있어야 한다.

비과세 종합저축은 받을 수 있는 조건이 까다로운데, 일반적으로 만 65세 이상 5,000만 원 한도 안에서 비과세 혜택을 받을 수 있다. 세금 우대 저축은 만 20세 이상 최대 3,000만 원 한도 안에서 농특세 1.4%만 부과하는 방식으로 제1금융권 은행이 아닌 새마을금고, 농·축협, 수협회원조합, 신협, 산림조합 등에서 받을 수 있다.

주거래 은행도 중요하지만, 버젓이 있는 비과세 및 세금 우대 상품을 활용하지 못하는 것은 굴러들어온 권리를 버리는 것과 다름없다.

　일찍 일어나는 새가 모이를 많이 찾는다고 했다. 돈 역시 부지런한 사람일수록 더 많이 모을 수 있다. 지갑 안에 저절로 돈이 굴러들어오지 않는다. 날이 갈수록 영악해지는 금융회사에 맞설 길은 스스로 공부하면서 정보를 찾는 길밖에 없다.

요약하자면

"매일 계속되는 끝없는 선택의 갈림길에서 우리는 비합리적인 선택을 할 때가 많다. 금융회사의 온갖 상술과 언론의 부추김은 우리를 빛의 세상이 아닌 빚더미로 유혹한다. 많은 사람이 신용 대출보다는 마이너스 통장을 편하게 생각하고 심지어 여윳돈처럼 생각한다. 그러나 마이너스 통장은 대출이며, 그것도 고금리 대출이다. 은행 입장에서는 이윤 창고이자 알토란 같은 수익의 원천이다."

06

허울 좋은 혜택의 사기성

'무담보 · 무보증 30일 무이자', '누구나 300만 원 즉시 입금', '직장이 없어도 누구나 즉시 입금' 이라며 TV에서도 광고를 많이 하는 대부업체에서는 '한 달간 무이자로 돈을 빌려줄 테니 일단 한번 써보고 갚으라'고 소비자를 유인한다. 법정 최고금리를 받는 대부 업체에서 무이자라니, 당장 돈이 필요한 사람에게 매우 혹하는 정보다. 부담 없이 써보고, 한 달 안에 갚으면 될 것으로 생각되겠지만, 사실 여기에는 교묘한 덫이 도사리고 있다.

제1금융권에서는 이제 돈을 빌릴 수 없도록 신용등급을 떨어트리기 위해서다. 금리가 제일 낮고 안정적인 제1금융권에만 가려는 사람들로 인해 초조해진 대부업체는 30일 무이자 혜택으로 사람들을 유인한다. 대부업체를 이용했다는 사실과 과조회만으로 신용등급은 하락하는데, 추후 제1금융권에서는 물론이고, 2금융권에서마저도 대출이 거절되고 만다.

신용카드는 이득일까, 독일까

신용카드는 두툼한 지폐와 동전을 들고 다니지 않고 카드 한 장으로 언제 어디서나 소비 생활을 누릴 수 있는 편리한 도구다. 디지털 환경에서 점차 편리성과 실용성을 중시하는 사람들은 스마트폰만 들고 다니며 다원화된 간편결제 방식을 선호하기도 한다.

당장 현금이 없어도 소비할 수 있는 신용카드 결제 방식은 화폐 경제에 혁신을 가져왔지만, 그 편리함의 이면에는 빚더미라는 덫이 도사리고 있다. 수중에 현금이 없어도 지출할 수 있는 신용카드는 결국 빚을 내서 소비하도록 영위하기 때문이다.

신용카드는 빚이지만, 빚이 아닌 척 철저히 위장했기에 아무도 경계하지 않고 신용카드의 편리함에 빠져들었다. 심지어 정부까지 신용카드를 권하며 연말정산에 소득공제를 해주고 있으니 이 또한 '빚 권하는 사회' 라고 해도 지나치지 않다.

금융회사는 교묘하고 세밀한 기술을 이용해 고객의 지갑에서부터 이윤을 창출해내는데, 카드사도 마찬가지로 소비자가 카드를 쓰게끔 유혹하는 고도의 영업 전략을 펼친다. 카드사는 결제 대금에 대한 일정 비율의 수수료가 주 수입원이다. 따라서 소비자가 카드를 많이 쓸수록 더 많은 돈을 번다. 이때 카드사가 주로 쓰는 무기는 카드의 할인 혜택과 포인트다.

소비자가 카드를 쓸 때마다 쌓이는 포인트는 서비스로 이득인 것처럼 착각하게 만들지만, 포인트에 현혹되면 불필요한 지출을 하게 만든다. 더구나 혜택이란 것도 따지고 보면 사실 적다. 만약, 카드사에 손해가 될 것 같은 정도로 큰 혜택이 있다면, 카드사에 불리할 정도의 이익을 소비자에게 계속 줄 리 만무하다는 점을 상기하자.

보통 일정 금액 이상을 써야 할인해주거나 포인트 혜택을 준다. 이를 받기 위해 한도를 맞추다 보면 불필요한 소비로 이어진다. 결국, 카드 혜택으로 돈을 아낄 수 있을 거라는 생각은 소비자의 착각이다.

카드사는 VIP 제도를 통해 고객이 많은 돈을 써서 포인트가 높아지면 VIP로 우대한다. VIP가 되면 수십 가지 혜택이 있고, 특별한 사람이 된 것 같지만, 쓴 돈에 비해 돌아오는 혜택은 미미하다. 소비에 대한 자제력을 무너뜨리기까지 하므로 오히려 독이 되기까지 한다.

카드사가 제공하는 할인율도 상한선을 설정해놓았기 때문에 애당초 할인을 많이 받을 것으로 생각한 것에 비해 평균 몇천 원 정도에 그친다. 카드사가 만든 방정식의 덫에 걸려 긁는 데 익숙해진 소비자는 지출하는 과정에서도 사용이 최대한 쉽고 간단한 카드에 익숙해져서 치밀한 소비를 하지 못하게 된다.

카드가 가진 함정 중 선포인트 결제 방식은 기본적으로 '가불'에 바탕을 두고 있다. 선포인트 결제는 미래에 얼마만큼 반드시 써야 쌓인 포인트로 제값을 깎아주도록 설계되었다. 즉, 미래에 갚아야 할 빚을 포인트로 바꾼 것이다. 소비자 입장에서는 당장 돈이 나가지 않으므로, 포인트로 빚을 갚는 혜택을 받은 것 같다.

그러나 덫은 바로 여기에 있다. 포인트로 깎은 만큼 일정 기간 안에 반드시 결제한 카드를 사용해야 하고, 그렇지 않으면 현금으로 토해내야 한다. 이 세상에 공짜는 없으니 말이다.

선포인트에 현혹되어 무턱대고 결제했다가 포인트를 채우지 못해 현금으로 갚는 사례가 갈수록 급증하고 있다. 냉정한 카드사는 여기에 또 하나의 덫을 놓았다. 결제 금액을 한 번이라도 연체하면 연체 이자도 내야 하지만, 포인트 적립도 거부당함으로써 이중, 삼중의 손해를 입을 수 있다.

카드사는 소비자를 위한 다양한 혜택을 부여한다고 하지만, 대부분 빛 좋은 개살구에 그친다. 소비자가 모르는 사이에 연회비를 올리기도 하고, 포인트 적립률을 점차 낮추면서 제대로 통보해주지 않는 경우도 많다. 신규 카드를 발급받게 하려고 유혹할 때는 온갖 할인과 혜택을 주다가 카드사의 이익이 조금이라도 줄어들면 슬그머니 바꿔버리는 행태가 되풀이되고 있다. 결국 카드사의 덫에 빠지지 않으려면, 소비자 스스로 똑똑해지는 수밖에 없다.

대출 이자보다 비싸고 교묘한 할부 이자

사람들은 똑똑하고 합리적인 소비를 원한다. 1만 원도 안 되는 상품이라도 포털에서 가격비교를 하고 리뷰를 꼼꼼히 읽은 후에야 장바구니에서 구매하기로 넘어간다. 그렇다면 자동차는 어떨까? 자동차는 부동산 다음으로 비싼 자산으로 한번 선택하면 바꾸기도 쉽지 않다. 따라서 자동차를 살 때는 모델과 연식, 옵션, 구매처와 판매인에 대한 정보까지 미리 꼼꼼하게 알아보고 구매하기 마련이다. 자동차는 고가이기 때문에 대부분 현금보다는 카드 할부를 선택한다. 그런데, 할부를 선택할 때는 판매인이 권하는 상품을 쉽게 받아들이는 함정에 빠진다.

자동차를 구입하고 결제하는 방식에는 현금 일시불 방식, 대출받아 구입후 일정 기간 원금과 이자를 갚아 나가는 방식, 카드 할부 방식이 있다. 특히, 할부로 차를 사면 이자 부담 때문에 훨씬 더 큰 비용이 든다.

먼저, 제1금융권 자동차 대출 중에 가장 대표적인 신한은행 자동차 대출

상품의 최저금리는 연 2.95%(2022년 5월 기준)다. 그런데 이 최저금리는 아무나 적용받는 것이 아니다. 기본금리에 우대금리까지 적용받아서 최저금리를 받으려면, 신용점수와 조건이 맞아야 한다.

자동차 구입 시 많은 사람이 이용하는 캐피탈사는 제1금융권 자동차 대출보다 신용점수 등 조건이 덜 까다로운 대신에 금리는 비교적 높은 편이다. 게다가 세부적인 금리 조건을 보면 선수금을 10% 이상 납부를 해야만 금리를 할인해주는 경우가 대부이다. 최근에는 카드사들도 새로운 수익원 확보 차원에서 앞다퉈 자동차 할부금융 시장에 뛰어들면서 카드사들의 비중이 빠르게 확대되고 있다.

문제는 자동차를 담보로 한 대출이기 때문에 담보가 확실한데도 할부 금리가 높다는 데 있다. 이러한 할부 금리에는 자동차 영업 사원에게 지급되는 수수료 등 각종 비용이 포함되어 있다. 이 때문에 차를 살 때 은행권에서 돈을 빌리면 이자 비용을 더 줄일 수 있는데도 이를 잘 알지 못해 신용카드 할부로 차를 사는 사람들이 많다.

더욱 교묘한 빚은, 아예 할부라는 인식조차 못 하게 만드는 데 있다. 스마트폰을 구입할 때 대부분 약정 할부를 하지만 이를 빚으로 인식하는 사람은 거의 없다. 사실 스마트폰 할부 이자율은 초저금리 시대를 무색하게 할 정도로 높은 편이다. 만일 통신사가 스마트폰 계약서에 10만 원에 가까운 이자를 내야 한다는 것을 명시한다면 굳이 이런 이자를 내고 할부를 택할 고객들은 많지 않을 것이다.

더 황당한 일은 시장 금리가 지속적으로 하락하는 동안에도 통신사들의 할부 금리는 요지부동이었다는 점이다. 사실 스마트폰 할부금은 통신 요금과 함께 청구되기 때문에 부실로 연결될 가능성이 낮은 편인데도 이처럼 높은 금리를 매겨왔다.

보통 스마트폰을 구매할 때 단말기 가격에 대한 할부는 통신사 약정 기간과 동일한 24개월로 설정하는 것이 일반적이다. 하지만 몇몇 판매점과 대리점들은 할부 기간을 48개월로 늘려 매월 내는 할부금을 줄이는 방식으로 소비자를 현혹하고 있다. 월 할부금이 줄어드니 통신료와 단말기 할부금을 포함하는 월 납입액이 줄어드는 것 뿐인데, 마치 스마트폰 가격을 할인해 주는 것처럼 속인다.

할부 기간을 늘려 월 납입액을 줄이는 것이 좋다는 소비자도 있을 것이다. 하지만 할부 이자를 생각한다면 눈먼 돈을 날리는 꼴이 되니 잘 따져봐야 한다. 이동통신 단말기의 할부 이자는 연 5.9%로 통신 3사가 약속한 듯이 10년 넘게 동일하게 적용하고 있다. 할부 기간이 늘어나면 내야 하는 할부 이자도 늘어난다.

요즘 고성능 스마트폰 가격은 100만 원이 훌쩍 넘는다. 가령, 아이폰 12 Pro Max의 출시 가격은 149만 원이다. 이를 24개월 할부로 구입하면 총 할부 이자가 9만3,294원이다. 하지만 48개월 할부로 구입하게 되면 할부 이자만 18만 6,372원이다. 48개월 할부는 월 납입액을 낮추지만 실제로는 24개월 할부보다 약 9만 원 정도 더 비싸게 사는 것이다. 여기에 더해 배터리 성능 저하나 업그레이드 사양에 따라 단말기 교체 기간이 2~3년 정도라는 점도 감안해야 한다. 4년 동안 발이 묶여 있다 보니 신규폰 교체도 쉽지 않다. 제품을 꼭 교체해야만 하는 상황에선 단말기 비용 부담을 이중으로 지불해야만 한다.

이 같은 '숨은 빚'의 경우에는 소비가 빚이라는 사실을 잘 모른다는 점을 악용한다. 더 이상 얄팍한 상술에 당하지 않으려면 소비자가 꼼꼼히 따져봐야만 한다.

요약하자면

"당장 현금이 없어도 소비를 할 수 있는 신용카드 결제방식은 화폐 경제에 혁신을 가져왔지만, 그 편리함의 이면에는 빚더미라는 덫이 도사리고 있다. 수중에 현금이 없어도 지출할 수 있는 신용카드는 결국 빚을 내서 소비하도록 영위하기 때문이다. 신용카드는 빚이지만, 빚이 아닌 척 철저히 위장했기에 아무도 경계하지 않고 신용카드의 편리함에 빠져들었다. 심지어 정부까지 신용카드를 권하며 연말정산에 소득공제를 해주고 있으니 이 또한 '빚 권하는 사회'라고 해도 지나치지 않다."

6장

잘못된 금융의 대안은
무엇인가?

빚으로 시작된 독일, 러시아, 남미, 남유럽 국가재정은 어떻게?

모든 위기는 빚에서 시작한다. 경기침체가 우려되는 가운데 물가와 금리, 환율이 동시에 오르는 3고(高)로 인한 복합위기 상황에 닥치고 말았다. 복합위기 요인 중 가장 우려되는 점은 금리 상승과 가계부채, 글로벌 경기침체, 고물가를 꼽을 수 있다. 국내·외 환경 모두가 한국 경제를 옥죄고 있거나 언제든 옥죌 수 있다.

특히, 가계부채는 기업 부채와는 비교도 할 수 없을 정도로 큰 비극을 낳는다. 가계부채 위기 사례는 2008년 미국발 서브 프라임 사태가 대표적이다. 금융기관이 신용이 낮은 사람들에게까지 무차별적으로 주택담보대출을 늘려주는 바람에 발생했다. 부동산값은 항상 오르기만 하는 줄 알았던 미국은 2008년에 버블이 꺼지면서 심각한 경제위기를 겪었다.

가계부채는 개인파산, 은행 파산, 기업성장률 하락과 기업 도산, 국가 재정 부실이라는 악순환의 사이클의 도입구가 될 수 있다. 다행히 가계부채와 기업부채까지는 국가가 나서서 수습할 수 있지만, 국가부채는 국가가 무너지는 것으로 나라가 망하면 방법이 없다. 과거에도 국가부채로 무너졌던 나라들이 있었다. 사례를 살펴보면서 위기에 빠진 한국 경제의 돌파구를 찾을 수 있을지 알아보자.

수습할 수 없는 초인플레이션에 빠진 나라: 독일, 짐바브웨, 베네수엘라

초인플레이션(Hyper Inflation:통제가 불가능할 정도로 극심한 인플레이션 현상이 나타나는 상황)은 재화와 서비스의 가격이 매월 50% 이상 상승하는 경우를 말한다. 그 속도가 워낙 빨라 빵 한 개 가격이 하루 만에도 아침보다 저녁에 천정부지로 올라간 정도라고 할 수 있다. 초인플레이션으로 유명한 국가로는 1923년 독일, 2006년 짐바브웨, 2016년 베네수엘라가 있다.

1920년대 독일 바이마르 공화국 때, 제1차 세계대전을 통해 독일의 화폐 발행은 기존 화폐량의 4배 이상으로 증가했다. 화폐의 엄청난 발행을 시작하였던 초기에는 수출 비용을 낮추고 경제 성장을 증가시키는 부양책이 되기도 하였다.

하지만 전쟁이 끝났을 때 연합군은 독일에 전쟁 배상금으로 1,320억 마르크(현재 가치 환산 시 약 300조 원)를 요구했다. 여기서 중요한 것은 배상금을 마르크가 아니라 금이나 외환으로 지불해야 한다는 점이다.

배상금 마련을 위해 독일 정부가 선택한 것은 채권을 발행하여 중앙은행, 즉 독일제국은행이 인수하도록 하는 것이었다. 중앙은행은 이를 인수하기 위해 화폐 발행을 남발하였다. 화폐량 증가로 물가상승이 지속될 것이라고 예상되자, 물가가 상승하기 전에 미리 물건을 구입하려는 사람들이 몰림에 따라 물가상승은 더욱 가속화되었다. 물가상승으로 실질임금이 하락한 노동자들은 임금인상을 요구하고 이것은 다시 물가상승의 원인이 되었다.

시간이 지날수록 화폐의 실질 가치가 하락하기 때문에 저축할 이유가 없어지고, 채무자들은 채무의 상환을 계속 미루게 되는데, 그 이유는 물가상승 상황에서는 시간이 지날수록 채무의 실질 가치가 떨어져 상환을 미룰수록 이익이 되기 때문이다. 이런 것은 결국 투자의 위축과 기업의 부도로 이어졌다.

물가상승은 곧 화폐 가치의 하락을 의미한다. 따라서 외환 투자자들은 마르크화를 팔고 가치가 안정된 다른 통화를 매입하려고 했다. 그리고 독일에 들어와 있던 외국인의 예금이나 자산이 독일에서 빠져나가자 마르크화의 환율이 절하되었다. 미국 달러 대비 독일 마르크화 환율은 1921년 초 60마르크 수준이었다. 그 후 인플레이션과 더불어 환율도 급격히 상승하였는데, 1923년 11월 달러 대비 환율은 무려 4조 2,000억 마르크에 이르렀다. 환율의 상승은 수입물가의 상승을 초래하고 이것은 다시 인플레이션의 원인이 되었다. 즉, 인플레이션은 환율 절하를 가져오고, 환율 절하는 수입물가 상승을 통해 다시 인플레이션을 가속화했다.

빵 하나 사려면 돈을 수레에 싣고 가야 할 정도였으며, 회사에서는 월급을 하루 단위로 줘야 했다. 돈 부피가 너무 커져서 한 달 단위로는 갖고 갈 수 없었기 때문이다. 집에서 수레를 갖고 와서 급여를 가져가는 일이 자주 벌어졌고, 물건을 살 때도 수레에 돈을 싣고 가야 할 정도였는데 수레 가치가 수레에 실린 돈 가치보다 높아 사람들이 수레는 훔쳐가도 돈은 그대로 됐다고 한다.

이렇게 엄청난 수준의 인플레이션은 1924년 독일이 '렌텐마르크'라는 새로운 화폐를 도입하고 그 발행을 엄격히 제한함으로써 진정되었다. 승전국들이 배상금을 삭감하기로 양보한 것도 물가 안정의 한 요인이 되었다. 1920년대 초의 이 초인플레이션은 그 후 독일 경제에 여러 가지 면에서 큰 영향을 미쳤다.

이런 증발을 막기 위해서 중앙은행은 물가 안정을 최고의 정책 목표로 설정해야 하며, 재정적자 조달이나 경기 부양을 위한 행정부나 정치권의 통화 증발 압력을 막는 것이 무엇보다 중요하다. 이러한 교훈 덕분에 2차 대전 이후 독일의 중앙은행인 분데스방크(Bundesbank)는 세계 그 어느 나라의 중앙은행보다 물가 안정을 최우선의 정책 목표로 삼았다. 그리고 독일은 세계에서 물가가 가장 안정된 국가로 성장하였다.

영국에서 독립했을 때만 해도 짐바브웨는 풍부한 자원과 높은 농업 생산력 등으로 '아프리카의 선진국'으로 꼽히기도 했다. 그러나 1987년부터 37년간 이어진 로버트 무가베 대통령의 장기 독재 결과로 경제가 곤두박질쳤다. 1990년대 극심한 가뭄까지 겹치자 정부는 화폐를 대량으로 찍어내 적자를 메웠다. 이러한 무책임한 재정정책은 초인플레이션으로 이어지면서 2000~2010년 짐바브웨 물가상승률은 5,000억%에 달했다. 100조의 가치가 하룻밤 사이에 1원이 된 셈이다.

총 세 번의 화폐 개혁을 실시한 짐바브웨에서는 마지막 화폐 개혁 당시 1,000억 짐바브웨 달러로 고작 달걀 3알을 살 수 있었다. 2009년 2월 2일 100조 짐바브웨 달러를 1짐바브웨 달러로 교환하는 마지막 화폐 개혁을 실시했고, 2개월 뒤 짐바브웨 정부는 자국 통화를 폐기하였다. 현재 짐바브웨는 미국 달러와 남아프리카공화국의 란드화 등의 화폐를 통용하고 있다.

초인플레이션의 가장 최근 사례는 베네수엘라다. 2018년 당시 물가상승률은 무려 130만%로 가령, 원래 1만 원 하던 음식을 1,300만 원을 주고 먹어야 하며, 5,000원짜리 커피를 650만 원을 주어야만 마실 수 있었다.

베네수엘라는 세계 원유량의 1/4을 가진 국가로 2012년 전까지는 남미에서 가장 잘 사는 나라였다. 그러나 2012년 국제유가 하락과 권력 교체에 따른 과도한 포퓰리즘 정책, 석유에 크게 의존하는 산업 구조에서 탈피하지 못해 초인플레이션이 유발되었다. 정부는 화폐를 대량으로 찍어냈고, 그 결과 참혹한 초인플레이션을 겪게 되었다.

연간 물가상승률은 2019년 35만%라는 이해하기 어려운 수치에 달했으나, 2021년에 50% 아래로 유지되었다. 물가 안정의 요인으로는 자국 화폐인 볼리바르 발행량을 이전보다 줄이면서 미국 달러를 도입하는 정책을 실시했기 때문이었다.

전쟁으로 재정이 파탄 난 나라: 러시아

소련은 지구 궤도에 인류를 보낸 최초의 국가였다. 핵무기와 고도로 발달된 탄도 미사일도 보유하고 있었다. 하지만 이 모든 것에 엄청난 비용이 들어갔다. 거기다 1950년대 후반부터 시작된 소련과 미국의 우주 탐사 및 군비 경쟁 탓에 1980년에 말 파산에 직면했다. 독일처럼 소련도 루블화가 무너지면서 초인플레이션을 겪었다.

1992년 가격자유화 조치가 단행되자 급격한 인플레이션이 발생하여 2월 한 달 동안 38%의 물가상승률을 기록하였다. 초인플레이션으로 1년 만에 2,000%나 상승했지만, 다행히 그 해 말에 멈추었다. 1994년 러시아 중앙은행은 루블화를 안정시키기 위하여 1993년 이전에 발행된 모든 루블화의 유통을 금지시켰다.

화폐 개혁의 단행으로 주민 수백만 명의 금융자산은 무용지물이 되었지만, 국가 경제는 잠시 안정을 찾으면서 매달 집계된 인플레이션 증가율이 곧바로 한 자릿수로 떨어졌다. 1994년 300%에서 1995년에는 131%로 낮아졌고, 1996년 8월에는 한 달간의 인플레이션율이 거의 0에 가까웠다.

그러나 재정 적자를 버티지 못한 러시아 정부는 긴축예산 정책을 유지하기 위해 임의 지출을 최소화하는 것에서 나아가 노동자들의 임금을 지불하지 않는 방법까지 동원하였다. 1998년 국채 디폴트(채무 불이행)를 선언하면서 예금을 동결하고 개인 금융자산을 몰수하는 강력한 조처를 단행했다. 국가가 파탄이 나니 힘없고 돈 없는 서민만 죽어나고 국민의 삶은 벼랑 끝까지 내몰리고 말았다.

러시아는 다행히 자원이 풍부하여 국제유가 급등으로 경제위기에서 빠르게 회복되었지만, 러시아 경제는 여전히 암울한 상태다. 특히 미국과 사사건건 대립하여 미국에게 경제 제재를 변함없이 받고 있다 보니 러시아 경제는 성장이 어렵다.

코로나 팬데믹의 터널을 가까스로 빠져나온 경제는, 러시아가 우크라이나를 침공함으로써 다시 흔들리고 있다. 루블화 가치는 하락하고 러시아 내 은행들의 SWIFT에서 배제됐다. 세계가 똘똘 뭉쳐 러시아에 시행한 제재가 국가 부도를 불러올 정도로 강력하다는데도 전쟁을 멈출 이유는 되지 않는 것 같다. 우크라이나 침공만 안 했으면 고유가로 소비력이 신장되는 등 러시아 경제에서 오랜만에 좋은 날이 찾아왔겠지만, 그 기회를 악몽으로 바꾼 셈이다.

그런데도 러시아는 더 필사적으로 전쟁에서 이기려고 한다. 경제 후퇴까지 감수한 도발이니 정치적 목적만은 달성해야 정권 유지가 가능하기 때문이다.

포퓰리즘으로 경제가 파탄 난 나라: 베네수엘라, 그리스

전쟁으로 파산하는 국가도 있지만, 과다한 복지정책으로 파산하는 나라도 늘어나고 있다. 포퓰리즘(Populism)은 흔히 '인기영합주의' 라고 불린다. 비현실적이고 비합리적인 대중의 인기를 얻기 위한 선심성 공약이나 정책 등의 행위를 남발하는 행위라고 볼 수 있다.

원래 중남미의 빈곤한 국가 중 하나였던 베네수엘라는 1922년에 석유가 발견되면서 자원 대국으로 발전했다. 1970년대부터 베네수엘라는 전 세계 석유생산량의 10%를 담당하면서 점차 부유해졌다. 당시 베네수엘라의 1인당 GDP는 미국과도 대등한 수준이었다. 1999년 차베스 대통령은 취임 후 포퓰리즘 공약을 실천했다. 무상의료와 무상교육을 제공하고, 200만 채의 집을 지어 무상으로 가난한 사람들에게 나눠주는 등 복지정책을 대폭 확대했다. 마침 국제유가가 상승하면서 비정상적인 복지 시스템을 이끌어갈 재원을 충분히 마련할 수 있었고, 국민으로부터 높은 인기를 얻어냈다. 그러나 국제유가가 급격하게 하락하면서 석유 수출로는 재원을 마련할 수 없었고, 이에 따라 경제는 곧바로 위기 상황에 직면했다. 초인플레이션 상황에 직면하여 붕괴하기 시작하였다.

그리스의 재정에 위기가 닥친 시작점은 1981년 안드레아스 파판드레우 사회당 총리의 한마디, "국민이 원하는 것은 다 줘라" 에서 시작되었다. 국민의 인기를 얻기 위해 공공복지를 대폭 확대했는데, 대학교까지 무상교육, 무상의료 혜택, 공무원 증원, 현금 복지, 최저임금 인상 등으로 국가부채는 치솟기 시작했다. 최저임금을 인상하고 해고를 어렵게 하는 등 친노동자 정책으로 기업은 경쟁력을 상실하면서 해외로 빠져나가게 되는 시발점이 되었다. 공무원에 대한 파격적인 연봉 상승과 혜택을 내세워 당시 고용인원 4명 중 1명은 공무원이기도 했다.

한때 경제성장률에서 세계 1, 2위를 다투던 그리스는 파판드레우 총리 집권 이후 GDP 대비 부채가 1980년 22%에서 2018년 184%로 늘면서 IMF와 EU로부터 사상 최대의 구제 금융을 받은 것도 모자라, 급증한 나랏빚을 숨기려 GDP 통계까지 조작하다 국가부도를 맞아 지금까지도 길고 깊은 경제 불황에의 늪에 빠져 있다.

국가부채와 포퓰리즘의 악순환에서 벗어날 때

우리나라도 선거 때마다 정당과 정치인들은 표를 얻기 위해 듣기 좋은 달콤한 공약을 쏟아낸다. 무상급식, 무상보육, 아동수당, 반값 등록금, 최저임금 인상, 탈원전, 공무원 규모 확대, 군 복무기간 감축 및 군인 월급 인상 등은 상세한 검토 없이 오직 국민의 호감을 사기 위해 선거에서 남발되었고, 그 결과 만들어진 산물이라고 볼 수 있다. 그러나 대중의 인기만을 얻기 위한 정책은 결국 나라를 파국으로 이끌고 가 그 피해가 고스란히 국민을 향한 부메랑으로 돌아오는 경우가 많다.

포퓰리즘은 국민을 위한 것이 아니다. 정당과 정치인의 선거 승리와 권력 확보에 그 목적이 있다. 의무는 줄이고 혜택은 더 주겠다는데 싫어할 사람은 없다. 실제로 많은 나라의 국민이 포퓰리즘의 유혹에 넘어갔고, 그런 나라는 예외 없이 파탄했음을 앞서 살펴보았다.

코로나19 피해 정도와 상관없이 지급하는 전국민재난지원금으로 국민을 유혹하고, 과도한 임금인상으로 노조의 환심을 사고, 지속 불가능한 복지혜택을 늘려 저소득층의 표심을 사로잡는가 하면, 감세 정책으로 중산층에도 선심 공세가 잇따랐다. 이는 '세상에 공짜는 없다'는 경제의 기본 원리를 무시하고 시장을 교란할 뿐만 아니라 국민을 기만하는 행위다. 과도한 임금인상은 경제활동을 위축시켜 장기적으로 실업률을 높이고, 세수 기반 없는 복지지출 확대는 국채 남발로 재정 악화와 인플레이션을 야기해 경제를 침체의 늪에 빠뜨릴 위험이 있다.

더 큰 문제는 포퓰리즘에 한번 빠지면 헤어나기 어렵다는 데 있다. 달콤한 포퓰리즘의 맛에 빠지면 현재의 어려움을 감당할 인내심을 기대하기 어려워지고, 미래의 후손에게 빚을 떠넘기게 된다. 포퓰리즘을 맛본 사회는 조급증을 불러일으켜 경쟁적으로 또 다른 포퓰리즘을 불러 경제침체라는 악순환의 고리를 만들어낼 수 있다.

반면, 몇몇 선진국에서는 높은 시민 의식과 더불어 정치인까지도 인기에 영합해 포퓰리즘 복지를 부추기지 않는 사례가 있어 우리도 본받을 필요가 있다. 스위스 국민은 2016년 국민투표에서 성인 누구에게나 매달 2,500스위스프랑(약 300만 원)씩 기본 생활비를 보장토록 하는 법안을 부결시켰다. 유권자의 77%가 반대표를 던졌다. 스위스 국민들이 '묻지 마 공짜 현금 복지'가 도움이 되기는커녕 지금의 복지 시스템까지 망가뜨릴 위험성을 자각한 결과다.

노르웨이는 북해유전 덕에 1조 달러가 넘어선 국부펀드의 인출 한도를 한 해 수익의 절반으로 묶어놨다. 미래 세대를 위해 알뜰히 저축하면서 돈을 불리고 있다. '현세대의 필요를 충족하되 미래 세대의 가능성을 침해하지 않는다'는 지속 가능한 발전 원칙을 실현하기 위해 석유 수출로 얻는 수익 일정액은 다음 세대를 위해 기금으로 적립해 투자하고 있다. 노르웨이 사람은 오일머니가 제공하는 후한 복지 덕에 일하지 않고도 먹고살 걱정이 없어 보이지만, 고용률이 75%로 한국의 66.7%보다 높다. 일자리가 최고의 복지라는 북유럽 노동정책 기조에 따라 국가와 기업, 노조가 협의해 임금인상 폭을 조정하고 일자리를 늘리는 적극적인 노동시장 정책을 편 결과다.

포퓰리즘은 대개 민주, 평등, 공정, 복지 등 우리가 추구하는 바람직한 이상으로 포장돼 있기 때문에 구분해 내기가 쉽지 않다. 그래서 국민은 항상 깨어 있어야 하고 냉철해져야 한다. 우리도 이제 돈다발을 흔드는 정치인이 등장하면 똑똑한 유권자가 준엄한 심판을 내려 포퓰리즘인지, 꼭 필요한 복지 정책인지를 분별해내야 한다.

대한민국도 재정파탄의 길을 가고 있는가?

국가부채가 늘어나면 파산의 일로를 걷게 되고 국민의 삶은 벼랑 끝에 매달린다. 정부부채가 일정 수준을 넘으면 국채 발행량이 늘어나는데, 국채 가격은 내려가고 시장 이자율은 그만큼 올라가서 투자자들이 그 나라의 국채를 외면하게 된다. 화폐 가치가 폭락하면서 원자재 수입 비용이 폭등하면 물가가 치솟는다.

우리나라가 IMF와 글로벌 금융위기까지 극복할 수 있었던 힘은 국가채무가 적은 데 있었다. 1997년 외환위기를 겪을 때 기업부채는 많았지만, 가계부채가 적어 공적 자금을 조성해 국가부도 위기를 막을 수 있었다. 2008년 금융위기를 겪을 때는 정부부채가 적어 구조조정이 용이하고 높은 국가신인도(투자대상국의 정치·경제·법령상의 문제로 일어날 수 있는 투자회수 불능의 가능성.

곧 '국가위험'을 뜻함)를 바탕으로 미국과 통화스와프를 체결할 수 있었다.

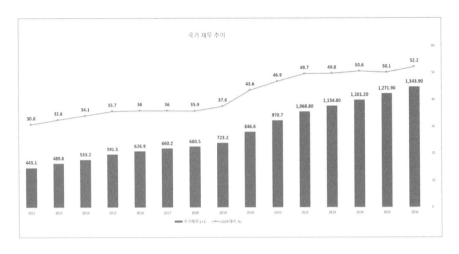

위의 그래프는 기획재정부에서 발행한 '국가채무 추이'로, 꾸준히 늘어갈 것으로 예측하고 있다. 경제가 성장하면 자연스레 채무도 늘어나곤 하므로 채무가 늘어난다고 해서 무조건 다 나쁜 것만은 아니다. 코로나19로 전 세계의 국가채무가 증가한 상태이며, 우리나라의 국가채무비율은 GDP 대비 2020년 43.6%에서 2026년 52.2%로 급증할 것으로 예상된다. 중요한 것은 국가부채 재정 건전성에 있다. 그러나 채무가 많으면 이자도 많이 나가므로 정책을 펼치는 데 제한이 있다. 높은 채무는 국제적 신용도 하락을 일으키며, 더 높은 금리로 돈을 빌려야 하는 상황이 생기므로 주의해야 한다.

현재 우리나라는 앞으로 정부, 기업, 가계 모든 부문의 부채가 빠른 속도로 증가하고 있어 경제가 위기에 처할 때 대응하기 어려워질 수 있다. 코로나 팬데믹으로 국가부채가 빠른 속도로 증가하고 있는 반면, 경제성장률은 뒷걸음질치고 있다. 경제성장률이 떨어지면 정부 세수 감소, 가계소득 감소, 기업 손실 발생이 동시에 발생해 국가 재정파탄의 위험성이 커진다. 기준금리를 낮춰 위기 극복에 노력하고 있지만, 코로나는 현재 진행형이며 코로나 지원 정책은 자칫 밑 빠진 독에 물 붓기 식으로 계속 이어질 수밖에 없어 국가부채는 더 증가할 추세다.

가계부채, 기업부채, 국가부채가 함께 증가하자, 예산을 대규모로 팽창해 공공일자리 창출, 임금 지원, 복지 확대 등 선심성 지출을 대규모로 펼쳤지만, 오히려 부실한 정책으로 경제가 불안에 떨었으며, 세수가 감소하는 악순환의 고리가 만들어져 부채가 증가하게 되었다. 경제성장률까지 떨어져 기업의 이익이 줄고 부채만 늘어나는 상황이다.

여기에 러·우 전쟁으로 국제 공급망이 훼손되면서 원유 및 원자재 공급의 차질과 가격이 상승하게 되면서 인플레이션과 경기 불황이 함께 나타나는 스태그플레이션의 불안이 야기됐다. 스태그플레이션이 현실화될 경우 경기침체를 막기 위해 팽창정책을 펴면 물가만 더 오르고, 물가상승을 막기 위해 긴축정책을 펴면 경기만 더 침체한다. 정부와 중앙은행이 어떤 정책을 펴도 상황이 악화하는 자기모순이 나타나고 만다.

그렇다고 경제를 방치할 수도 없는 노릇이다. 이런 상황에서 정부가 포퓰리즘을 중단하고 경제를 올바르게 살리는 정책을 펴지 않는다면, 앞서 살펴본 남미나 남유럽 국가들의 경제 추락을 답습할 수 있다.

요약하자면

"달콤한 포퓰리즘의 맛에 빠지면 현재의 어려움을 감당할 인내심을 기대하기 어려워지고, 미래의 후손에게 빚을 떠넘기게 된다. 포퓰리즘을 맛본 사회는 조급증을 불러일으켜 경쟁적으로 또 다른 포퓰리즘을 불러 경제침체라는 악순환의 고리를 만들어낼 수 있다."

금융위기의 가능성, 예고되었다

이미 각종 경제지표에서도 위기 신호를 보내고 있다. 2022년 8월 미국 소비자물가지수(CPI)는 8.1%를 예상했지만, 8.3%를 기록함으로써 미국 증시는 2년 만에 최대 낙폭을 기록했다. 원·달러 환율이 13년 6개월 만에 1,400원을 돌파했다. 미 연준의 강도 높은 긴축 등으로 당분간 달러 초강세가 지속될 것으로 예상된다.

고환율은 고물가·고금리를 부르면서 수출에는 큰 도움이 되지 않는다. 고환율로 수출 기업들이 사용하는 원자잿값이 급등하고 미국을 제외한 다른 나라의 통화도 약세를 보이면서 환율 상승에 따른 수출 증대 효과가 크지 않은 점도 문제다. 원화 약세로 국내에서 수출하는 물건값이 싸지더라도 그 효과는 크지 않다. 시중 금리도 연일 뛰고 있다. 게다가 국내에선 가계부채, 대외적으로는 공급망 대란 문제가 한국 경제를 위협하면서 경기침체에 대한 우려도 커지고 있다.

은행은 괜찮을까

금리 인상에 따른 예대마진으로 은행은 올해 사상 최대 실적을 기록했으며, 재정 건전성도 양호한 상황이다. 그런데 은행주들의 하락은 지속되고 있다. 경기가 호황일 때 금리가 상승하면 은행은 예대마진이 상승하여 실적이 좋아진다. 그래서 많은 사람이 은행주에 투자할 생각을 하지만, 이는 위험한 생각이다.

금리가 올라가면 사람들이 부담해야 할 이자가 많아지고, 제때 갚지 못할수록 연체가 생긴다. 연체율이 올라가면 은행은 예상되는 손실에 대비해서 대손충당금을 쌓아야 하는데, 쌓는 만큼 은행의 손익에는 마이너스가 된다. 준비금만큼 배당 가능한 이익이 줄어들기 때문에 은행의 주가는 영향을 받을 수밖에 없다.

한국은행 연구소의 스트레스테스트에 따르면, 금리가 +1%포인트가 올라가면 가계대출 연체율이 현재 0.2%에서 0.52%로 2.6배 올라가서 연체 금액이 2.7조가 증가한다고 한다. 이런 상황에서 금리가 +1%포인트가 올라가고, 아파트 가격이 -1%포인트 떨어지면 연체율은 현재 0.2%에서 0.82%로 4.1배가 올라 연체 금액이 5.4조까지 늘어난다. 최악의 경우, 금리 1%가 올라가고, 아파트 가격이 1%포인트 떨어지고, 경제성장률까지 1%포인트 하락하는 시나리오가 현실화되면 연체율은 현재 0.2%에서 1.1%까지 5배 이상 올라가 연체 금액은 7.7조로 증가할 수 있다. 다시 말해, 금리가 더 크게 오르고 부동산 가격이 더 많이 하락하면 그만큼 연체율은 더 높아진다.

따라서 지금과 같은 경기침체기에서 은행의 부실화가 우려되는 이유는 '대손충당금' 때문이다. 대손충당금은 미래에 발생할 것으로 보이는 비용이나 손실에 대응하기 위해 미리 쌓아둔 돈을 일컫는다. 은행은 향후 돌려받기 어려울 것으로 보이는 대출금을 대손충당금으로 쌓는다. 은행 같은 금융회사는 고객에게 빌려준 돈의 일부가 회수되지 못할 상황에 대비해 미리 수익의 일부를 충당해둔다. 충당금이 은행업 감독규정이 정한 최소 충당금보다 적을 경우에는 차액을 '대손준비금'으로 쌓아 두기도 한다.

은행은 코로나19로 피해를 본 중소기업과 소상공인에 대한 대출 만기 연장·원리금 상환 유예 조치로 숨어 있던 부실이 점차 본격적으로 드러날 것에 대비해 대손충당금과 대손준비금을 큰 폭으로 늘렸다. 은행 입장에서는 충당금을 많이 적립할수록 비용이 늘어 은행을 비롯한 금융지주의 순이익은 줄어 실적 부담으로 작용하기도 한다.

지금처럼 금리 인상 속도가 빨라지면, 은행에서는 대손충당금을 늘려야 한다. 금리 인상 영향으로 자산시장 침체가 장기화할 경우, 대손 비용이 급증하고 금융안정성의 위험도 커질 수 있기 때문이다. 우리나라 4대 은행인 KB국민·신한·우리·하나의 충당금 잔액은 총대출채권의 0.44%로, 세계 주요 국가와 비교하면 가장 낮은 수준이다.

총대출채권 대비 충당금적립률은 2021년 말 기준 0.41%로 전년 0.47% 대비 0.06%포인트 떨어졌다. 미국 JP모건은행(1.5%), 뱅크오브아메리카(1.3%), 웰스파고(1.4%) 등과 비교하면 3분의 1 수준이다.

아무래도 과거 부도율 중심으로 산정하다 보니 대출자의 미래 부도 위험을 제대로 반영하지 못한 데서 원인을 찾을 수 있다. 또한, 변동금리 이자 상환 대출 위주로, 저금리 기조에서 만기 연장 중심의 대출 관행이 고착화해 실질적인 부도 위험과 충당금 적립 방식의 괴리가 커졌다. 이에 따라 대출 금리, 자산가격 변동 등으로 이자 상환 대출의 부도 위험이 커질 수 있는데, 충당금 적립에는 이런 변수가 제대로 반영되지 않고 있다.

또한, 은행으로서는 충당금 확대에 따른 비용이 증가하면서 부담도 커졌다. 충당금 적립률을 1% 상향할 경우 필요한 비용은 4대 은행 평균 세후 1조 3,000억 원, 1.5% 가정 시 2조5,000억 원으로 추산된다. 이는 향후 배당 정책에도 영향을 미칠 수 있는 요소다. 대손준비금은 손익에 영향은 없으나 배당이 가능한 이익분에서 차감되는 항목이기도 하다. 이는 경기침체의 가능성도 있는 만큼 부담으로 작용하는 요인이 된다. 만약, 경기 상황이나 부동산 가격이 예상보다 더 악화될 경우 연체율 급등과 대규모 충당금 적립에 따른 손익 악화가 나타날 수 있다.

강달러가 우리 경제에 미치는 영향

코로나 팬데믹 때 기축통화국인 미국은 국채 8조 달러(한화로 9,400조 원)에 달하는 슈퍼 부양책을 가동하면서 결국 물가 상승으로 고통받게 되었다. 미국이 풀어놓은 막대한 돈에 대한 뒷수습은 주변 신흥국에서 하는 상황이다. 미국은 주변국의 이러한 상황은 고려하지 않고, 자국의 물가 상승을 잡겠다고 금리를 올린다. 원자재 가격이 오르는데 환율까지 올라 모든 나라가 신음하고 있다.

2022년 9월 결국, 원·달러 환율이 2008년 글로벌 금융위기 수준인 1,400원 선을 넘어섰다. 미 연준이 3연속 자이언트 스텝을 단행했기 때문인데, 11월까지도 미국 내 물가가 잡히지 않는다면 또다시 큰 폭의 기준금리 인상을 단행할 것이라고 발표했다. 강달러는 무역수지와 수입 물가에 직접적인 영향을 미치고, 다른 금융 요소까지도 영향을 준다.

달러화 강세 현상이 이유는 첫째, 러·우 전쟁으로 글로벌 경기침체 우려가 커지면서 대표적 안전자산으로 달러가 꼽히면서다. 둘째, 글로벌 금융위기 때 위기의 진원지는 미국이었지만, 가장 빠른 속도로 반등한 나라도 미국이었을 정도로 저력이 있는 나라이기 때문이다. 셋째, 고용률이 높고 저축률이 높아 경제침체에도 버틸 힘이 있다는 점도 들 수 있다.

원화 가치가 하락하면 무역수지 적자 폭과 수입물가 상승에 기여하기 때문에 무엇보다 물가 상승 관리 측면에서 불리할 수밖에 없다. 특히, 우리 경제는 대외개방도가 높아서 달러가 많이 필요하다. 대다수의 달러는 에너지 수입에 쓰이는데, 원유와 천연가스의 가격 폭등으로 6개월 연속 무역적자를 기록하고 있다. 겨울과 내년 봄까지를 대비해 달러가 많이 필요한데 원화 약세와 무역수지의 적자를 막기는 어려운 실정이다.

강달러의 또 다른 문제는 개인에게도 어려움이 덮칠 수 있다는 데 있다. 해외에서 많은 생필품을 수입하는데 강달러로 물가가 계속 오르면 소득이 줄어드는 효과가 발생한다. 기업도 마찬가지로 강달러의 영향에서 벗어날 수 없다. 보통 원화가 약해지면 수출 증가와 이를 통한 경기 회복과 고용이 늘어나는 긍정적인 결과를 가져오는 경우가 많았다.

그러나 지금은 미국 달러만 강한 상황이라서 주변 경쟁국과 비교했을 때의 수출 경쟁력이 사라졌다. 미국을 제외한 대다수 국가의 주머니가 가벼워져 수출에 부정적일 수밖에 없다. 특히, 강달러 상황에서는 기업의 부채가 달러채를 보유하면서 대출 이자가 커져 큰 부담으로 작용한다.

미 연준이 물가 상승폭을 잡기 위해 금리를 올리는 속도를 한국이 따라잡지 못하고 금리가 벌어지면, 한국 주식 시장과 부동산 시장에서 외국 자본이 유출하게 되면서 원·달러 환율이 더 높아질 가능성이 있다. 그렇게 되면 시장은 지금보다 더 큰 침체에 빠질 위험에 처한다.

우리나라의 가장 큰 뇌관이라 할 수 있는 것 중 하나가 가계부채인데, 부채의 가장 많은 부분을 주택담보대출이 차지한다. 부동산 가격 상승으로 인해 영끌하여 부동산을 매수하거나 주식 상승장에 빚투까지 해서 투자한 사람이 많다. 그러나 금리 인상으로 인한 이자비용 상승에 경기침체까지 더해지면서 영끌족의 대출금리 부담이 가중되고 있다.

점차 목을 조일 것으로 보이는 금리 인상과 인플레이션, 영끌한 부동산의 하락세로 점차 버티지 못할 사람들이 늘어날 것이며, 이에 따라 도미노처럼 무너질 수 있다. 현재로선 물가 상승을 잡지 못한 미국이 저금리로 돌아갈 가능성이 작아 보이기 때문이다. 그러면 우리나라도 2%대의 기준금리를 유지해야 하는데, 그렇게 되면 가계부채 부담은 커질 수밖에 없다.

금융위기가 닥쳐올 것이라고 경고하는 일은 그다지 반갑지 않다. 그러나 자꾸 경고하는 이유는 과거 금융위기 때와 같은 상황에 부닥치지 않도록 예방하고, 건실한 경제 시스템을 세우기 위함이다. 위기가 발생하면 대응하고 수습하기 위해 치러야 할 사회경제적 비용이 커지고, 국민의 삶이 너무나 힘들어진다.

정부는 이러한 상황이 발생하지 않도록 부동산 버블을 줄여나가는 동시에, 지나치게 가계부채가 증가하지 않도록 건전한 정책을 구축해야 한다. 이 또한 지나갈 경제 사이클이겠지만, 잘 극복해야만 한국 경제가 튼튼해진다.

요약하자면

"금리 인상에 따른 예대마진으로 은행은 올해 사상 최대 실적을 기록했으며, 재정 건전성도 양호한 상황이다. 그런데 은행주들의 하락은 지속되고 있다. 경기가 호황일 때 금리가 상승하면 은행은 예대마진이 상승하여 실적이 좋아진다. 그래서 많은 사람이 은행주에 투자할 생각을 하지만, 이는 위험한 생각이다."

가계부채로 인한 경제적 후폭풍 돌입

세계불평등 연구소의 보고서에 따르면, 상위 10%가 전체 부의 76%를 소유했지만, 하위 50%는 전체 자산의 2%를 나눠 가질 정도로 부의 편중이 심각하다고 한다. 하위 90%의 소득은 여전히 제자리걸음 신세지만, 상위 1%의 소득은 하늘 높이 치솟아오르고 있다.

가난에서 벗어나는 유일한 길이 부자 부모에게서 태어나는 방법뿐이라면, 우리의 경제 시스템은 크게 잘못된 것이 분명하다. 세상은 점차 전체 부의 99%가 1%에게 집중될 것이고, 남은 1%의 부마저 나눠주기 싫어서 법질서가 타락되어 갈 것이다. 우리에겐 이미 "유전무죄, 무전유죄"라며 이러한 세태를 고발하는 외침을 들었던 전적도 있지 않은가.

날이 갈수록 가계부채가 심화되는 이유

우리나라는 체면을 중시하고 허례허식에 빠져 남을 의식하고, 남과 비교하며 자신의 분수도 모르는 욕망에 휩싸이고 있다. 바로 주변만 둘러봐도 지나친 사교육비에 허리띠를 졸라매고 인서울을 목표로 하고 있다. 결혼할 때 신혼집은 수도권, 예물은 샤넬과 다이아몬드 세트 등 실용적이지 못한 문화에 익숙해져 가고 있다. 어디서부터인지 잘못된 문화는 바뀔 기미가 없으며, 남자와 여자가, 정규직과 비정규직이, 지역과 지역이 서로 화합은커녕 물어 뜯어가며 싸우고 있다. 여전히 취업률은 바닥이고 심각할 정도로 최저 출산율에 가난은 대물림되면서 나라는 점점 시궁창 속으로 빠지고 있다.

우리나라는 예로부터 한 마을에 정착하여 사는 문화라서 한 번 체면을 잃거나 나쁜 소문이 퍼지면 평생 손가락질받으며 살았다. 그래서 남 눈치를 보거나 체면을 지키는 일에 극도로 민감했다. 서양은 넓은 땅에서 자기 살길을 찾아 이주하면 그만하지만, 우리는 이동하는 문화가 아니었기에 비교하고 눈치 보는 게 습관처럼 굳어진 것이다. 나만 잘 먹고 잘 살면 그냥 적당히 살 수 있었을 텐데, 남과 비교하다 보니 점점 초라해지면서 행복지수도 낮아진다.

상위 15%만이 갈 수 있는 대기업에 취직하지 못하면 실패한 인생이 되고 학력, 직장, 연봉, 결혼까지 비교에는 끝이 없다. 자녀의 성공이 부모의 체면과 직결되는 한마디, "다 너 잘되라고 하는 소리야"는 자녀를 극한의 경쟁 속으로 내몰고 있다.

이렇게 비교가 습관이 되다 보니 빚을 내서라도 사교육을 시켜야 하고, 좋은 집에 살아야 하고, 투자해야 하고, 명품 소비를 해야 한다. 비합리적이라는 것을 알면서도 자신의 결정을 스스로 통제하지 못하고 손해를 보는 경우가 많다.

이렇게 빚에 내몰리면서까지 비합리적인 결정을 내리는 이유는 무엇일까?
우리를 빚으로 유혹하는 수많은 상술과 마케팅은 수백, 수천 년을 거쳐 진화해왔다. 그러나 우리는 이에 맞서서 대처하는 올바른 방법을 그 어디에서도 제대로 배운 적이 없다. 빚이 많아져 소비를 줄이면, 내수시장이 위축되는데, 그러면 정부는 경기를 살린다고 온갖 부양책을 내놓는다. 대출 규제를 완화하고, 세제 혜택을 제공하면서 빚을 내서라도 돈을 쓰라고 유도한다. 그래서 결국 빚더미에 깔리는 형국을 만들어낸다.

인간의 이기적인 욕망을 부추기고, 이를 이용하는 금융회사의 탐욕과 제어하지 못하는 정부의 어긋난 삼박자로 인해 과도한 부채로 쌓아 올려진 경제는 어느 시점에는 무너지고 말 것이다.

가계부채라는 폭탄을 안고 사는 사람들

최근 1년 사이 '고물가·고금리·고환율' 환경이 굳어지면서 대출자들의 소득은 감소하고 이자 부담은 가파르게 높아지면서 가계대출의 부실이라는 경고음이 커지고 있다. 빚을 갚지 못해 연체가 쌓이면서 결국 파산에 직면하는 사람들이 많아지고 있다. 코로나19 이후 가장 큰 규모인 1,900조 원이라는 가계부채가 누증되면서 우리 경제의 뇌관이 될 것이라는 우려가 크다. 조만간 2,000조 원까지 될 것으로 예상되면서 곧 가계부채 폭탄이 터질 것 같아 불안하다.

그동안 있었던 세계 경제위기는 모두 빚으로부터 시작되었다. 단 한 번도 가계부채는 줄어든 적도 없이 매년 증가하고 있다. 늘어난 것은 빚만이 아니다. 자산 규모도 늘고, 주택 수도 늘고, 경제 규모도 늘었다. 결국, 규모의 증가라는 데서 문제를 찾기보다는 부채의 급속하고 과도한 속도 증가에서 문제를 찾아야 한다. 빚은 가난한 사람이 지지만, 부자도 빚을 진다. '빚 없는 부자'는 없다는 말처럼 빚을 져서 투자하고, 자산 규모를 좀 더 늘려나가면서 빚을 갚으면 문제가 없다. 위기는 빚을 갚지 못할 때 발생한다.

경제 규모가 성장할수록 증가하는 가계부채는 관리가 가능하다면 큰 문제가 되지 않는다. 금융회사 입장에서도 부채를 상환할 수 있다면 규모가 클수록 더 많은 이자 수익을 올릴 수 있으므로 유리하다.

문제는 상환 능력에 있다. 쌓인 빚을 갚을 능력이 있다면 문제가 없다. 하지만 가계부채가 너무 빠르게 증가하거나 가계의 재무여건 및 상환능력을 초과하여 과도하게 증가하는 경우, 이것이 부실화될 가능성이 커지므로 이러한 상황이 발생하는 것에 유의해야 한다.

대부분 부동산에 묶인 한국의 가계부채는 부동산 가격이 하락하면 위기가 온다. 금리 상승기와 부동산 하락세에 맞물린 가계부채는 이자 부담은 상승하는 반면 자산 가치는 하락하면서 금융 부실을 발생할 우려가 크다.

향후 몇 년간 부동산 시장의 하락세가 이어질 것으로 전망되면서 무리하게 빚을 낸 사람뿐 아니라 경제 전체가 심각해질 수 있다. 부채가 증가하면 대출금을 상환하는 데 부담이 커지고, 연체율이 높아진다. 연체율이 높아지면 앞서 살펴본 바와 같이 은행권의 부실화가 우려된다. 금융권의 부실화가 증가되면 결국 금융 시스템이 불안정해지면서 우리 경제가 도미노처럼 무너질 수 있다.

그렇다면, 가계부채를 해결하기 위한 대안은 무엇일까?

앞서 말한 바와 같이 관리가 가능한 가계부채는 문제가 되지 않으므로, 부채 자체의 건전성을 파악하고, 증가 속도를 파악하여 관리하는 방안을 모색해 볼 수 있다. 또한, 부채는 결국 소득과 소비가 결정하는 것이므로, 가계의 소득이 증가할 수 있도록 간접적으로 관리하는 방안도 찾아볼 수 있다. 소득을 높임으로써 소비 여력을 확보하고, 부채상환 능력을 키우는 선순환의 경제 시스템을 마련해야 한다. 또한, 시중 금리가 상승함에 따라 기업의 투자의지가 꺾이지 않도록 경제 지원 정책을 펼쳐야 한다. 연구 및 개발 예산이나 기술 지원과 같은 신규 사업 진출을 유인하는 정책적 노력이 필요하다.

더불어 국민을 절벽까지 몰고 갔던 금융 규제를 풀어줘야 한다. 금리 상승으로 투자형 대출은 줄어들 수 있다. 그러나 생존형 대출은 집값을 내야 하고, 학비를 갚기 위해 필요한 것으로 규제가 강화되면 서민들은 울며 겨자먹기로 금리가 더 높고 규제가 완화된 제2, 3금융권에 의존해야 하기 때문이다.

가장 근본적인 원인으로 부동산 대책이 시급하다. 부동산 대책이 다주택자들이나 건설업체를 지원하는 정책 방향으로 설계되면 안 된다. 주거 안정을 목표로 한 정책 전환이 필요하며, 가계부채를 줄여나갈 수 있도록 적극적인 관리 방안을 마련해야 한다.

요약하자면

"경제 규모가 성장할수록 증가하는 가계부채는 관리가 가능하다면 큰 문제가 되지 않는다. 금융회사 입장에서도 부채를 상환할 수 있다면 규모가 클수록 더 많은 이자 수익을 올릴 수 있으므로 유리하다. 문제는 상환 능력에 있다. 쌓인 빚을 갚을 능력이 있다면 문제가 없다. 하지만 가계부채가 너무 빠르게 증가하거나 가계의 재무 여건 및 상환 능력을 초과하여 과도하게 증가하는 경우, 이것이 부실화될 가능성이 커지므로 이러한 상황이 발생하는 것에 유의해야 한다."

04
굿바이 경제 예산

재정건전성을 따지지 않고 돈을 펑펑 쓰다가 재정위기, 외환위기, 국가부도 사태를 겪거나 위기에 처한 나라가 많다. 우리나라의 국가채무도 '앞으로'가 더 중요하다. 세계에서 가장 빠른 저출산·고령화 속도를 바탕으로 세수 기반의 급격한 붕괴가 머지않았기 때문이다. OECD 평균보다 낮다는 이유로 양호하다는 평가가 있지만, 집계에서 국민연금과 사학연금 부채, 금융 공기업 채무, 건강보험 등이 빠진 것을 고려했을 때 실제 부채 수준은 높다고 봐야 한다.

세금 퍼주다 '대한빚국'이 된다

돈을 펑펑 써도 재정이 튼튼하다면 문제가 없다. 나라의 곳간이 넉넉한가의 여부인 재정건전성이 중요하다. 그런데 재정건전성을 평가하는 지표인 GDP 대비 국가채무비율이 어느 정도여야 위험한가에 대해서는 의견이 분분하다. 과거 사례를 분석하여 60~90%를 기준으로 제시한 연구들이 있지만, 국가마다 시기마다 기준이 다르다.

채무비율이 높은 경제도 명목 GDP가 빠른 속도로 증가하면 재정건전성에 큰 문제가 없다. 그러나 우리 경제는 지속적으로 성장률이 둔화하는 추세다. 세수가 증가하는 속도에 비해 지출이 빠른 속도로 늘어나면서 전망도 밝지 못한 상황에서 재정적자까지 더해져 급속히 악화하고 있다.

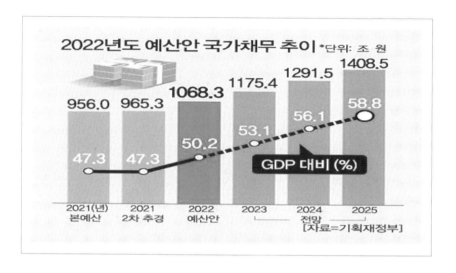

코로나19라는 특수 상황에서 지속적인 확장 재정과 추가경정예산안을 편성하면서 재정 적자 악화 속도가 지나치게 빨라졌다. 신종 코로나19 사태로 나랏빚이 느는 것은 불가피한 측면이 있다. 위기 시 시중의 유동성을 늘리는 정책은 경제학에서 필수적이다. 경제학에서는 재정 적자가 GDP의 5%를 넘을 때 위기로 보는데, 외환위기 등을 불러올 수 있기 때문이다. 물론 재정 적자만이 아닌 국가채무 상황, 경상수지 적자, 물가, 이자율, 성장률 등 국가 경제의 전반적인 지표를 갖고 판단해야 한다.

그러나 5%가 넘는 재정 적자는 불길한 조짐을 보이기 때문에 우려된다. 문제는 나랏빚이 불어나는 속도와 재정 운용의 방만함에 있다. 재정 관리가 부실해지면 나라 경제가 망가지는 것은 시간문제다.

고령화, 소득 불평등, 초저출산율의 속도가 가팔라지면서 복지 재정에 대한 수요는 늘어날 수밖에 없다. 여기에 정치적인 이유로 포퓰리즘적인 공약이 봇물 터지듯 나왔다. 기본소득, 기본금융, 아동수당, 재난지원, 부동산 정책, 심지어 코로나19 손실보상금까지 정치적 수단으로 삼았다. 선심성 공약의 규모가 수백조 원에 달해 그대로 실현되면 경제는 부채 폭탄을 안는다. 복지 정책 실현을 위해 재원을 조달하고자 국채를 대규모로 발행하면 국가 부채가 급증하는 것은 물론 금융 시장이 혼돈에 빠지고 국가신인도가 급격히 떨어진다. 이에 따라 외국 자본이 대규모로 유출하면 국가는 부도 위기에 빠진다.

특히, 복지 예산은 그 특성상 한번 늘어나면 다시 줄이기 어려우며, 고령화 추세에 따라 수혜 대상이 점차 늘어나면서 사업 규모도 매년 점점 확대된다. 재정을 마중물로 성장 잠재력을 키우려 해도 한번 늘리면 줄이기 힘든 복지의 함정에 빠져 확장적 재정의 효과를 기대하기는 사실상 어렵다고 봐야 한다. 복지는 추가로 많이 늘어나거나 체감되는 복지사업이 없어도 기존에 만들어진 복지 정책을 지속하는 것만으로도 증액분이 상당하기 때문이다.

그런데도 늘어나는 복지 예산을 충당하려면 초과 세수를 하든지, 각 부처에 편성돼 있는 기존 예산 중 당장 급하지 않은 예산 중 일부를 감액하는 방식으로 충당해야 한다. 그러나 예산 자체가 여러 관계기관 및 지자체와의 이해관계가 얽혀 있고, 시급성이나 당면성을 논하기에도 해석의 여지가 있을 수 있어 논란을 자초할 수 있다.

한국 경제가 가야 할 길

그렇다면, 우리 경제는 어떻게 해야 할까?

코로나19 사태를 겪은 이후 반등세를 보였던 세계 경제가 둔화세로 돌아섰다. 최근 IMF는 세계 경제성장률이 2022년 3.2%에서 2023년 2.9%로 하락하고, 국제 교역증가율도 2022년 4.1%에서 2023년 3.2%로 낮아질 것으로 예상했다. 세계 경제와 국제 교역이 침체 국면에 빠지게 되면, 한국의 수출경기 하강은 불가피하다. 또한, 한국의 내년 경제성장률 전망치는 2.1%로 0.8%포인트 정도 하향 조정되면서 내년에도 경기둔화가 이어질 것으로 전망했다. 한국경제연구원도 2022년 경제성장률을 코로나19 발생 이전 수준인 2.4%로 당초 2.5%보다 0.1%포인트 하향 조정했다.

러·우 전쟁으로 성장세는 더욱 둔화할 것이다. 우리나라 수출은 위축될 수밖에 없는 상황인데, 무역에서 가장 큰 비중을 차지하는 중국의 경기침체가 우리나라 수출의 큰 하방 압력이 되기 때문이다.

이 가운데 환율이 달러당 1,400원을 넘으면서 원화 약세에 따른 수입물가는 인플레이션 안정화의 걸림돌로 작용한다. 일반적으로 환율이 오르면 화폐가치가 떨어지고, 수출상품의 가격경쟁력을 높인다. 고환율은 외화 자금을 이탈시키고, 수입물가 안정화를 지연시키면서 내수침체를 유발한다.

그러나 악화일로에 빠진 대외 경제 상황에서 이미 환율과 관계없이 수출은 위축되고 있다. 이에 반해 환율 상승으로 인해 수입금액은 늘면서 무역적자와 환율 상승이 서로 꼬리를 무는 악순환이 나타나는 중이다. 고금리와 고물가에 따른 가계의 실질 구매력이 감소하면서 소비침체도 진행 중이다.

여신금리에 영향을 주는 CD(양도성 예금증서) 금리는 2022년 1월 말 1.5%에 불과했으나, 8월 말 2.9%로 급증하면서 가계대출의 원리금 상환 부담이 크게 가중되었다.

소비자물가 상승률은 지난해 12월 3.7%에서 소폭 상승하다가 7월에는 외환위기 당시인 1998년 11월의 6.8% 이후 가장 높은 6.3%까지 기록했다. 8월에야 5%대로 내려오며 7개월 만에 상승세가 꺾였다.

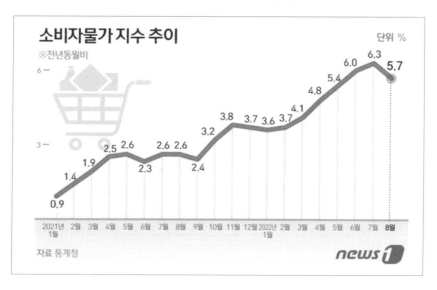

이러한 복합적인 요소가 많은 상황에서 대외 충격이 발생할 가능성까지 염두에 두고 대비하려면, 선제적으로 정부의 위기 대응 능력을 점검해야 한다. 특히, 경제 내 취약 부문을 찾아내 파악하고, 이에 따른 지원책을 마련해야 한다. 무엇보다 수출 경기 하강에 대응해 지역별 및 업종별 특성에 맞는 차별적인 대응 전략이 필요하다.

그러려면, 우선 코로나 위기에 대한 올바른 대응이 필요하다. 국가부채의 증가를 막고 경제를 안정시키기 위해 금리의 인상 정책 기조는 사실상 불가피하다. 특히, 미국 등 주요국들이 통화 긴축 정책을 펴고 있어 이에 역행할 경우 외국 자본의 유출을 유발해 퍼펙트 스톰 위기를 재촉할 수 있다.

따라서 재정 정책을 효과적으로 펴 코로나 위기에 대응해야 한다. 무분별한 재정 지출은 국가부채 위험을 불필요하게 높일 수 있다. 예산을 줄일 수 있는 부문을 찾아 허리띠를 졸라매야 한다. 예산 비중이 제법 큰 국방이나 교육 분야는 경직성 경비가 많아 사실상 줄이기 어려우며, 복지 분야는 특성상 매년 늘어나는 특성이 있어 줄이기 난처하다.

특히, 경제 분야는 국가산업에 관련되는 예산으로 선진국 수준에 비해 높은 비중을 차지한다. 사회간접자본(SOC), 고속도로 건설비용, 농수산물 가격 안정을 위한 물품구매자금, 중소기업 기술개발 및 창업을 위한 정부지원자금, 산업·중소기업·에너지 개발을 위한 자금, 공항 및 항만건설자금, 행정복합도시건설을 위한 건설자금 등 국가경쟁력 강화를 위한 명분에 따라 여전히 높은 비중을 차지한다. 일자리 창출 및 중소기업 육성엔 바람직하지만, 인구도 줄어들고 국토도 좁은 판에 이미 상당히 갖춘 도로, 철도, 공항을 계속 건설할 이유는 없다.

에너지 산업은 정부와 민간의 역할을 재정립하여 국가 부담을 점차 줄여가야 한다. 특히, 전기, 수도, 가스와 같은 필수 에너지와 공항, 철도 등 교통은 국민 모두의 필수재이므로 수익성과 형평성을 지속적으로 고려하여 조정해가야 한다.

공공 R&D는 과학기술적·경제적 성과와 구별되는 사회구성원들에게 공통으로 필요한 사회적 성과 창출을 목적으로 하는 연구개발로 매년 예산이 증가하고 있지만, 실질적 효과는 미진한 편이다. 우리나라의 과학기술 혁신 역량은 글로벌 경쟁력을 갖추었다. 2021년 기준으로 OECD 국가 중에서 국내총생산 대비 정부 연구개발(R&D) 예산, 하이테크 산업의 제조업 수출액 비중은 조사 대상국 가운데 1위지만, 과학기술 혁신 역량은 5위를 차지했다. 활동 부문에서는 우수한 역량을 보유하고 있지만, 성과 연결에서 부족함이 많다. 이 분야는 전문 분야로 일반 공무원의 접근이 어려운 만큼, 과학기술계가 책임감을 수반하여 성과 관리를 철저히 하면서 내실화에 집중해야 한다.

경제가 성장 동력을 회복하려면 고용 창출 기회가 많아져야 한다. 코로나 사태의 끝이 보이지 않는 상황에서 더 이상의 경제적 피해를 줄이기 위해, 상황을 정확하게 파악하고 올바르게 민생을 살리는 지원 대책을 펼쳐 정책의 효율성을 극대화해야 한다. 기업의 이익이 증가해야 부채를 줄일 수 있고, 국민소득이 늘면서 가계부채를 상환할 힘을 얻을 수 있다. 경제가 성장 동력과 고용 창출 능력을 되찾으려면 기업 투자와 산업 발전의 활성화가 필수적이다.

한국 경제가 급변하는 글로벌 시장에서 살아남으려면 경제 혁신이 필수적이다. 기후 위기, 기술패권 경쟁, 4차 산업혁명 등 기술 대변혁이라는 소용돌이 한가운데서 추월하지 않으면 추락할지도 모르는 시대에 첨단 과학기술의 주권은 더 이상 선택의 문제가 아닌 반드시 확보해야만 하는 국가 임무가 되었다.

앞으로 인공지능과 생명 기술, 우주 산업 등 4차 산업혁명에서 5차 산업혁명을 대비하는 시점에서 주도권을 먼저 잡는가의 여부에 따라 경제의 명운이 달라진다. 미래 산업기술을 선점해 미국과 중국의 압박을 받는 대신 조언을 청하는 나라가 된다면 도약할 기회를 얻을 수 있다. 미래 기술의 조기 달성과 경제 혁신을 위해 정책 역량을 집중해야 할 때다. 우리나라가 먼저 새로운 기술을 만들어 인류에게 기여하고 선진강국 대열에서 주도적으로 퍼스트무버 역할을 할 수 있도록 규제를 완화해야 한다. 통제 정책에서 탈피하여 노동시장의 유연화를 꾀하고, 기업 경영의 자율성을 높여야 한다.

요약하자면

"돈을 펑펑 써도 재정이 튼튼하다면 문제가 없다. 나라의 곳간이 넉넉한가의 여부인 재정건전성이 중요하다. 우리 경제는 지속적으로 성장률이 둔화되는 추세다. 세수가 증가하는 속도에 비해 지출이 빠른 속도로 늘어나면서 전망도 밝지 못한 상황에서 재정 적자까지 더해지면서 급속히 악화되고 있다."

05

금융감독 기능과 산업은행 시스템 정비

금융회사와 금융 시장에 대한 인허가, 건전성 규제, 검사 및 제재 등을 수행하는 금융감독의 목적은 금융회사의 건전성을 확보하고, 금융 시장의 신용 질서 및 공정거래를 확립하여 금융소비자를 보호하는 데 있다. 시장 실패가 발생하여 금융 시스템이 제대로 작동하지 않는 것을 방지하고, 금융 계약 당사자 간 보유하는 정보의 비대칭성 문제를 해결한다.

금융거래를 시장의 자율성에만 맡기면, 불공정·불건전 거래가 증가하여 금융제도가 불안정하게 흔들리고, 금융거래가 위축되는 등의 문제점을 초래할 수 있다. 이러한 금융감독은 감독 기능에 따라 금융 시스템의 안정성 확보에 초점을 두는 시스템 감독, 개별 금융회사의 건전성을 감독하는 건전성 감독, 금융회사와 소비자와의 관계를 감독하는 영업행위 감독으로 구분할 수 있다.

이 외에도 감독 대상에 따라 금융회사 감독과 금융 시장 감독으로 구분할 수도 있다. 우리나라 금융감독 당국의 감독 대상은 크게 은행, 비은행, 금융투자, 보험 권역으로 구분한다.

금융감독 기능의 강화와 독립

과거 금융 스캔들은 대기업 특혜 대출, 어음대출 사기, 수기통장 사건 등 서민의 피부까지 와닿지는 않았다. 그러나 금융 사고가 점점 은행에 돈 맡기는 일반인을 상대로 발생하면서 금융감독 시스템의 개편에 대한 요구가 높아졌다. 특히, 라임·옵티머스 등 사모펀드 환매중단 사태를 키운 원인으로 금융감독 실패가 지목되었고, 저축은행 사태, 동양증권 사태에서 머지포인트 사태까지 잇따라 사건이 터지자 금융감독원의 책임론이 부각되고 있다.

이는 금융감독원이 정부에 종속돼 있어 제 기능을 수행하지 못하고 있기 때문으로, 금융감독 기구를 한국은행처럼 정부로부터 완전히 독립시켜야 할 이유가 바로 여기에 있다. 금융 시장은 공정성과 투명성, 소비자 보호 강화 기능이 중요한데 이를 위해 감독 체계를 바꿀 필요가 있다.

세계적으로 금융산업 정책은 정부가 담당하지만, 금융감독 정책은 독립된 기관에서 수행하는 것이 일반적이다. 미국은 전통적으로 은행과 증권사를 감독하는 곳이 각각 분리되어 있다. 은행 감독은 중앙은행이 하고, 증권시장 감독은 별도 기구인 증권거래위원회(SEC)가 하면서 건전성 감독과 행위규제 감독을 분리해 놓았다. 이들 기구 종사자들은 직위로 보면 연방 공무원이지만, 공무원이라기보다 공적기구라는 의식이 강하다. 미국 대통령이 금융 정책을 발표했다는 것을 들어본 적이 없는 것처럼, 금융 정책은 정부의 정책 대상이 아니라서 완전히 독립되어 시행된다.

그러나 한국은 정부 부처인 금융위원회가 산업·감독 정책을 총괄하고,

독립기관인 금융감독원에는 감독 집행 업무만 맡기는 기형적인 형태를 취하고 있다. 특히, 금융위는 금감원에 대한 예산 권한도 갖고 있어, 감독이 정책을 견제할 수 없는 수직적 구조가 형성된 것이 현실이다. 이에 따라 책임소재가 불분명해지거나 각 기관에서 책임을 전가하는 일이 잦아 피해는 결국 국민이 고스란히 떠안을 수밖에 없다.

따라서 감독 정책과 감독 집행의 일원화, 금융산업 정책과 금융감독 정책의 분리가 필요한 상황이다. 각 영역의 독립성과 자율성을 확보해줌과 동시에 그에 상응하는 책임을 져야 한다.

한국은행의 통화량을 조절하는 업무는 공적인 업무인데도 정부로부터 완전히 독립되어 있다. 그러나 금융업은 이윤을 추구하는 집단인데, 이와 관련한 모든 정책은 정부가 장악하고 있다. 특히, '정책' 은 금융위원회가, '집행' 은 금융감독원이 수행하는 기형적 체계가 결국 금융감독에 대한 책임론을 묻는 형태로 이어지고 있다.

금융의 핵심은 리스크 관리에 있다. 개별 금융회사들은 자사의 리스크 관리를 빈틈없이 할 테니, 국가 전반에 걸친 금융 리스크는 금융감독원이 철저히 관리해야 한다. 금융이 잘못되면 그 영향력은 다른 산업과는 비교도할 수 없을 만큼 피해가 막심하다.

그러나 지금의 기이한 체제로는 리스크를 제대로 관리할 수 없다. 특히, 경제위기의 핵심이 금융위기인 만큼 금융감독 기능의 강화가 필요하다. 그러려면 금융감독원 체제를 근본적으로 바꿀 필요가 있다. 금융감독원의 문제는 폐쇄성에 있는데, 폐쇄적인 집단일수록 그들만의 세계를 구축하면서 문제가 커진다. 폐쇄적인 문화를 바꿔나가는 데부터 시작하여 금융감독의 전문성과 효율성을 확보하고, 감독기관의 책임성을 강화해가야 한다. 특히, 다변화된 시장 요구에 맞서 금융 시장의 변화에 신속하고 민감하게 대응해 나갈 수 있도록 다방면의 분야에서 탁월한 전문성과 노하우가 필요하다.

독립에 따른 재량권이 남용되거나 비리를 예방하기 위한 방법으로 국회 통제를 강화하는 견제 장치를 마련하여 금융감독 부실에 대한 책임을 강화해야 한다. 투명한 의사결정 과정을 통해 책임 소재를 분명하게 다뤄 효과적으로 관리해야 한다.

산업은행 시스템의 재정비 필요

KDB산업은행은 정책금융기관의 맏형격으로, 한국 경제 성장의 든든한 자금줄인 국책은행 중 한 곳이다. 산업경쟁력 강화, 기업 혁신 성장 지원, 금융 시장 안정 등 대한민국의 지속 성장을 견인하는 금융 '기관' 이다. 그러나 국내 산업계와 자본시장에서 안전판 역할을 하는 산업은행은 정치권의 눈치를 보는 고단한 신세에서 벗어나지 못하고 있다. 정권의 입김에서 벗어날 수 없는 구조적인 한계가 있기 때문이다. 금융회사 본연의 업무보다는 정부의 국정 철학에 따른 특수한 역할을 수행하다 보니 항상 탈이 날 수밖에 없다. 5년마다 바뀌는 정권의 눈치를 보느라 경제가 아닌 정치 논리로 일 처리를 하기 때문이다.

그래서 등장한 산업은행의 민영화 논쟁은 이제 부산 이전 공약을 내건 윤석열 정부의 처분을 기다리는 신세가 되었다. 세계적인 첨단기술 무역도시로 부산을 성장시키기 위해서는 정책금융의 핵심인 자금의 신속한 지원이 필요하다는 이유에서다.

산업은행의 민영화는 2008년 이명박 정부 때부터 꾸준히 논의되었다. 국내 자본시장을 육성하여 글로벌 상업투자은행으로 키우겠다는 정책을 지원하여 이를 선도하겠다는 야심 찬 공략 아래, 산업은행을 쪼개서 정책금융공사를 따로 만들어 금융사와 기업 지원을 맡기겠다는 거창한 목표까지 세웠으나, 정치권의 반대로 매번 무산되었다. 당시 대내외 경제 여건이 나빠 자금 조달이 어려웠고, 수익 구조가 취약한 정책금융공사는 매년 수천억 원씩 적자를 냈으며, 재정이 부실한 기업들도 쓰러질 정도로 분위기가 안 좋았기 때문이다.

2013년 박근혜 정부는 쪼갰던 산업은행을 다시 통합한다고 나섰지만, 정책 실패로 2,500억 원이라는 혹독한 대가를 치렀다. 국내 기업과 자본시장이 정책 실패로 겪은 고통과 혼란은 액수가 커서 일일이 따질 수도 없는 지경이었다. 그런데도 이런 일을 벌였던 정치인 중에 책임을 진 사람은 아무도 없다.

산업은행을 민영화시키는 목적은 민간 기능을 확장시켜 투자 쪽으로 발전시키고, 공적 기능은 정책금융공사로 현대화하자는 것인데, 지금처럼 불확실한 긴축의 시대에 현 정권이 추진하려는 부산 이전이나 민영화가 시장에 미칠 파장은 가늠하기조차 어렵다.

시장 실패가 발생한 분야는 보통 공익을 위해 필요한 산업이지만, 사업비가 많이 들고 뚜렷한 수익 구조가 보이지 않아 금융회사에서는 자금 공급을 꺼리는 편이다. 대규모 공장·항만·고속도로·산업단지처럼 돈이 많이 드는 인프라를 민간에 맡길 경우, 사회적으로 필요한 양만큼 충분히 공급되지 않을 수도 있다. 따라서 정부가 나서서 금리를 낮춰 대출해주거나 보조금을 지급하는 방식으로 정책금융을 제공한다.

개인과 기업 등 경제주체들이 자유롭게 경쟁하며 경제활동을 하는 경제 체제에서 자유경쟁을 시장에만 맡길 경우, 자원이 골고루 효율적으로 배분되지 못하면서 시장 실패가 일어날 수 있다. 실패한 산업의 경우, 손해 규모가 개인과 기업이 감당할 수 없을 정도로 클 때, 필요한 자금을 정책적으로 지원해주는 정책금융으로서의 정부의 역할이 요구된다.

그런데 우리나라의 정책금융은 경제가 선진형으로 발전함에 따라 민간시장의 규모가 커지면서 정부의 역할은 줄어들고 있다. 과거 개발경제 시대에는 설비자금 지원과 같이 대규모로 효율적으로 지원하였으나, 이제는 글로벌 기술 혁신, 친환경 미래에너지 산업 지원, 서민금융 지원 등 리스크가 크지만, 민간에서는 해소하지 못하여 시장 실패로 남은 부분에 집중해야 할 때다. 이에 따라 민간에서 해결할 수 있는 부분은 민간으로 넘기고, 민간이 할 수 없는 부분에 정책금융을 집중해야 한다.

산업은행이 민간으로 가면 정책금융 역할을 하는 기관은 한국수출입은행과 IBK기업은행뿐이다. 따라서 산업은행은 우리나라 대표 정책금융기관으로서 선진 정책금융을 실현하기 위한 개혁 방향을 모색해야 한다. 정부에서 목표를 제시하고 감독을 한다고 하더라도 정책금융을 집행하고 운영하는 데 자율성과 독립성은 보장해주어야 한다. 정치적 논리가 지배하는 구조에서는 정책금융 본연의 합리적 지원을 기대하기 어렵다.

또한, 정책금융기관 간 업무 분담과 구체적 추진 방향을 설정하여 기관 간 업무 중복을 피하고 사각지대는 해소해나가야 한다. 글로벌 경쟁 체제에서 미래 산업 먹거리를 발굴하여 체계적으로 지원하는 시스템을 구축하고, 경제 성장 사다리를 만들어 중소기업에서 소상공인까지 지원 분야를 특화해나갈 필요도 있다. 특히, 코로나19로 인해 비대면 디지털 전환의 기회를 발판으로 삼아 성장, 구조조정, 조직 변화 및 혁신이라는 세 축을 기반으로 정책금융의 균형을 유지해나가야 한다.

요약하자면

"금융의 핵심은 리스크 관리에 있다. 개별 금융회사들은 자사의 리스크 관리를 빈틈없이 할 테니, 국가 전반에 걸친 금융 리스크는 금융감독원이 철저히 관리해야 한다. 금융이 잘못되면 그 영향력은 다른 산업과는 비교도 할 수 없을 만큼 피해가 막심하다."

06

금융위기의 그늘에서 벗어날 대안점

팬데믹 위기에서 벗어나 경제 성장세가 정상궤도에 오르기도 전에 복합 위기와 맞닥뜨리면서 서민 경제에 비상등이 켜졌다. 고물가·고금리·고환율이라는 삼중고에 소비자물가지수까지 연일 날뛰고 있다. 한국개발연구원(KDI)은 올 9월 경제동향 보고서에서 "한국 경제의 회복세가 약화하고 있으며 경기 하방 압력이 확대됐다"고 진단했다.

이에 따라 한국은행의 고민이 깊어졌다. 물가상승률이 치솟고 있다는 점을 고려하면 기준금리를 올려야 하는데, 경기 하강 압력이 커지고 있어서 자칫 경기를 더욱 짓누를 가능성이 크다. 계속된 금리 인상에도 좀처럼 물가는 잡히지 않으면서 서민 경제는 더욱 나락으로 내몰리는 악순환이 반복되고 있다.

더구나 한국은 부동산에 연계된 가계부채 규모가 다른 나라보다 심각한 상태에서 금리 인상기를 맞았다. 날뛰는 물가를 잡으면서 부동산 버블까지 해소해야 하고, 경기침체와 집값 폭락은 막으면서 금리를 안정화해야 한다. 마치 수많은 난관을 피해 가며 아슬아슬하게 곡예를 하는 상황에 비유할 수 있다.

금융위기 10년 주기설

금융위기 10년 주기설이 되살아나고 있다. 실제로 1970년대 말 석유 파동에 이어 1987년 검은 월요일 주가폭락 사태를 시작점으로 1997년 아시아 외환위기, 2008년 글로벌 금융위기까지 10년 간격으로 세계경제를 크게 뒤흔드는 금융위기가 발생했다.

경제위기 앞에는 늘 호황이 있었다. 1980년대 중반 이후 저금리, 저유가, 원화 약세 등 3저 효과로 수출과 경상수지는 매해 최고치를 경신했으며, 1995년 반도체 호황은 '단군 이래 최대 호황'이라는 수식어가 붙기도 했다. 1997년 외환위기 전의 우리 경제는 탄탄대로였다. 2008년 글로벌 금융위기 직전인 2007년 한국 증시는 사상 처음 2,000선을 돌파했다. 그해 코스피 지수는 51번이나 역대 최고치를 경신했다.

이러한 호황의 끝에는 위기가 찾아왔다. 실업률은 급증했고 부동산 가격은 폭락했으며 심각한 자산 불평등 현상이 벌어지는 등 국민은 혹독한 대가를 치러야 했다. 호황 뒤에 위기가 오다 보니 예측하기도, 대비하기도 어려웠다. 언젠가 버블이 끝난다는 것을 알면서도 지금은 아니라며 부추기는 게 자본주의의 습성이기 때문이다.

2020년 코로나19 팬데믹이 선언되자, 세계 각국은 10년 주기설에 반박이라도 하듯 일제히 막대한 돈을 풀면서 위기를 틀어막고자 했다. 그러나 성큼성큼 다가온 경제위기는 결국 역사는 반복된다는 것을 입증할 뿐이다. 10년 주기설은 경제학의 공식 이론은 아니다. 그렇지만, 세계경제 침체가 장기화할 가능성이 커짐에 따라 유사한 흐름의 위기가 발생 중이라는 것을 깨닫고, 결국 역사는 반복된다는 점을 참고하여 심각하게 고민하며 경각심을 가져야 한다는 데서 주목할 가치가 있다.

경제위기, 왜 반복되는 걸까

경제위기의 심각성은 시기별로 다소 차이가 있었지만, 과다한 투자 및 재무구조 취약, 기업의 수익률 저하, 금융 정책의 오류 등을 배경으로 비슷한 유형의 경제위기가 되풀이되었다. 경제위기는 모두 호황 이후 침체되는 과정으로 이어졌으며, 발생 과정도 시기별로 유사하다. 다시 말해, 금융위기 주기설은 역설적으로 '버블을 버블로 막는 정책' 이 가진 한계를 적나라하게 보여준 것이다.

그런데, 위기가 발생할 때마다 과거 사용했던 위기 대책을 반복적으로 동원하여 위기에 대응하는 경향도 유사했다. 금융위기가 발생하는 것을 정부가 막을 수는 없지만, 충격을 최소화하는 일은 정부의 몫이다. 정부는 경제 침체가 발생하면 공통으로 조세 및 금융 수단을 동원하여 기업투자 활성화를 도모하는 한편 거시경제 정책을 확장적으로 운용하였다. 또한 물가를 통제하는 정책을 직접적으로 사용하면서 관리하고자 하였다.

그런데도 경제위기가 유사한 원인으로 반복해서 발생했다는 것은 과거 대책들이 효과가 없었다는 것을 반증한다. 심지어 원인을 근본적으로 해소하는 대책이나, 10년 주기설이 사람들의 입에서 오르내리는데도 사전 예방을 위한 대책도 없었다. 기업이나 금융기관이 입은 막대한 손실을 사후에 처리해줌으로써 일시적으로 곤란함을 경감해주는 데 그쳤을 뿐 체질 개선까지는 실패한 것이다. 재정 지원 정책은 오히려 정부에 의존하게 만들며 정경유착의 배경으로 작용할 뿐 구조적인 문제를 해결해주지 못한다.

경제위기의 원인은 다양하고 파급 경로는 복잡하며, 미치는 영향은 폭넓어서 위기가 발생할 때는 모든 경제주체의 노력이 필요하다. 아무리 정부가 경제 시스템을 잘 관리한다고 하더라도 개별 민간 경제주체가 불합리한 선택을 하거나 상호 견제가 제대로 이루어지지 않으면 경제위기를 발생하는 요소를 근본부터 제거할 수 없다.

경제 구조가 점차 복잡해짐에 따라 정부의 감독과 규제에는 시대의 흐름을 빠르게 쫓지 못해 한계가 따를 수밖에 없다. 예상하지 못한 곳에서 충격이 발생하더라도 각 경제주체가 다양성을 구비하여 한 부문에서 일어난 충격을 다른 부문에서 완화하며 흡수할 수 있어야 하는데, 그러려면 구조조정을 위해 각고의 노력을 기울여야 한다.

인간의 욕구는 점차 복잡해지고 다양해지고 있다. 앞으로의 경제는 급변하는 추세에 올라탄 만큼 이에 어떻게 적응하고 조정해가느냐에 따라 경제 체질이 바뀔 것으로 예상된다. 따라서 다양한 이해관계를 효과적으로 조정하면서 유연성 있는 규제를 구축하는 방안에 대해서도 활발하게 연구해 나가야 한다. 정부는 민생에 귀 기울여 과거와는 다른 창의적인 정책을 내놓고, 역발상으로 전환하여 대책을 찾는 데 힘써야 한다.

경제위기, 역발상 투자 대안점

진정한 고수는 지금처럼 불황일 때 더 과감하게 움직인다. SK하이닉스 박정호 부회장은 "지난 10년을 돌이켜 보면, 위기 속에서도 미래를 내다본 과감한 투자가 있었기에 SK하이닉스가 글로벌 기업으로 성장할 수 있었다"며 이제는 다가올 10년을 대비해야 할 때라고 말했다. SK하이닉스는 반도체 불황 위기 속에서도 신규 공장 건립을 발표했다.

최근 메모리 반도체 시장은 세계 경기침체와 공급망 불안정으로 급격한 수요 감소와 마주했지만, 반등할 가능성에 과감히 베팅한 것이다. 과거 우리의 경험을 돌이켜 보았을 때, 경제위기의 고통은 이루 말할 수 없었다. 그러나 역발상으로 경제위기는 또 다른 투자의 기회가 될 수 있다. 아래 제시한 부동산, 달러, 주식 시장에 발상을 전환한 투자법으로 미래 자산의 가치를 높일 숨은 기회를 찾아보자.

1. 고환율 · 고금리 · 고물가 현상이 오래갈수록 부동산 시장은 위축되고 가격은 하락하므로 오히려 우량 부동산을 값싸게 매입할 수 있다. 집값이 폭락하는 상황이 오면 고수는 저가 급매물 매수의 기회로 삼아 적극적인 투자전략을 펼친다. 저가 매수의 타이밍은 과거 10년 동안의 최저가격을 기준으로 정한 뒤 관심 지역 아파트의 가격이 기준선까지 떨어지면 그때를 타이밍으로 잡으면 된다. 심하게 떨어진 집값을 반의 반값에 구입할 수 있다.

부동산 정책은 냉탕과 온탕을 반복하기 마련이다. 경기가 과열되면 정부는 규제 정책을 쓰고, 경기가 침체되면 활성화 정책을 쓴다. 부동산 투자 고수는 사람들의 투자 심리가 위축되어 부동산 시장이 침체되었을 때 오히려 적극적으로 투자전략을 짠다.

2. 고환율 시대에 대비해 달러에 투자하는 방법도 있다. 달러가 강세(원 · 달러 환율 상승)면 국내에서 달러 외화예금에 가입한 고객은 원 · 달러 환율 상승에 따른 환차익을 기대할 수 있다. 금융 시장에서 달러는 안전자산으로, 원화와 주식은 위험자산으로 간주한다. 달러 강세 국면은 안전자산을 선호하는 시기이며, 원화의 가치가 떨어진다.

원·달러 환율이 1,400원을 돌파한 사례는 1997년 '자율변동 환율제' 도입 이후 외환위기(1997~1998년)와 글로벌 금융위기(2008~2009년), 단 두 차례뿐이었다. 2022년 9월 22일 연준은 정책금리를 0.75%포인트 인상하는 '자이언트 스텝'을 단행했다. 연준이 3회 연속 자이언트 스텝을 밟은 데다, 내년까지 금리 인상을 지속하겠다고 시사하면서 안전자산으로 분류된 달러화는 초강세를 보였다. 일각에서는 킹달러(King Dollar·달러화 강세) 흐름 속에서 환율이 최대 1,500원까지 치솟을 가능성도 배제할 수 없는데, 달러화 강세를 꺾을 재료가 마땅히 없다는 점에서 추가 상승의 여력이 남아 있기 때문이다.

일찍이 달러를 사 둔 투자자들은 킹달러 시기인 요즘 꽤 큰 시세 차익을 누렸을 가능성이 높다. 달러 투자는 비교적 쉽고, 환차익에 대한 세금이 없다는 장점도 있다. 원·달러 환율이 아무리 낮아져도 역대 최저 환율인 2007년도의 902원 이하로 떨어지기 어려우며, 환율이 아무리 높아도 IMF 때 1,700원(2008년 금융위기 때는 1,500원 수준)까지 갈 확률은 적어 비교적 상하방이 뚜렷한 편이다.

3. 주식에서 역발상 투자란 시장의 움직임에 반대로 움직이는 투자가 아니다. 주식은 주식 투자 하기에 가장 나쁜 시기일 때, 주가가 바닥을 찍어 횡보할 때 싸게 사서 비쌀 때 파는 것이다. 지금처럼 금리 인상과 경기 둔화 흐름이 지속됨에 따라 코로나 유동성 시기처럼 기업에 대한 가치 평가가 높아지기는 어렵다. 우리 증시는 전일 미국 시장에 큰 영향을 받긴 하지만, 코스피 대형주인 국내 주력 기업의 실적이 상향될 것으로 보고 대체로 견조한 흐름을 이어가면서 주가지수의 버팀목 역할을 해줄 것이다.

2022년 전체 예상 실적이 상승세로 돌아선 반도체, IT, 하드웨어, 금융과 같은 업종에 관심을 두고 주시하는 게 좋다. 갈수록 금리 인상의 여파로 경기침체 양상이 뚜렷해진다면 기업 실적 전망이 악화하면서 주가지수는 한 번 더 하락세를 보일 가능성도 높기 때문에 주의가 필요하다.

코로나 특수로 행복한 비명을 질렀던 코로나 최대 수혜주인 바이오, 게임 및 인터넷 플랫폼 관련주나 메타버스, NFT는 실적이 뒷받침되지 않으면 주가 약세가 지속될 수 있다. 그러나 2차전지나 신재생에너지, 반도체 장비 분야와 같이 구조적 성장주나 정책 수혜주, 실적과 가치 측면에서 이미 충분히 조정받은 딥 밸류(초저평가 기업) 종목들은 중장기적 관점에서는 얼마든지 침체 상황에서도 투자할 가치가 있다. 이런 기업들의 경우 오히려 주가 약세 국면일수록 투자의 기회가 될 수 있다. 시장을 이기려고 하지 말고, 경제 시장의 큰 흐름과 방향을 보면서 포트폴리오를 조정해가자.

돈을 벌고 싶다면 상식, 원칙, 고정관념을 뒤집는 역발상으로 남들과는 다른 길을 선택하는 과감함이 필요하다. 그러려면 여러 가지 다양한 훈련이 필요하다. 남들 다 가는 흐름에서 벗어나 역행하면서 발상의 전환을 해야 하는데, 그러려면 투자에 대한 올바른 기준과 자신만의 신념을 바로 세우는 데서부터 시작해야 한다. 특히, 주식 시장에서 하루하루 변동하는 주가에 흔들리지 말고, 냉철한 이성으로 대중이 선택할 법한 흐름에서 벗어나 매수, 매도 시점을 잡아 투자해야 한다.

지금보다 더 나은 미래를 꿈꾸면서 많은 돈을 벌고 싶은데, 막연하기만 할 뿐 무엇을 해야 할지 모르는 사람들이 많다. 경기침체 및 국제 정세 불확실성 등 경제위기에 부정적인 전망이 잇따르고 있는 가운데, 위기에서 기회를 찾을 수 있는 자신만의 역발상 전략을 찾아 투자해보는 건 어떨까.

요약하자면

"경제 구조가 점차 복잡해짐에 따라 정부의 감독과 규제에는 시대의 흐름을 빠르게 쫓지 못해 한계가 따를 수밖에 없다. 예상하지 못한 곳에서 충격이 발생하더라도 각 경제주체가 다양성을 구비하여 한 부문에서 일어난 충격을 다른 부문에서 완화하며 흡수할 수 있어야 하는데, 그러려면 구조조정을 위해 각고의 노력을 기울여야 한다."

07

어설픈 경제 민주화에서 탈출하기

한국 경제의 근본적인 문제는 고질적인 불확실성과 만성적인 저투자 현상에서 찾아볼 수 있다. 경제 민주화를 향한 정부의 규제는 기업의 적극적인 투자 의지를 감소시킴으로써 점차 투자가 줄면서 결국 경제 저성장을 초래하고 말았다.

한국 경제가 날이 갈수록 저성장 위기에 직면하고 있는 현 상황에서는 성장 관점에서 경제 민주화를 위한 각종 정책, 법안 입안 그 자체에 대한 근본적인 재검토가 필요하다.

경제 민주화를 바로 잡을 때

경제성장률을 두 배 이상 상회하는 물가 급등과 이에 동반한 금리 상승, 끝이 나지 않을 것 같은 팬데믹으로 비롯된 피로감을 반영하듯 한국 경제는 경기침체 공포의 위기 상황을 향해 가고 있다.

한국 경제가 처한 상황은 재정건전성과 관련한 몇몇 규제 완화 정도로는 해결될 정도로 간단하지 않다. 이렇다 할 정도로 경제를 일으킬 경쟁력과 부양력이 부족한 상황으로 성장 흐름을 반전시키려면 공격적인 투자를 통한 생산성 향상, 소득과 소비 진작을 유발하는 선순환이 필요한데 이를 견인할 원동력이 없다는 게 문제다.

이렇게 우리 경제의 전망이 어두운 이유는 반(反)성장적 경제 인식이 만연하기 때문이라고 볼 수 있다. 10년 넘게 지속된 반(反)기업적 경제 민주화는 분배 정의를 실현하기는커녕 기업의 투자 의욕만 저하시키는 결과를 초래했으며, 나아가 4차 산업혁명을 견인해갈 선제 대응의 골든타임을 놓치게 했다.

경제 민주화는 모든 경제주체가 성장의 결실을 골고루 나누면서, 공정하고 투명한 시장 질서를 확립하며, 균등한 기회와 정당한 보상이 이뤄지는 행복한 경제 시스템을 말한다. 자유시장 경제체제에서 발생하는 과도한 빈부 격차를 더 평등하게 조정하자는 취지에서 가난한 사람이건 부유한 사람이건 상관없이 동일한 기회와 결과를 가질 수 있게 하는 데 목표가 있다. 지나친 빈부 격차를 막고, 특히 대기업에 쏠린 부의 편중 현상을 법으로 완화하는 정치 슬로건이라고 볼 수 있다.

정부가 나서서 경제적 약자를 보호하는 역할을 과거보다 더 적극적으로 하겠다는 것인데, 정치권에서는 경제 민주화를 재벌 규제와 연관하여 출자총액 제한제도(정부가 출자총액을 제한하는 이유는 재벌이 기존 회사의 자금으로 또 다른 회사를 손쉽게 설립하거나 혹은 타사를 인수함으로써 기존 업체의 재무구조를 악화시키고 문어발식으로 기업을 확장하는 것을 방지하기 위함), **지주회사 설립 금지 및 전환조항**(주식의 소유를 통하여 국내 회사의 사업 내용을 지배하는 것을 주된 사업으로 하는 회사를 설립하거나 설립된 회사를 지주회사로 전환할 수 없음), **상호출자 제한**(대기업 계열사 간 결속력을 강화하거나 자기자본을 부풀려 은행융자나 회사채 발행한도 확대 등 유리한 여건을 조성하는 것을 제한), 금융·보험사 의결권제한제도(상호출자 제한 기업집단에 속하는 기업으로 금융업이나 보험업을 영위하는 기업이 주식을 취득 또는 소유하고 있는 국내 계열회사 주식에 대해 의결권을 행사할 수 없도록 한 것), 금산 분리(금융자본과 산업자본이 상대 업종을 소유·지배하는 것을 금지하는 원칙) 등으로 해석하고 있다.

경제 민주화는 말 그대로 공정한 기회와 불평등 완화에 초점을 두고 경제적 평등을 추구해야 한다. 소득 재분배를 떠나서 기업이 민주적 기치 아래서 운영할 수 있도록 추구해야 한다. 그러나 대기업이 중소기업의 기회를 빼앗아 몸집을 부풀리고 부를 축적하다 보니 단순히 중소기업과 소상공인을 보호하겠다는 데만 그치지 않고, 대기업에는 자유를 주되 선을 넘는 경쟁에는 규제하겠다는 것이 공정이 되었다.

수준이 다른 중소기업을 사전에 짓밟아 성장 동력을 끊지 말고, 사회적 책임과 자산 규모에 걸맞게 세계 시장에서 경쟁하고, 국내에서는 대기업의 품격을 보여 '노블레스 오블리주'를 보이라는 것이다. 대기업이 프랜차이즈를 동원하여 제빵업, 분식업, 동네 마트까지 확장하면서 자영업자가 무너지고, 막대한 자본을 앞세운 세일, 건물주를 회유한 점포 내몰기, 오너의 갑질 사건 등 악행이 지속되기에 이런 행위를 단속하자는 희망사항도 포함되었다.

정부는 정경 분리의 확고한 원칙에 따라 경제 회생을 위한 선명한 로드맵을 제시해야 한다. 비전과 희망이 모든 경제주체자에게 명확히 전달되도록 최선의 노력을 다해 홍보하고 실천해야 한다. 극에 달한 경기침체로 인한 피로감을 위로하고 회복할 수 있도록 구체적인 대안을 마련해야 비로소 한국 경제에 희망이 바람이 불어올 것이다.

정치권은 경제 민주화라는 슬로건을 포장하거나 비난하는 정쟁을 멈추고 위기 상황에 맞서서 극복할 대책 마련에 지혜를 모아야 한다. 정치와 경제가 만나면 늘 탈이 났다. 경제에 정치 논리가 앞서면 경제가 정치의 눈치를 보다가 피멍이 들고, 경제 논리에만 치우치면 정치에 부담으로 작용한다.

빈곤과 침략으로 점철된 5000년 역사 동안 국난극복이 주특기가 된 한국인의 국민성은 위기가 닥치면 반드시 극복해낸다는 강인한 유전자가 있다. 1997년 외환위기에서 세계가 놀랄 정도로 빠르게 회복할 수 있었던 것은 정치인의 정책 때문이 아니라 국민이 자발적으로 나선 눈물겨운 금 모으기 운동 덕분이었다. 이제 우리는 다시 우리의 저력을 믿고 서로의 기득권을 조금씩 양보하며 뭉쳐서 최선을 다해야 한다.

경제 민주화에서 더욱 중요한 것은 기회의 민주화다. 가뜩이나 좁은 땅덩어리 안에서 서로 물고 뜯을 것이 아니라 창의성을 바탕으로 한 신사업의 기회를 기득권 유착이라는 장벽에 막히지 않도록 미래지향적인 대안을 제시하여 세계 시장과 경쟁하여 성장 동력을 끌어내야 한다.

요약하자면

"경제 민주화는 자유시장 경제체제에서 발생하는 과도한 빈부 격차를 보다 평등하게 조정하자는 취지의 용어로, 가난한 사람이건 부유한 사람이건 상관없이 동일한 기회와 결과를 가질 수 있게 하는 데 목표가 있다. 지나친 빈부 격차를 막고, 대기업이 시장을 좌지우지하지 못하게 막고, 이런 일을 정부가 나서서 하겠다는 슬로건이다."

08

청년 정책의 영역 개편

세상의 주인은 청년이다. 일제 강점기의 청년은 나라를 해방했고, 1950년대의 청년은 전쟁에서 나라를 구했다. 1970년대의 청년은 '한강의 기적'으로 나라를 일으켰고, 1997년의 청년은 IMF를 이겨냈다. 그리고 2020년의 청년은 코로나19 극복의 한가운데에 있다. 그런데 대한민국의 미래인 청년이 코로나 위기를 겪으며 취업이라는 무대에서 주인공은커녕 코로나 백수가 되는 일이 현실이 되고 있다.

청년들이 공무원이 되겠다고 공시생에만 몰리는 현상은 바람직하지 않다. 청년 각자의 소질과 능력에 부합하는 일자리를 찾을 수 있도록 도와야 한다. 4차 산업혁명과 같은 새로운 변화를 인지하여 혁명을 선도할 수 있도록 인재 교육과 양성에 힘써야 한다. 기업은 기업하기 좋도록 규제를 낮춰 경제 환경을 조성해주고, 청년은 다양한 일자리에 적재적소로 투입되어 자기 능력을 발휘할 수 있도록 정책 지원이 필요하다.

초단기 알바에 가까운 정부의 청년 대책

코로나19 고용 충격은 청년층의 고용 비중이 높은 음식, 숙박, 관광업, 교육 등의 서비스 부문과, 고용 형태별로는 임시 및 일용직에 집중되었다. 그로 인해 청년층의 고용지표가 벼랑 끝에 서게 되었다. 수출 및 제조업 산업이 위축되는 현상이 상당 기간 지속되고 있고, 내수 경기까지 가라앉으면서 기업이 신규 채용을 줄이자 청년 고용에 악영향을 미치면서 장기화될 공산이 커졌다.

우리나라의 심각한 가계부채 문제에는 청년의 빚도 포함되어 있다. 40~50대보다 상대적으로 모아놓은 돈이 없으니 이해는 가지만, 문제는 청년층에서 유독 증가 폭이 가파르다는 것이 문제다. 가장 큰 이유는 주택 구입과 가상자산 투자를 위해 '빚투' 하는 데서 찾을 수 있다.

지난 몇 년간 아파트 투자 열풍을 탄 청년 세대는 지금이 아니면 내 집 마련을 할 수 없다는 생각으로 무리하게 대출받아 주택 구입에 나섰다. 특히, 갭투자에 나선 청년층은 자기자본 비율이 적은 상태다. 향후 주택가격이 계속 오르고 대출이자율까지 낮게 유지된다면 이런 청년 세대의 대출 투자가 무너지지 않을 수도 있다. 그러나 현 상황에서 집값은 떨어지고 있고, 고금리 시대가 오고 있는 이상 심각하게 우려하지 않을 수가 없게 되었다.

사회에 첫발을 내딛는 청년은 본디 사회적 불안감을 가지고 있다. 이러한 불안은 주거와 일자리 등 사회적 요인에서 발생하는데, 2020년대의 청년은 설상가상 코로나 팬데믹 현상까지 겹쳤다. 이러한 청년을 일으켜 세울 수 있는 것은 비트코인 '몰빵' 이나 청년수당이 아니라, 올바른 정책 지원에 있다.

치열한 경쟁구조 속에서 청년이 감당해야 할 몫이 많았는데, 경제위기와 저성장까지 반복되면서 안팎으로 청년은 사회적 위기를 겪고 있다. 질 좋은 일자리가 부족한 것은 고용 창출을 확보하지 못한 정부에게 책임을 물어야 한다. 각종 규제를 완화하여 민간 경제의 활력을 높이고 고용시장의 유연성을 꾀하는 방도를 찾지 못했기 때문이다.

절망스럽게도 청년 고용 대책은 하나같이 지속가능성이 낮은 공공 알바로 일회용처럼 뽑아쓰는 티슈 인턴 수준에 머물러 있다. 최근 1분기 안에 만들겠다는 90만 개의 공공일자리 사업도 청년에게는 참여 기회가 거의 없는 데다, 초단기 재정 일자리일 뿐이다. 그나마 용돈벌이 수준이던 공공일자리도 새 정부 들어 공공 주도 일자리에 대한 예산 감축을 추진하면서 노인 일자리 사업을 포함해 수천 개에 달하는 일자리가 사라진다.

더구나 우리나라는 대학 등록금과 실업급여조차 일단 취직해서 고용보험에 들어야만 받을 수 있는 구조다. 이는 다시 말해, 취업에 실패하면 그 어떤 지원도 받지 못한다는 것을 말한다. 상황이 이렇다 보니 당장 생계를 유지하는 데 다급해질 수밖에 없다. 청년이 자신의 일상조차 포기하게 만드는 암울한 경제 구조를 유지한다면, 청년뿐 아니라 우리 경제의 미래와 노후까지 위협받게 된다는 것이 자명하다.

청년들의 금쪽같은 청춘을 가짜 일자리로 채우고 통계를 왜곡하는 데만 급급한 사이 대한민국의 미래와 경쟁력은 점점 어두워지고 있다. 문재인 정권 5년간 일자리 사업에 111조 원이 넘게 들어갔지만, 청년들의 삶은 여전히 탈출구가 보이지 않고 암울하기만 했다. 청년일자리 확대를 목표로 2020년 하반기부터 청년디지털일자리사업(정보기술 직무분야에 채용한 5인 이상 중소·중견기업에 최장 6개월간 월 최대 190만 원씩 지원한 사업)을 펼쳤지만, 정부 지원이 끊기자 4명 중 1명꼴로 일자리를 잃은 것으로 나타났다.

오랜 시간 동안 청년에 관한 이슈는 패기, 도전, 열정, '아파야 청춘' 이라는 등 프레임에 갇혀 있었다. 이런 프레임은 청년 문제를 환기하는 효과는 있지만, 청년 문제를 그들만의 리그인 것처럼 고립시킨다.

"인생은 한강 뷰 아니면 한강 물"이라며 청년들 사이에서 회자되는 말이 있다. 주식이나 가상화폐 투자에서 성공하면 한강 뷰가 있는 고급 아파트에서 살고, 실패하면 한강 물에 빠져 죽는다는 말이다. 이는 미래에 대한 비전이 없어 앞날이 참담한 청년들의 현실을 보여준다. 과거에는 고소득 청년들이 여윳돈으로 투자했다면, 최근에는 자산을 영혼까지 끌어모아 '몰빵' 하는 경우도 적지 않다.

과거에는 개천에서 용이 났고, 열심히 하면 계층 사다리를 타고 올라갈 수 있었지만, 이제는 자산 차이를 뛰어넘기가 어려워졌다. 흙수저, 금수저와 같은 계급을 인식하게 되면서 자산 형성이 안 될 것 같아 부동산보다 가상화폐나 주식과 같은 기회를 잡으려는 청년이 그만큼 늘어났다. 청년이 원하는 대기업이나 공기업과 같은 안정적인 일자리는 소수의 정규직만이 합격하여 낙타가 바늘구멍 들어가기보다 더 어렵게 되었다. 평생직장의 개념은 없어지고 전통적인 노동시장에는 거부감이 있어 욜로족, 니트족이 늘어나고 있다.

청년 정책 개선 방향

청년 일자리 고용에 관한 정책은 일자리의 양적 확장에 치우친 나머지, 청년 일자리의 질적 개선에는 미치지 못했다. 장기간 누적된 일자리 고용의 불확실성은 주거, 여가, 결혼, 출산, 양육 등 삶의 다방면에 걸쳐 어려움으로 확대되는 양상을 보인다.

코로나19 발생 전에는 청년 일자리에 관련된 재정지원 일자리 사업으로 청년내일채움공제와 청년추가고용장려금 등 주로 고용장려금 정책을 중심으로 예산이 편성되었다. 그러나 현재, 코로나19 여파로 청년의 고용 위기가 증폭되었으므로 이제 장기적인 관점에서의 고용 개선 방향성을 수정해야 한다.

첫째, 청년 일자리 사업을 중장기 정책 노선으로 삼아 단계적 이행으로 점차 개편한다.

4차 산업혁명에서 필요로 하는 직업 훈련의 분야를 확대 편성한다. 그러기 위해서는 고용장려금과 직접 일자리 위주의 청년 사업 규모와 비중을 축소화하고, 지원 수준과 요건 등의 지침을 개정할 필요가 있다.

현재 노동자 직접 지원 방식의 고용장려금이 청년층에게 인지도와 호응이 높다. 중소기업에서의 장기근속을 유도하는 데 있어서 실효성이 있는 청년내일채움공제의 경우, 높은 가입률에도 불구하고 물량이 제한되어 있어 청년층에 대한 보편적 정책이라고 내세우기에는 한계가 있다. 매년 조기 마감이 될 정도로 청년의 가입 의사가 높고, 그만큼 공제 가입에서 배제된 청년들의 상대적 박탈감도 크다. 따라서 범위를 확대하고, 중장기적 정책의 지속성을 유지할 수 있도록 정책적 지원 방향과 개선 방안이 필요하다.

청년내일채움공제는 중소 및 중견기업에 정규직으로 취업한 청년들의 장기근속을 위해 고용노동부와 중소벤처기업부가 공동으로 운영하는 사업으로, 청년·기업·정부가 공동으로 공제금을 적립하여 2년 근속한 청년에게 성과보상금 형태로 만기공제금을 지급하는 사업이다. 청년, 기업, 정부의 3자 적립 구조로 청년과 기업이 2년간 300만 원씩 적립하면 정부가 600만 원을 지원하여 적립해준다.

그런데 실질적으로 기업의 실분담이 적어 사업의 본 취지를 달성하지 못하고 있다. 청년공제 사업에 대한 정부의 재정 부담을 덜고, 기업의 지원 확대를 늘리기 위해 만기공제금 수준을 단계적으로 하향하면서 사업주 분담금을 단계적으로 상향하여 기금 여력을 확보함과 동시에 범위 확대까지 도모해야 한다.

둘째, 청년 일자리 시장의 수요 측면을 회복시키면서 고용시장의 단기 충격을 최소화시킨다.

코로나19로 노동자의 소득이 불안정해졌다. 고용 시장을 회복시키려면 기업의 노동 수요를 확대해야 한다. 그러려면 공공일자리를 포함한 직접 일자리를 제공하거나 장려금 위주의 정책 기조를 그대로 유지하면서 일자리 경험 확대 및 직업 훈련의 경험을 제공할 필요가 있다. 특히, 청년고용장려금 사업은 기업 지원 방식의 청년추가고용장려금과 노동자 직접 지원 방식의 청년내일채움공제 사업이 코로나 이전과 이후에도 긍정적 효과가 있으므로 정책의 일관성을 유지하는 게 좋다.

다만, 코로나로 채용이 경직된 기업의 어려움을 고려하여 정책 기조는 유지하면서 근로 기간, 근로 형태 등의 가입 요건을 완화하고 지원 수준을 한시적으로 낮게 설계해야 한다. 특히, 신규 채용에 대한 정부의 추가 정책 지원이 필요하다.

셋째, 청년 지원에 있어 청년층에만 집중하기보다는, 기존의 고용 안전망과 재난 긴급복지제도를 함께 활용하여 전 연령대를 아우르는 정책틀 안에서 청년 인력을 지원하는 방안을 모색한다.

청년 일자리 수요와 성장 가능성이 높은 비대면 디지털 일자리를 중심으로 공공일자리를 확대한다. 기업의 고용 수요는 단기간에 회복되기 어려울 것으로 전망되므로 단기 공공일자리 제공으로 청년의 소득을 보장하면서 청년의 근로 의욕이 상실되지 않도록 유지해주며 정규직 노동시장으로 진입할 수 있는 기회를 제공해주어야 한다.

2020년 초에 5만 명을 대상으로 지급한 청년구직활동지원금은 추경을 통해 추가 편성하였으나, 코로나 장기화로 인해 채용이 위축되면서 지원 규모와 지원 대상을 추가 확대할 필요가 생겼다. 또한, 고용장려금과 일자리 경험 기회 제공 사업에 관한 정책 기조를 유지하되, 코로나로 중단되었던 훈련 사업을 재개하기 위한 노력이 필요하다. 신규 채용이 위축되면서 고용 충격이 좀 더 크게 다가온 인문, 사회, 예체능 계열 학생을 대상으로 청년취업아카데미의 참여를 독려하는 등 청년층 취업성공 패키지의 확대를 검토해야 한다.

특히, 코로나19 위기 극복 지원에 관한 다양한 긴급지원정책이 시행되고 있음에도 청년층의 인지도가 저조하여 정책의 효과를 제대로 발휘하지 못하고 있는 바, 청년층의 지리적, 심리적, 정보적 접근성이 좋은 온라인 청년센터를 중심으로 정보 탐색 및 접근이 용이하도록 민관 협력으로 청년의 다양한 욕구와 수요를 정책에 적용해야 한다.

넷째, 청년층의 일자리 사업과 재정적 지원 욕구가 급증하는 가운데, 중장기 정책의 지속성 확보를 위해서 어떻게 재원을 조달할 것인지 다양한 방법을 모색해야 한다.

미국은 정부 외에 주정부 및 지방정부의 재원 외에도 기부금, 재단기금 등 민간부문의 재원을 통해 조달받는 형식을 취하고 있다. 그러나 우리나라는 전액 정부지원 형식으로 운영되고 있어 재정부담이 점차 가중되고 있다. 민간부문에서 재원을 조달하는 방법을 통해 기업의 참여를 유도하는 방법을 강구하고, 청년 일자리 사업을 위한 별도의 기금 펀드를 운영하는 방안을 마련하는 일도 고려해야 한다. 정부 예산 외에 대안적인 공공재원을 발굴하고, 민간부문의 재원을 유도할 수 있는 새로운 투자체계를 구축할 필요가 있다.

마지막으로, 정부 주도의 일자리 사업과 지자체 간 시행하는 사업 간의 연계를 강화한다. 현재 정부와 지자체 일자리 사업은 일정한 기준 없이 지역별로 천차만별이다. 청년층의 정보 검색에는 한계가 있고, 실효성 면에도 큰 성과가 없다. 지자체는 지역 특성을 살려 일자리 사업을 자율적으로 운영하고, 정부와 연계할 때는 일정한 기준과 방향성으로 유기적으로 연계 및 결합한다.

지자체 일자리 사업은 정부에서 미처 포괄하지 못한 사각지대를 대상으로 지원할 수 있다는 장점이 있다. 정부의 일자리 사업은 대부분 가입 요건이 엄격하고 물량이 제한되어 있는데, 이때 물량 제한으로 제외된 청년층을 대상으로 지자체에서 지원해주며 포용하는 방식으로 고려한다. 그러기 위해서는 청년의 인지도 향상을 위해 워크넷과 청년센터를 통해 정보를 투명하게 공개하고 홍보를 강화할 필요가 있다.

현재 코로나19 위기는 청년의 고용시장을 벼랑 끝으로 내몰고 있다. 우리나라의 미래인 청년의 위기는 곧 우리의 위기와 같다. 청년의 일자리가 회복되어 삶의 질이 개선될 수 있도록 좀 더 많은 관심과 투자가 필요하다.

"과거에는 개천에서 용이 났고, 열심히 하면 계층 사다리를 타고 올라갈 수 있었지만, 이제는 자산 차이를 뛰어넘기가 어려워졌다. 흙수저, 금수저와 같은 계급을 인식하게 되면서 자산 형성이 안 될 것 같아 부동산보다 가상화폐나 주식과 같은 기회를 잡으려는 청년이 그만큼 늘어났다. 청년이 원하는 대기업이나 공기업과 같은 안정적인 일자리는 소수의 정규직만이 합격하여 낙타가 바늘구멍 들어가기보다 더 어렵게 되었다. 평생직장의 개념은 없어지고 전통적인 노동시장에는 거부감이 있어 욜로족, 니트족이 늘어나고 있다."

09

빛과 부동산 해결법

　　산더미 같은 가계부채는 부동산 버블을 잔뜩 부풀려 부동산 시장을 위축시켰다. 이 상황에서 유동성까지 단번에 줄어들면 부동산 폭락으로 이어질 게 뻔하다. 국내 가계부채의 대부분이 부동산에 묶여 있다는 점을 감안할 때, 경제위기가 닥치면 금융회사는 대출을 최대한 빨리 회수하고자 금리를 더 빠른 속도로 올린다. 그렇게 되면 부채 부담이 높아져 연체율이 가파르게 상승한다. 금융위기와 부동산 가격의 하락은 연쇄적인 악순환의 고리에 빠져 실물경제까지 끌어내릴 수 있다.

정부의 부동산 정책 전망

　우리나라 부동산 정책은 '집값 안정화'에 있지 않다. 부동산 정책의 핵심은 '부동산 시장의 활성화'다. 노태우 정부까지는 서울의 인구 증가로 서울에서 살 집이 부족해서 신시가지를 만들어야 했다. 김대중 정부 이후에는 서울의 인구 증가가 정체되면서 주택 공급이 부족하지는 않았다. 그래서 부동산 활성화를 목적으로 분양권 전매를 활용하면서 이에 따라 분양 시장이 과열되었다. 분양 시장은 재건축과도 연관이 있는데, 재건축이 되어야 분양권이 쏟아지기 때문이다. 현재 우리나라 부동산 시장이 투기로 얼룩진 데는 이때 분양권 전매에서 시작되었다고 봐도 과언이 아닐 것이다.

문재인 정부의 과도한 부동산 규제는 거꾸로 집값을 급등시키는 부작용을 낳았다. 새 정부로선 불합리한 규제를 풀어 시장을 정상화할 필요가 있는 건 사실이다. 가계부채 관리에 전력을 기울여야 하는 건 당연하지만, 조급한 정책 변화는 금물이다. 자칫 가계부채의 대규모 부실화라는 폭탄이 터지면서 경제 전반에 심각한 악영향을 주는 사태를 막기 위해서다.

윤석열 정부는 지나친 개입과 규제 만능주의에서 급등한 집값을 바로 잡겠다는 뜻으로 규제 완화와 공급 확대를 주요 기조로 삼았는데, 겉으로는 주택 시장의 선진화와 주거 안정을 내세우지만, 대부분 부동산 기득권층이 요구하는 내용을 그대로 수용했다는 비판도 적지 않다. 네 가지의 구체적인 정책을 제시했는데, 주택공급 확대, 부동산세제 정상화, 주택금융제도 개선, 주거복지 지원이다.

우선, 정부는 공급의 필요성을 인정한다는 뜻에서 270만 호 주택공급을 확대하겠다고 했지만, 이는 결국 2028년 이후에나 일어질 일이다. 주택을 공급하려면 아파트 건설사가 국토교통부에서 인허가를 받고 2~3년 안에 분양한다. 공급이 부족했던 상황에서 공급이 부족하지 않은 상황으로 흐르게 될 것이다.

수요가 미진한 상태에서 공급 물량이 많아지면 가격 상승세는 잡힐 것으로 예측된다. 그러나 1기 신도시를 재개발해 새로운 주택 공급을 늘린다는 소식에 1기 신도시 집값은 강세를 보였다. 주택 안정을 위해 주택 공급을 늘리는 게 목적이므로 집값이 내려가야 하는데, 신도시 규제를 풀면 집값이 오히려 오를 것이다. 심지어 부동산 경기가 가라앉으면 역전세 현상과 부동산의 양극화를 더욱 심하게 할 것이다. 고령화 사회와 저출산으로 인구가 줄어들 것으로 예상되는 가운데, 계속되는 신도시 개발과 외곽 도시는 일본과 같이 노령층만 남게 되는 도시를 만들 수도 있다.

둘째, 부동산 관련 각종 세금 부담을 줄인다는 것인데, 우리나라는 부동산 보유세율이 세계에서 가장 낮은 편에 속한다. 문재인 정부에서도 기득권의 강한 저항 때문에 집값 상승분만큼도 공시지가와 주택 공시가격을 올리지 못했다. 그런데 윤석열 정부에서 이 보유세 부담을 낮췄다. 공시가격으로도 시세를 충분히 반영하지 못하고 있는데 부동산 부자들의 세금 부담을 줄여주는 것을 목적으로 함으로써 불공정한 정책 기조를 펼치고 있다.

셋째, 대출규제 등을 완화해 내 집 마련 수요자들이 이용할 주택금융 문턱을 낮추겠다는 것이다. 최근 몇 년 동안 집값이 너무 많이 빨리 오르면서 2030 세대에 의한 '영끌'과 '패닉 바잉(Panic Buying · 공포에 기인한 사재기)'은 집값이 오르고 내리고의 문제보다 대출이 갈수록 줄어드니 지금이라도 사야 한다는 절박감이 작용하면서 사회적 문제를 촉발했다. 실수요자들에게 언제든 내 집을 살 수 있도록 대출을 완화해주어 부담감을 경감해 주어야 한다.

넷째, 지역별 · 생애주기별 상황에 따라 주거복지 차원의 지원책을 촘촘하게 마련하겠다는 것이다. 소득이 늘지 않는 저성장 시대에 월세 · 대출금 등 주거비 부담이 커질수록 청년들은 결혼 · 출산을 포기할 수밖에 없다. 저출산이 발생하는 원인은 아이를 낳아서 키울 집을 마련하기 어렵고, 양육하는 동안 맞벌이를 유지하기 어려우며, 고가의 사교육비를 쏟아부어 자녀를 좋은 대학에 보내기 어려운 암울한 현실에서 찾을 수 있다. 따라서 저출산 문제는 부동산 문제를 먼저 해결해야 풀 수 있다.

공급이 부족해서 집을 못 사는 게 아니므로, 저렴한 가격으로 공급될 수 있도록 정부가 집값을 잡아줘야 한다. 시세 차익을 노리는 투기 심기가 기승을 부리는 시장에서 건전한 실수요자 중심의 시장으로 탈바꿈하기 위해 더욱 촘촘한 생애주기별 정책 설계가 필요하다. 주택 실수요자가 첫 내 집 마련을 할 수 있도록 대출을 확대하고 세금을 감면해줄 필요가 있다. 생애주기별로 주거 마련에 필요한 보증금 지원 정책이나 금융·세금 정책 등을 세심하게 짜야 한다.

부동산에 묶인 가계부채

한국인이 생활하면서 느끼는 어려움, 불만, 빈곤의 모든 문제는 부동산에 농축되어 있다고 봐도 과언이 아니다. 청년은 집을 살 수 없고, 집이 없으니 결혼도 출산도 어려워졌다. 세계에서 가장 빠른 속도로 고령화 현상이 일어나고 있고, 저출산으로 인구 절벽인 뒷배경에는 자신이 가진 소득에 비해 지나치게 높은 대출에 있으며, 그 원인으로는 비싼 부동산을 꼽을 수 있다.

정부가 부동산 건설을 지원하면 활력이 떨어진 한국 경제를 견인하는 효과가 생길 수 있다. 건설이 꿈틀거리면서 경기가 살아나 일자리가 생기고, 일자리로 인해 투자에 활력이 생기면서 소득이 늘 것이라는 논리에서다.

그러나 건설 시장에는 호재가 됐지만, 수요보다 공급이 많아지면 규제하기 전에 건설사들이 빠르게 물량을 쏟아내면서 자금이 분양시장에 몰리고 집단대출이 증가한다. 부동산 시장의 열기를 걱정하며 수위를 낮춘 가계부채 대책 중 LTV나 DTI 등 금리나 한도로 통제하는 정책은 당장 급한 불은

끄겠지만, 근본적인 해결책은 되지 못한다. 그렇다고 과도한 통제는 실수요자들한테 피해가 간다.

옛날처럼 한두 푼 모아 집을 장만하는 사람들이 줄고 있다. 전세에 치인 서민들은 내 집 마련을 위해 바로 은행으로 가서 대출 먼저 알아본다. 부모가 자식에게 주택 자금을 지원하지 않는 한, 전월세로 출발해 평생 모아 자수성가하여 내 집을 마련하기란 쉽지 않다.

다양한 부동산 규제 완화 정책들은 수요를 늘리고 규제로 얼어붙어 있던 내수심리가 살아나는 계기가 될 것으로 기대했지만 가계부채는 심각해지고 있다. 가계부채의 누적된 금액도 문제지만, 부채의 질도 나빠 걱정스러울 정도가 되었다. 이는 한국 경제가 풀어야 할 가장 큰 숙제가 되었다.

그렇다면, 사면초가에 빠진 가계부채를 어떻게 해결해야 부담감을 줄일 수 있을까?

첫째, 일자리 창출이다.

주택담보대출비율(LTV) 완화는 실수요자에게 대출 문을 열어준다는 긍정적인 평가는 있겠지만, 가계부채를 급증시킬 수 있다. 우리나라는 경제활동을 통해 부채를 갚을 수 있는 능력을 보고 대출하는 것이 아니라, 담보로 가진 부동산이나 보유 재산을 보고 대출해주다 보니 집값은 점차 오르고, 가계부채도 다른 나라에 비해 급증하게 되었기 때문이다.

노동 능력이 있다면 10년이든 20년이든 장기 분납이 가능하겠지만, 60세를 전후로 은퇴하게 되면서 점차 노동소득을 창출하기가 어려워진다. 따라서 양질의 일자리를 창출하여 은퇴 후에도 소득이 생길 수 있도록 기업 주도로 창출할 수 있도록 정부의 지원이 필요하다.

둘째, 실수요자 지원이다.

신혼부부, 청년층, 무주택자와 같은 실수요자를 지원하기 위한 무분별한 대출 지원은 조금은 제한해야 할 필요가 있다. 상환 능력이 부족한 사람에게 무리한 대출은 집값이 하락했을 때 벼랑 끝으로 내모는 위험에 처하게 한다. 따라서 장기간 안정적으로 거주할 수 있는 주택 공급을 늘리는 것이 더 실질적이다.

2008년 주택 보급률이 100% 넘었다고 하지만, 아직도 많은 사람이 전·월세에 살고 있다. 집이라고 다 같은 집이 아니다. 아무 곳에 아무렇게나 지은 집이 수십 채 있어도 수요가 없으면 무용지물이다. 대부분의 사람은 직주 근접이 가능한 곳의 주택을 선호한다.

셋째, 부채의 구조조정이 필요하다.

전세자금대출로 단기간에 유동성을 대규모로 늘리면 전세가가 껑충 뛰게 된다. 매매가보다 높은 전세가에도 전세금반환보증제도를 믿고 높은 전세가를 받아들인 결과 전세가는 더욱 치솟아 갭투기가 활개를 쳤다. 따라서 전세자금대출을 축소하고, 전세금반환보증 비율도 제한할 필요가 있다. 또한, 당장 발등이 불이 떨어진 고부채 가구의 부채를 재조정하는 것은 궁극적으로 경제와 채권자, 채무자 모두에게 필요하다.

고부채로 인해 자산이 손실되면서 소비가 줄고 경기가 침체되는 악순환의 고리를 끊기 위해 가계부채 구조조정이라는 정책이 절실히 요구된다. 대부분 만기 일시불 상환 방식을 선택하는데, 이는 폭탄을 안고 사는 것과 같다. 무리하게 빚으로 산 집값이 오르면 천운이지만, 하락할 경우 사회에 부담을 떠넘길 수 있다. 개인이 빚을 진 것이 아니라 빚을 '쉽게' 지도록 한 집값 정책에 문제를 제기할 수 있기 때문이다.

케인스는 "내가 1파운드를 빚지면 내 문제겠지만, 100만 파운드를 빚지면 그건 빌려준 사람의 문제가 된다"라고 말했다. 문제가 될 가계부채가 많아지면, 이는 결국 국가 전체의 문제가 된다. 따라서 대출이자로 수익을 올리는 금융회사의 약탈적 대출에서 개인이 감당할 수 있는 수준에서만 대출을 할 수 있도록 하고, 갚기 어려운 상황에서는 컨설팅을 통해 부채를 해결할 수 있도록 도와야 한다.

요약하자면

"공급이 부족해서 집을 못 사는 게 아니다. 저렴한 가격으로 공급될 수 있도록 정부가 집값을 잡아줘야 한다. 시세 차익을 노리는 투기 심기가 기승을 부리는 시장에서 건전한 실수요자 중심의 시장으로 탈바꿈하기 위해 더욱 촘촘한 정책 설계가 필요하다. 주택 실수요자가 첫 내 집 마련을 할 수 있도록 대출을 확대하고 세금을 감면해줄 필요는 있다. 생애주기별로 주거 마련에 필요한 보증금 지원 정책이나 금융·세금 정책 등을 촘촘하게 짜야 한다."

10

위기는 곧 기회다

경제위기는 금융 시스템의 붕괴로 이어지며 부채로 인해 화폐 가치가 떨어지는 복합적이고도 이례적인 현상으로, 이에 대응하기 위해서는 천문학적인 비용이 수반된다. 파산으로 인한 심리적 고통과 경제적 손실은 개인과 기업, 그리고 국가 전체까지 퍼져 경제위기를 극복하여 평화를 찾기까지 막대한 비용을 들여야 한다.

비록 경제위기는 막대한 비용을 초래하지만, 무조건 악영향만 끼치는 것은 아니다. 경제 시스템에서 비효율적이거나 취약한 부문을 인식하여 개선해 가면 오히려 경제 발전을 이룩할 수도 있다. 속수무책으로 시장이 무너지고 있어도, 언제나 위기라는 진흙 속에는 진주와 같은 기회가 숨어 있었다.

경제위기의 긍정적인 효과

전대미문의 코로나 팬데믹이 촉발한 경제위기에 맞서 전 세계가 무제한 양적완화로 회복시킨 경제가 후유증을 심하게 앓고 있다. 코로나 사태의 장기화와 중국의 경기둔화 등으로 세계 경제성장률이 크게 낮아진 와중에 터진 경기침체의 조짐은 러·우 전쟁이 트리거가 되었다고 해도 과언이 아니다. 전 세계가 불황의 늪으로 빠져드는 위기에 직면했다.

그런데, 아직도 사람들은 경제에 위기가 몰려오고 있다는 말을 들으면서도 자신에게까지 직접적인 큰 피해가 있거나 생계를 흔들 수도 있다고는 체감하지 못하는 것 같다. 만약, 내일 태풍이 온다면 기상예보를 통해 다가올 위험에서 예방할 수 있다. 해외여행을 계획했는데 그 나라에 전쟁이 곧 터진다거나 지진이 곧 벌어진다는 뉴스가 나오면 그곳에 가지 않으면 된다. 마찬가지로 경제위기라는 경제 태풍으로부터 국가와 기업은 당연히 발 빠르게 대응해야 하지만, 개인도 개별적으로 대비책을 세워야 한다.

거시경제의 특징 중 하나가 아무리 작은 충격이어도 경제 전체로 퍼져나간다는 데 있다. 따라서 한 유형의 경제주체에 발생한 충격은 다른 주체에까지 영향을 미친다. 산업 구조가 개편되고, 경제 시스템이 변화하는 과정에서 승자와 패자, 그리고 버려진 자가 생긴다. 위기 속에서 기회를 잡은 시장지배적인 독과점 대기업이 승자가 될 것이다. 독점 자본은 시장 환경과 권력을 이용해 기회를 잡아 이윤을 극대화한다.

반면, 노동자는 임금상승률보다 높은 물가상승률로 실질임금이 마이너스가 되면서 반발심이 커지고 이는 사회적 갈등을 낳는다. 또한, 노동자의 임금 하락은 생산성 둔화로 이어진다. 분배가 공정하고 평등할수록 노동자는 일할 맛이 날 테고 이는 생산성 향상의 결과로 이어지기 때문이다. 경제위기에서 자본이 가져가는 이윤이 많을수록 회복이 더디고 그 과정은 고통스럽다. 경제적 약자에게 부담이 가중되기 때문이다. 경제위기는 경제적 약자에게 더욱 취약하며 소생할 기회도 적다.

경제위기는 취약한 경제주체의 파산에서 시작되므로 이에 대응하기 위해서는 막대한 파산 비용이 들어간다. 경제위기가 발생하면 금융회사나 기업의 붕괴를 막기 위해 부실 자산을 정리하기 위한 공적자금이 투입된다. 대량 실업이 발생하게 되면서 사회보장비가 급증하여 실업 대책을 실시하는 데만 해도 막대한 비용이 소요된다.

따라서 경제위기로 인해 취약한 경제주체를 파악할 수 있으며, 정부의 정책 방향이 바뀔 수 있다. 비효율적이고 비생산적인 부문을 개선하는 정화 효과를 기대할 수 있으며, 이를 개선함으로써 나중에 발생할 더 큰 위기를 선제적으로 방어할 수 있다.

또한, 반복되는 경제 사이클을 학습하여 유사한 상황에 신속히 대응할 수 있는 위기관리 능력을 키울 수 있다. 따라서 경제위기는 버블이 붕괴되기 전까지 리스크를 식별하여 분석하고 대응하는 과정이 매우 중요하다.

자본주의 시장경제에서 경제위기는 붕괴 과정이 아니라 보편적으로 반복해서 일어나는 경제 현상 중 하나로 이는 오히려 경제 발전의 계기로 인식할 수도 있다. 경제위기는 항상 다양한 원인과 복합적인 과정을 통해 발생하므로 위기 대응 방식도 다양해져야 한다. 이제는 사후 수습이 아니라 사전 예방을 더 중요시하는 쪽으로 바뀌어가고 있으며, 경제적 약자였던 개인도 빠르고 수많은 정보를 수집하여 대응해갈 수 있으므로 긍정적인 효과라고 볼 수 있다.

위기 속 기회를 잡아라

세계 경제가 긴축 사이클로 진입하는 지금, 한국 경제도 일정 기간 위기를 맞을 게 분명해졌다. 대외 무역이 차지하는 비중이 큰 우리 경제는 금리인상과 더불어 경기침체도 큰 부담이다. 미국 경제의 침체가 시작되고 끝나는 시점은 공식적으로 전미경제연구소(NBER)가 판단하는데, 미국 경제의 침체

가능성에 대해서는 거의 70%가 내년에 공식적으로 침체가 선언될 것이며, 2~3분기까지 이어질 것으로 예상했다.

다만, 러 · 우 전쟁과 중국의 코로나19 봉쇄가 완화되면 경기 위축의 정도는 심하지 않겠지만, 아직 불확실성이 해결되지 않았으므로 불안한 상태라고 봐야 한다.

대부분 경제위기 상황은 1~2년 정도 긴축의 시대를 지난 후 발현된다. **경제 사이클에서 경제는 ① 확장기 → ② 후퇴기 → ③ 위축기 → ④ 회복기 순으로 일정하게 반복되는데, 시장에서는 ① 주식 시장 → ② 부동산 → ③ 기업 실적 → ④ 실업률의 순서로 나타난다.** 처음에는 주식 시장의 버블이 꺼지면서 침체가 나타나고, 부동산 가격이 내려간다. 기업의 실적이 악화되면서 고용시장의 불안으로 실업률이 증가한다. 따라서 불확실성이 점차 늘어나면서 경제위기의 조짐이 보이면, 신속하지만 심사숙고하여 리스크에 대응해야 한다.

이제, 개인이 바로 실천하여 위기 속에 숨어 있는 기회를 찾을 수 있도록 돕는 대안을 제시해보고자 한다.

먼저, 부채를 갚아야 한다.

금리가 크게 오르면 대출에 대한 압박으로 소중한 자산을 헐값에 팔아야 할 수도 있다. 부채를 안정적으로 관리하는 일은 고금리 시대에 매우 중요하다. 갚을 수 있는 범위 안에서 안정적으로 부채를 관리해야 한다. 만약 변동금리였다면 고정금리 상품으로 갈아타고, 안정적인 제1금융권으로 옮겨야 한다. 가장 중요한 것은 무리하게 빚을 내서 집을 사지 말아야 한다. 남은 평생 빚만 갚다가 상대적 빈곤(경제적인 필수품이 부족해서가 아니라 부족하다고 느끼는 상태)에 시달릴 수 있다. 향후 집값이 오를 것 같아도 감당할 수 있는 수준에서 자산을 구입하는 것이 좋다. 이제 코로나 시기처럼 가파르게 오를 가능성은 없어졌으므로 빠른 집값 상승으로 집을 못 살 것 같은 두려움에서 벗어나도 된다.

둘째, 위험자산을 안전자산으로 돌린다.

안전자산으로는 현금과 예·적금, MMF, CMA, 채권형 펀드 등이 있다. 인플레이션을 방어하는 데 '금' 만 한 안전자산은 없다. 초인플레이션으로 화폐개혁이 일어나면 금과 달러는 가장 강력한 화폐 수단으로 매우 큰 위력을 발휘한다. 이때의 금은 투자 가치보다는 위기관리용으로 소유하는 것을 목적으로 둔다.

또 다른 자산은 외화 예금으로, 환전 수수료에 유의하여 달러와 엔화를 분할 매수한다. 지금처럼 고환율 시대에 외화 예금은 빛을 발할 것이다. 채권에 투자하는 방법으로는 투자자가 채권에 직접 공모하는 직접투자 방식과 채권 펀드에 가입하는 방식으로 신용도가 높은 일반법인 등이 발행하는 회사채나 국채를 구입한다.

셋째, 현금을 확보한다.

인플레이션 발생 시 빠르게 자산으로 바꾸면, 디플레이션이 발생했을 때 투자의 기회를 노릴 수 있다. 모든 자산을 주식, 부동산으로 보유하기보다는 일정 금액의 현금은 남겨두는 것이 좋다. 현금의 최대 장점은 필요할 때 빠르게 쓸 수 있다는 점이다. 또한, 현금과 안전자산은 추후 가치가 하락한 자산을 빠르게 구입할 수 있는 기회로 작용한다.

넷째, 빚테크 시스템을 구축한다.

기본 원리는 '지출은 불편하게, 저축은 쉽게' 라는 원칙에서 시작하고, 목표는 '안정적인 노후 생활' 에 둔다. 금융회사의 온갖 상술과 마케팅에 맞서는 방법을 우리는 앞서 알아보았다. 다시 간단히 요약하자면, 매달 나가는 고정 지출을 찾아 가계의 재정 상황을 정확하게 파악한다. 통장을 쪼개서 지출, 소비, 저축 통장으로 분류한다. 신용카드보다 체크카드를 사용한다. 카드 수수료가 신용카드사의 주요 수입원인데, 아무리 할인을 많이 해주고 포인트를 많이 준다고 해도 사실상 눈속임에 불과하다.

또한, 국민연금에만 기대지 말고 개인연금으로 채권이나 배당주에 투자하여 안정적인 노후자금을 확보한다. 배당수익률이 높으면서 주가 변동성이 적은 종목이 안정적이며, 고배당 실적주도 장기적으로 적금보다 수익률이 높다.

요약하자면

"자본주의 시장경제에서 경제위기는 붕괴 과정이 아니라 보편적으로 반복해서 일어나는 경제 현상 중 하나로 이는 오히려 경제 발전의 계기로 인식할 수도 있다. 경제위기는 항상 다양한 원인과 복합적인 과정을 통해 발생하므로 위기 대응 방식도 다양해져야 한다. 이제는 사후 수습이 아니라 사전 예방을 더 중요시하는 쪽으로 바뀌어가고 있으며, 경제적 약자였던 개인도 빠르고 수많은 정보를 수집하여 대응해갈 수 있으므로 긍정적인 효과라고 볼 수 있다."

　　　　　이 책을 읽은 당신을 부자로 만들어준다고 장담하지는 못하겠다. 사실 그건 불가능한 일이다. 다만, 읽기 전보다 경제에 대해 조금은 더 잘 알고, 돈의 흐름이 보이도록 지혜롭게 만들어줄 순 있다.

　자본주의 사회에 태어난 이상 경제는 실생활에 밀접하게 관련되어 있음에도, 경제를 잘 이해하지 못하는 사람들이 많다. 막연히 '남들이 하니까', '뉴스에서 하라고 하니까' 따라서 보험도 하고, 주식도 하고, 비트코인도 하다가 어느새 마이너스 계좌로 스트레스를 받는다.

　사실 우리에게 필요한 경제는 책상에 앉아 공부하는 학문 속에 있지 않다. 학문으로 연구하는 사람들은 따로 있으니, 우리는 손해를 조금이라도 덜 보고, 좀 더 자산을 모으기 위해 일상을 살면서 경제를 직접 체득해야 한다. 주식에 투자하면서 차트 공부 많이 하는 사람치고 돈을 많이 번 사람은 극히 드물다. 주식 시장의 변동성과 시황을 정확하게 예측할 수 있는 사람이 얼마나 될까? 우리는 경제를 이론적으로, 학문적으로 파악하기보다는 실생활에서 경험한 소비 생활을 통해 경제의 숨은 흐름에 대해 눈을 뜨는 데 목적을 두어야 한다.

　이 책은 경제 전반에 대해 쉽게 익힐 수 있도록 경제에 대한 이해도를 높이고 지식을 쌓을 수 있도록 구성하였다. 전문가적 수준은 아니더라도 현재 경제 상황에 대해 바로 써먹을 수 있는 지식으로 인해 어려운 시기에 자신감을 느끼게 해줄 것이다.

경제 지식은 지금처럼 어려울 때 빛이 난다. 호황과 불황이 주기적으로 반복되는 경제 사이클을 이해한다면 지금이 어느 지점일지 예측하고 자산을 불릴 준비를 할 수 있다. 복합적인 경제 지표가 세계는 물론 한국 경제에도 경제위기가 오지 않는다고 단언할 수 없는 상태가 되었다. 이럴수록 경제위기에 대비하여 서서히 준비해나가는 현명한 사람이 되어야 한다. 경제위기는 오지 않으면 좋겠지만, 만약 오더라도 당황하지 않고 침착하고 슬기롭게 대응할 수 있길 바란다.

우리나라는 코로나 팬데믹 사태로 경제적 충격을 크게 받았을 때도 빠르고 강하게 반등한 나라 가운데 하나다. 미리 위기를 예방하고 대응하는 능력까지 갖추면 좋겠지만, 위기를 잘 극복하는 것도 우리만이 가진 역량이다. 위기를 겪고 잘 극복하지 못하는 나라도 많다. '잃어버린 20년'에서 지금까지 일본, 브라질, 터키 등과 같은 나라는 한때 우리보다 잘 살았지만, 지금은 경제가 쇠퇴하고 있다. 가계부채 디플레이션이 심화될지도 모른다는 우려와 내수산업의 부진, 세계시장의 침체와 더불어 발생할 수 있는 경제침체로 수출기업도 타격을 입을 수 있다. 이 충격은 내년까지 이어질 수 있지만, 우리 경제는 이번에도 강한 회복력으로 위기에 강한 모습을 보여주길 희망한다.

저출산과 노령화로 인한 인구절벽, 선택권을 하나둘 포기해야 하는 것이 많은 청년 세대, 사교육비로 허리가 휜 부모 등 우리에게 닥친 미래는 암울하지만, 해결하지 못할 것도 없다. 수익보다 사람을 우선하는 금융회사, 자본과 권력으로 정보까지 독점하여 투기하는 기득권층이 없는 지도층, 경쟁보다 배려와 나눔이 당연시되는 사회, 청년에게 공정한 기회가 주어지는 사회 등등. 이제는 개인, 기업, 국가가 동반 성장하여 공생하는 경제 질서로 전환할 때다.

경제위기가 코앞에 닥친 지금이 바로 잡을 기회다. 지금의 위기는 생각보다 길어질지도 모르지만, 어차피 겪을 일이라면 힘들다고 원망하거나 한탄만 하고 있지 말자. 우리 사회를 위협하고, 무너뜨릴 잘못된 문제들을 이 기회에 찾아내서 고쳐나가자. 희망찬 미래와 성숙한 사회를 위해 중요한 가치를 찾아 바로잡아야 한다.

| 참고문헌 |

《부를 재편하는 금융 대혁명》, 마리온 라부, 미디어숲

《이것이 금융상식이다 4.0》, 김정환, 성안당

《금융시장의 포식자들》, 장지웅, 여의도책방

《금융의 지배》, 니얼 퍼거슨, 민음사

《디지털금융의 이해와 활용》, 김수진, 한국금융연수원

《돈이란 무엇인가》, 조병익, 21세기북스

《돈의 감각》, 이명로, 비즈니스북스

《은행의 거짓말》, 김영기 · 김영필, 홍익출판사

《반전의 경제학》, 최병서, 나무나무출판사

《R의 공포가 온다》, 김효신, 트러스트북스

《대한민국 위기와 기회의 시간》, 선대인, 지와인

《클라우드 국가가 온다》, 전병조 외 6인, 이새

《경제 상식사전》, 김민구, 길벗

《돈의 역사는 되풀이된다》, 홍춘욱, 포르체

《금융투기의 역사》, 에드워드 챈슬러, 국일증권경제연구소

《돈과 금융 쯤 아는 10대》, 석혜원, 풀빛

《금융시장의 기술적 분석》, 존 J. 머피, 국일증권경제연구소

《난처한 경제 이야기》, 송병건, 사회평론

《금융 오디세이》, 차현진, 메디치미디어

《부동산금융 프로젝트 바이블》, P&P, 한국경제신문

《처음 시작하는 돈 공부》, 홍춘욱, 김영사

《한국의 금융시장》, 한국은행, 한국은행

《실전 금융 머신러닝 완벽 분석》, 마크로스 로페즈, 에이콘출판사

《물어보기 부끄러워 묻지 못한 금융상식》, 옥효진, 새로운제안

《하버드 경영대학원 교수의 금융 수업》, 미히르 데사이, 더퀘스트

《금융의 역사》, 윌리엄 N. 괴츠만, 지식의날개

《화폐와 금융시장》, 정윤찬, 율곡출판사

당신이 생각한 마음까지도 담아 내겠습니다!!

책은 특별한 사람만이 쓰고 만들어 내는 것이 아닙니다.
원하는 책은 기획에서 원고 작성, 편집은 물론,
표지 디자인까지 전문가의 손길을 거쳐
완벽하게 만들어 드립니다.
마음 가득 책 한 권 만드는 일이 꿈이었다면
그 꿈에 과감히 도전하십시오!

업무에 필요한 성공적인 비즈니스뿐만 아니라 성공적인 사업을 하기 위한
자기계발, 동기부여, 자서전적인 책까지도 함께 기획하여 만들어 드립니다.
함께 길을 만들어 성공적인 삶을 한 걸음 앞당기십시오!

도서출판 모아북스에서는 책 만드는 일에 대한 고민을 해결해 드립니다!

모아북스에서 책을 만들면 아주 좋은 점이란?

1. 전국 서점과 인터넷 서점을 동시에 직거래하기 때문에 책이 출간되자마자 온라인, 오프라인 상에 책이 동시에 배포되며 수십 년 노하우를 지닌 전문적인 영업마케팅 담당자에 의해 판매부수가 늘고 책이 판매되는 만큼의 저자에게 인세를 지급해 드립니다.

2. 책을 만드는 전문 출판사로 한 권의 책을 만들어도 부끄럽지 않게 최선을 다하며 전국 서점에 베스트셀러, 스테디셀러로 꾸준히 자리하는 책이 많은 출판사로 널리 알려져 있으며, 분야별 전문적인 시스템을 갖추고 있기 때문에 원하는 시간에 원하는 책을 한 치의 오차 없이 만들어 드립니다.

기업홍보용 도서, 개인회고록, 자서전, 정치에세이, 경제 · 경영 · 인문 · 건강도서

모아북스
MOABOOKS   문의 0505-627-9784

금융에 속지마

초판 1쇄 인쇄 2022년 11월 07일	**4쇄** 발행 2022년 12월 09일
2쇄 발행 2022년 11월 18일	**5쇄** 발행 2023년 01월 20일
3쇄 발행 2022년 11월 25일	

지은이	김명수
발행인	이용길
발행처	모아북스 MOABOOKS

총괄	정윤상
디자인	이룸
관리	양성인
홍보	김선아

출판등록번호	제 10-1857호
등록일자	1999. 11. 15
등록된 곳	경기도 고양시 일산동구 호수로(백석동) 358-25 동문타워 2차 519호
대표 전화	0505-627-9784
팩스	031-902-5236
홈페이지	www.moabooks.com
이메일	moabooks@hanmail.net
ISBN	979-11-5849-196-3 03320